Christine Freise-Wonka

BAMBERG

Stadt und Umgebung

HEINRICHS-VERLAG GMBH
Bayerische Verlagsanstalt Bamberg

Titelfotos:
Umschlagvorderseite: Blick über die Dächer der Stadt Bamberg (ganz oben). Das Wasserschloss Concordia (darunter links), die Fischerhäuser von Klein-Venedig an der Regnitz (daneben). Der Haupteingang von Schloss Seehof (links darunter) und eine typische Landschaft der Fränkischen Schweiz (daneben). Die Bildreihe ganz unten zeigt von links nach rechts: Morgenländischer Bau in Sanspareil, die Türme der Basilika Vierzehnheiligen und die berühmte Fensterrosette der Klosterkirche Ebrach.
Umschlagrückseite: Blick in den Innenhof der Giechburg.

Bildnachweis:
Andreas Kuschbert: Seite 130.
Bernd Mayer: Seite 129.
Bianca Alt: Umschlag vorne (1) und hinten, Seite 1(2), 13, 31, 32 u.re., 35, 36 o., 37, 55, 66, 68, 69, 72/73, 75, 76, 77, 79, 81, 91, 92, 93, 95, 96, 113, 114, 117, 119, 121, 125, 133, 137, 138 o. und 142.
Christoph Herrmann: Seite 97.
Erich Weiß: Seite 115.
Helmut Herrmann: Umschlag vorne (1), Seite 83, 98, 126, 136 und 138 u.
Kunstsammlungen Graf von Schönborn: Seite 41
Peter Eberts: Seite 10, 11(2), 12, 15 u., 17, 20, 23, 24 o., 26 u.li., 28, 33 o., 36 u., 39, 51, 56, 57(2), 58, 60, 63, 64, 65, 67, 71, 88, 99, 102 u., 107, 108, 109, 111, 112, 120, 122 und 131.
Ronald Rinklef: Umschlag vorne (3), Seite 82, 84, 90, 102 o., 128 u. und 135 u.
Staatsbibliothek Bamberg: Seite 127 (Msc.sim. 51-11).
Thomas Hübner: Seite 124 u.
Thorsten Melnicky: Umschlag vorne (3), Seite 5, 7, 8, 9, 14, 15 o., 16(2), 18, 24 u., 26 u.re., 27, 29, 32 o.li., 33 u., 38, 40, 42, 44, 45(2), 46(2), 47, 48, 49, 54, 61, 80, 106, 110, 114, 123, 128 o. und 135 o.
Thorsten Wozniak: Seite 124 o.
Walter Thierfelder: Seite 86, 89, 103, 105, 118 und 132.
Wolfgang Wußmann: Seite 134.

5., komplett überarbeitete und aktualsierte Auflage 2013
Heinrichs-Verlag GmbH, Bamberg

Kartografie:Angelika Solibieda, cartomedia, Karlsruhe
Satz und Gestaltung: Heinrichs-Verlag GmbH
Druck und Verarbeitung: Konrad Triltsch GmbH, Ochsenfurt-Hohestadt
ISBN 978-3-89889-191-2
Printed in Germany

Inhaltsverzeichnis

Hier bin ich Mensch, hier kann ich's sein!

1981 wurde die 1000-jährige Kaiser- und Bischofsstadt Bamberg zur „Traumstadt der Deutschen“ gewählt. Eine Befragungsaktion in 50 Städten unter 100 000 Einwohnern ergab, dass sich die Bürger Bambergs in ihrer Heimatstadt am wohlsten fühlen. Im Dezember 1993 fand dieses persönliche Empfinden der Bamberger internationale Anerkennung durch die Aufnahme der gesamten Altstadt in die durch die UNESCO erstellte Liste des Weltkulturerbes.

Diese Auszeichnungen sind jedoch nur letzte Bestätigung einer seit langen bestehenden Tatsache, denn schon der spätere Kaiser Heinrich II. wählte sich in jungen Jahren Bamberg zu seinem Lieblingsaufenthalt und förderte die Ansiedlung durch die Gründung eines Bistums und reiche Schenkungen. Bischof Suidger, der spätere Papst Clemens II., nennt die Stadt zärtlich seine Braut und Taube. Er empfindet unsäglichen Schmerz, als er Bamberg verlassen muss. Über alle Jahrhunderte hinweg wird der Geschichte, der Architektur und Kunst, der Atmosphäre dieser einzigartigen Stadt in Liebeserklärungen gehuldigt.

Das Bild Bambergs hat sich seither verändert und wird sich weiter ändern, doch immer wird man Anlass haben, diese Stadt zu lieben. Alle Probleme, wie der ständig steigende Verkehr, die Parkplatzsorgen, die Umweltverschmutzung, vermögen Bamberg nicht den Charme zu nehmen. Wer Augen hat zu sehen und Verstand zu begreifen, was hier über Jahrhunderte gewachsen ist und in Kriegen verschont blieb, den wird diese Stadt fesseln und nie wieder ganz loslassen.

Doch was ist ein Juwel ohne Fassung?

Die Stadt liegt eingebettet in eine traumhafte Umgebung, deren Reiz nicht nur die Landschaft ausmacht, sondern auch die Unzahl

an Kunstdenkmälern. Im Osten lockt die Fränkische Schweiz mit ihren filigranen Felsformationen, im Norden das Obere Maintal, nicht umsonst „Gottesgarten“ genannt, im Westen liegt der Steigerwald, in dem sich die Zisterzienser niederließen und an dessen Rand der Fürstbischof sein Privatschloss „Weißenstein“ baute.

Allemal kann man Bamberg und seine Umgebung als ein Gesamtkunstwerk ansehen, das kennenzulernen lohnt.

Das vorliegende Buch möchte Sie mit diesem Gesamtkunstwerk bekannt machen und stellt Ihnen in einem ersten Teil die Stadt, in einem zweiten Teil das Umland vor.

Der erste Teil führt Sie in Spaziergängen durch das „fränkische Rom“ auf seinen sieben Hügeln. Sie werden fachkundig und mit Liebe mit den schönsten, kuriosesten, ältesten und liebenswertesten Dinge bekannt gemacht. Bergauf und bergab führt der Weg durch schmale Gassen, romantische Winkel und über großzügige Plätze. Bei der Vielfalt der Eindrücke wird nie Langeweile aufkommen.

Wenn Sie die Fülle der optischen Reize verarbeitet haben, werden sich manch tiefergehende Fragen auftun. Die wichtigsten werden in Einzelkapiteln beantwortet.

Im zweiten Teil des Buches werden Ihnen drei Rundfahrten ins Bamberger Umland vorgestellt, die sie selbst variieren können. Diese Touren führen Sie in die schönsten Landschaften und zu den bedeutendsten Kulturdenkmälern rund um die Stadt. Auch hier wird Wissenswertes, Kurioses und Bedeutsames in nachfolgenden Einzelkapiteln erläutert.

Lassen Sie sich durch dieses Buch entführen in die Traumstadt der Deutschen und in einen Teil Frankens, der von Goethe und seinen Freunden überschwenglich als paradiesisch gepriesen wurde. *„Hier bin ich Mensch, hier kann ich's sein“*. In Bamberg und Umgebung nimmt dieser Satz Gestalt an.

1 Spaziergang

Hinauf in die bischöfliche Bergstadt

Jeder Spaziergang durch Bamberg sollte am **Inselrathaus** (30) beginnen, dem geographischen Mittelpunkt der Altstadt. Hier wird deutlich, was Bambergs Reiz ausmacht: dicht sich aneinanderdrängende Fachwerkhäuser, unregelmäßige, engwinklige Gassen, daneben die Weite des Flussbettes, die großräumigen, frohsinnigen Barockbauten. Allenthalben werden schöne Dinge von noch schöneren verstellt und doch bleibt Luft zum Atmen. Ein Jahrtausend wird ein Augenblick und man wird zum Spaziergänger durch die Vergangenheit.

Wir stehen auf der Oberen Brücke nahe der Kreuzigungsgruppe, deren Entstehung 1715 wir dem frommen Stiftertum eines zu Geld gekommenen Bürgers verdanken. Vor uns liegt das sogenannte **„Alte Rathaus“** (30), auch Insel- oder Brückenrathaus genannt, das zu den originellsten Bauten seiner Gattung in Deutschland gehört. Wackenroder beschreibt es 1783 in seinen „Reisebriefen aus Bamberg“ als *„ein Rathaus, welches deswegen merkwürdig ist, weil es ganz im Flusse steht und zwar mit beiden Enden auf einer Brücke ruht. Auswendig ist es ganz mit Figuren bemalt ..., wie es scheint nicht übel. Die Farben sind lebhaft.“*

Der Sage nach haben die Bamberger Bürger das Gebäude mitten in den Fluss gebaut, weil ihnen der Bischof keinen Grund und Boden zustand. Die Lage wurde jedoch bewusst gewählt, um ein Verbindungsglied zwischen der bürgerlichen Bergstadt und der ebenfalls bürgerlichen Inselstadt herzustellen, die durch den Fluss getrennt waren.

1386 wird das Rathaus auf dem kleinen, z. T. künstlich auf Pfählen angelegten Inselchen erstmals erwähnt. 1461 wurde ein Neubau begonnen, der im wesentlichen 1467 abgeschlossen war. Dieser ist der Kern des heutigen Rathauses, allerdings wurde er von der Barockzeit stark überformt. Nur am „Rottmeisterhäuschen" an der Südseite können wir noch das ursprüngliche Fachwerk bewundern: es wurde 1949 freigelegt.

Altes Rathaus (Inselrathaus).

1

Das 18. Jahrhundert setzte neue Maßstäbe für repräsentatives Bauen, Maßstäbe, die in Franken hauptsächlich vom Grafengeschlecht der Schönborn getragen wurde. 1738 ergriff Fürstbischof Friedrich Karl von Schönborn die Initiative zum Umbau. Zunächst wurde unter der Oberleitung von Balthasar Neumann die untere Brücke als Steinbogenbrücke mit Figurenschmuck erneuert. Diese wird jedoch schon 1784 durch Hochwasser fast völlig zerstört. Als weitere Umbaumaßnahme wird der alte Turm aufgestockt, barock ummantelt und mit einer barocken Haube versehen. Joseph Bonaventura Mutschele gibt dem Ganzen den letzten Schliff durch zwei grandiose Balkone und die darüber angeordneten Wappen: das Wappen des Fürstbischofs Franz Konrad von Stadion wendet sich der Stadt, das städtische Wappen mit dem Ritter Georg dem Dom zu.

Das Schönste und Beeindruckendste ist jedoch die Fassadenmalerei des aus Schwaben stammenden Johann Anwander von 1755–1765. Das altmodisch gewordene Fachwerkrathaus wurde damit perfekt dem modernen barocken Geschmack angepasst.

Eine Illusionsmalerei bildet den Rahmen für die Darstellungen. Im Westen, auf Seiten der untergehenden Sonne und des vergehenden Tages wird auf den Tod des Fürstbischofs Philipp Anton von Franckenstein (1753) Bezug genommen. Der Osten, Seite der aufgehenden Sonne, zeigt den Einzug seines Nachfolgers Konrad von Stadion. Die Illusion wird verstärkt durch das Malen von Schatten, vor allem aber durch das sonst auf Innenräume beschränkte Einarbeiten echter plastischer Elemente in die Fassade.

Den guten Zustand der Gemälde verdanken wir der Maltechnik „al fresco", bei der die Farbe auf den noch feuchten Kalkputz aufgetragen wird. Die Farben verbinden sich fest und unlösbar mit dem Untergrund, werden gleichsam zu einem Stück Wand, denn beim gemeinsamen Trocknen von Farbe und Putz reagiert das Kohlendioxid der Luft mit dem Calciumhydroxid des Putzes zu Calciumkarbonat und wird so hart wie Kalkstein. Dennoch mussten die Malereien bereits dreimal saniert und z. T. großflächig rekonstruiert werden.

1

Das Innere des Gebäudes wird heute als Museum genutzt. Eine Ausstellung unter dem Titel „Glanz des Barock“ zeigt die private Porzellansammlung des Schokoladenfabrikanten und Mäzens Ludwig (†). Im Rahmen eines Museumsbesuchs ist es möglich, Treppenhaus und ehemaligen Ratssaal zu besichtigen. Der sogenannten Rokokosaal wird heute von der Stadtverwaltung für Empfänge genutzt. Auch hier war der Fassadenkünstler Johann Anwander tätig, dieses Mal als Ölmaler mit vier Leinwandgemälden, die die Kardinaltugenden zeigen.

Flussabwärts liegt **Klein Venedig** (38) vor Augen, die reizvolle Fischersiedlung, alljährlich Kulisse für das Fischerstechen anlässlich der „Sandkerwa“, dem größten Volksfest der Stadt. Die Bausubstanz geht in einzelnen Fällen bis ins 15. Jahrhundert zurück. Der romantische Name ist auf die teilweise als Pfahlbauten angelegte Konstruktion der Häuser zurückzuführen.

Der Weg führt nun durch den Brückenturm Richtung Dom. Wenn wir den Torbogen hinter uns gelassen haben, verweilen wir noch einen Moment auf der Brücke und lassen unseren Blick umherschweifen. Flussaufwärts bietet sich das ehemalige Mühlenviertel dar, das vor wenigen Jahren mit großem finanziellen und technischen Aufwand saniert wurde. Heute werden die alten Getreide-, Papier- und Lohmühlen als Hotels, Restaurant und Studentenwohnheim genutzt. In den Lohmühlen verarbeitete man früher Eichenrinde (Lohe) und gewann daraus einen Sud, der wegen des Tannins (Gerbsäure) in der Gerberei benötigt wurde.

Flussabwärts sehen wir als malerischen Abschluss der Uferbebauung den ehemaligen Schlachthof. Die Bauweise in Bogenstellungen über dem Wasser ermöglichte, Schlachtabfälle über eine Blutrinne und Abflussöffnungen direkt in den Fluss zu leiten.

Die Karolinenstraße führt uns nun langsam bergauf zum **Dom** (1). Hier haben zum Teil großartige Adelspaläste Platz gefunden, denn diese Straße zu Füßen des Domes und der Residenz war Nobelgegend und gehörte zu den bevorzugten Wohnlagen.

Hervorzuheben ist das Adelspalais der Freiherren von Bibra in der Karolinenstraße 16. Es entstand ab 1716 vermutlich nach Plänen des Hofarchitekten Leonhard Dientzenhofer, der hier ganz bewusst die architektonischen Formen der fürstbischöflichen Residenz kopiert.

Eine letzte größere Steigung führt uns auf den Domplatz und nach der Enge der Straße empfindet man die Weite des Platzes als über-

Die Fischersiedlung Klein Venedig.

Der Bamberger Dom thront über der Stadt.

wältigend. Nicht umsonst wird er als einer der schönsten Plätze Deutschlands bezeichnet. Harmonisch präsentieren der Dom, die Alte Hofhaltung und die Residenz sechs Jahrhunderte Kunst und Geschichte.

Der Domberg ist das Herzstück unserer Stadt und die Keimzelle ihrer Entwicklung. Hier stand die Burg der Babenberger, hier baute der Bistumsgründer Kaiser Heinrich II. den ersten Dom und hier stand die Kaiser- und Bischofspfalz. Immer war dieser Berg ein Zentrum von Macht und Einfluss.

Das älteste heute hier stehende Gebäude ist der **Dom** (1) aus dem frühen 13. Jahrhundert, entstanden in der Zeit des Umbruchs zwischen Romanik und Gotik, beide Stile in sich vereinigend (siehe Kapitel „Der Bamberger Dom"). Daneben steht die **Alte Hofhaltung** (26), deren Kern die alte Bischofspfalz bildet. Sie wendet dem Platz ihre mächtige Renaissancefassade zu, die in den Jahren nach 1568 gebaut wurde.

Früher genutzt als Kanzlei, Bibliothek und Ratsstube, ist heute in diesem Trakt ein Teil des **Historischen Museums** (19) der Stadt untergebracht. Die anderen Ausstellungsräume befinden sich in den Rückgebäuden.

1

Baumeister war Erasmus Braun, zum Teil beraten durch Caspar Vischer, Architekt des „Schönen Hofes" der Plassenburg in Kulmbach. Der Bau präsentiert sich mit den typischen Formen der deutschen Renaissance: Assymetrie, Fenstererker und Treppengiebel. Der Fenstererker sitzt auf einem gotischen Rippenfuß, an dem sich der Architekt Erasmus Braun als Steinmetz mit seinem Zeichen und dem Hammer darstellt. Darüber sehen wir links oben die Wappen des Bauherren Fürstbischof Veit II. von Würzburg (1561–1577) und weiterer Landesfürsten. Rechts daneben befindet sich die Schöne Pforte in Form eines Triumphbogens. Über der Mitteldurchfahrt sieht man hinter der Muttergottes das Dommodell, getragen von den Stiftern Heinrich II. und seiner Frau Kunigunde. Sie werden flankiert von Petrus mit Schwert und Schlüssel und Georg mit dem Drachen, den beiden Patronen des Domes. Seitlich lagern ein Mann und eine Frau, unter deren Arm wir eine Urne sehen, aus der Wasser fließt, Allegorien der für Bamberg wichtigen Flüsse Main und Regnitz. Der Main wird durch einen ruhenden Hund als träge, die Regnitz durch ein spielendes Kind zu Füßen als lebhaft charakterisiert. Beide Figuren sind behaart. Eine typische Ausdrucksform für die wilde Frau, bzw. den wilden Mann, Figuren des deutschen Sagenwesens.

Rechts neben dem Portal haben wir in Form eines Turmstumpfes wenige Reste der alten Bischofspfalz. Darin die Thomaskapelle (1020) als ältester Kirchenraum Bambergs.

Wenn wir nun das Renaissanceportal durchschreiten, so stehen wir in einem der schönsten Innenhöfe Frankens. Unregelmäßig umziehen Fachwerkgebäude mit hohen Speicherdächern und Balkonen den Hof. Alle wichtigen Dinge waren hier vereint: die Schmiede, der Brunnen, das Backhaus, die Fürstenküche, Kammern für die Knechte, Ställe für die Pferde, Speicher für Heu und Getreide, sowie Wohn- und Repräsentationsräume für den Bischof. Erst Ende des 16. Jahrhunderts empfand man die Hofhaltung als Residenz für den Bischof als nicht mehr standesgemäß und es entstand das Stadtschloss

1

Geyerswörth. Heute dient der Hof im Sommer als Freilichtbühne für die Calderonfestspiele (das jeweilige Stück und den Termin erfahren sie bei der Theaterintendantur).

Die Gebäude selbst hatte man nach dem Zweiten Weltkrieg zunächst mit Flüchtlingen belegt. Nachdem sich der Zustand der Bausubstanz jedoch bedenklich verschlechterte, wurden die Wohnungen geräumt. Ein Teil der ebenerdigen Räume wird als Dombauhütte genutzt. Hier sind Steinmetze tagtäglich damit beschäftigt, den Dom so zu erhalten, wie er heute ist. An Werktagen, wenn die Tür zur Werkstatt offen steht, kann man einen Blick hineinwerfen und sich von der Fertigkeit der Handwerker überzeugen.

Wir verlassen den Hof wieder durch die Schöne Pforte. Beim Hinausgehen ist links die offene Schmiede zu beachten, deren Dach auf mächtigen Eichensäulen ruht. In diese haben im 19. Jahrhundert Hufschmiede ihre unbrauchbaren Nägel getrieben. Einer nagelte an der Wandsäule rechts zum Zeichen seiner Frömmigkeit ein Kreuz in das Holz.

Wir kehren zurück auf den Domplatz und sehen nun die **Neue Residenz** (27) breit gelagert vor uns liegen. Sie entstand in zwei Bauphasen: In der ersten wurde unter Fürstbischof Philipp von Gebsattel ab 1602 der rückwärts liegende zweiflügelige Trakt, der die Obere Karolinenstraße flankiert, im Renaissancestil errichtet. Der ausführende Architekt war der Nürnberger Stadtbaumeister Jakob Wolff d. Ä., obwohl Protestant aufgrund seiner Fähigkeiten ein gern gesehener Mann in Bamberg.

1695 ließ Fürstbischof Lothar Franz von Schönborn diesen älteren Teil umbauen und fasste danach den Plan, mit einem repräsentativen Neubau den Domplatz zu umschließen. Die zweite Bauphase war damit eröffnet, obwohl Lothar Franz dem Domkapitel bei seiner Wahl schriftlich zugesichert hatte, keine kostspieligen Neubauten zu beginnen. Diese Zusicherung war jedoch für den vom „Bauwurm" besessenen Fürstbischof unmöglich einzuhalten. *„Das Bauen ist eine Lust und kostet viel Geld, aber einem jeden Narren seine eigene Kappe gefällt"*, gesteht er mit resignierender Selbstironie und spricht damit als Oheim für seine ganze Familie, der die barocke Kunst in Franken so unendlich viel verdankt (siehe Kapitel: Vom Bauwurm besessen). Und so wurde auf sein heftiges Drängen 1697 sein schriftliches Zugeständnis vom Papst für ungültig erklärt und Lothar Franz war von seinen Fesseln befreit.

Blick in den Innenhof der Alten Hofhaltung.

Kanzleibau der Alten Hofhaltung.

1

Nun konnte auf dem Domberg ungehindert die Residenz nach Plänen des Hofarchitekten Leonhard Dientzenhofer heranwachsen. Der ursprüngliche Plan sah eine moderne Dreiflügelanlage vor, die den Domplatz zu einem Ehrenhof umgeformt hätte. Die Ausführung des Plans und damit den Abriss der Alten Hofhaltung verhinderte der spanische Erbfolgekrieg (1701–1714). Noch heute sind die Kragsteine des geplanten Weiterbaus an der linken Ecke der Residenz sichtbar, so als könne man morgen fortfahren. Die Residenz ist, bis auf den turmartigen, vierstöckigen Eckbau, in allen Flügeln dreigeschossig. Von diesem überhöhten Eckbau kann man bei schönem Wetter bis zur Wallfahrtskirche Vierzehnheiligen bei Staffelstein sehen, daher auch der Name „Vierzehnheiligenpavillon".

Im Vergleich zu anderen Barockbauten wirkt die Bamberger Residenz streng, fast monoton. Plastische Akzente setzen nur die Portale und die Dachausbauten. Und so offenbart lediglich das Detail die hohe Qualität des Gebäudes. Als Baumaterial wurde nur bester Sandstein aus der Gegend verwendet. Für das Dach wurde Schiefereindeckung gewählt, ein teures Material, das in Thüringen gekauft werden musste.

Neue Residenz.

1

Deshalb verwendete man Schiefer meist nur bei Schlössern und wichtigen Kirchen und beschränkte sich sonst auf den billigen Ziegel.

Man betritt das Gebäude durch das Mittelportal und steht in der Tordurchfahrt. Bemerkenswert ist die Pflasterung, die aus Gründen der Lärmdämmung für Kutschen und Pferde aus Holz gearbeitet wurde. Der rechte Flügel der Residenz beherbergt heute die Staatsbibliothek, in der häufig sehenswerte Sonderausstellungen zu besichtigen sind. Der heutige Lesesaal diente früher zunächst als Gartensaal, später als Hofkapelle.

Im linken Flügel gelangt man an die Kasse im Treppenhaus und von dort hinauf in die Schauräume und Gemäldegalerien. Es ist noch nicht die Zeit der überdimensionalen Treppenanlagen, wie etwa in der Würzburger Residenz. In altertümlicher Weise führen die Stufen mit Wendepodesten um ein rechteckiges Auge. Die Treppenanlage bildet nicht das Zentrum des Schlosses, sondern ist an die Seite geschoben. Durch diese Haupttreppe werden die wichtigsten Wohn- und Repräsentationsräume erschlossen. Wiederum altmodisch ist die Anlage des Piano nobile, des wichtigsten Stockwerks, im zweiten Obergeschoss. Ein hoheitsvolles, leichtfüßiges Erreichen dieser Belle Etage war dem behäbigen Fürstbischof und seinen Gästen sicher nicht möglich.

Die Appartements zeigen sich erstmals in Franken als Enfilade, als durchgehende Raumfolge mit an gleicher Stelle plazierten Türen. Den Grund für eine solche Anordnung lesen wir in einer „Anleitung zur Baukunst" von 1744. Der Autor J. F. Penther schreibt: *„Wenn etliche Zimmer in einer Reihe nebeneinander liegen, müssen die Thüren in einer geraden Linie voreinander liegen, weil dadurch ... ein gesunder Lufftzug entstehet und wenn man solche Thüren passieren will, man nicht nöthig habe eine Schlangenlinie zu machen."*

Im ersten Geschoss befinden sich die fürstbischöflichen Räume, in der zweiten Etage liegen die Kaiserappartements, deren Folge durch den Kaisersaal eingeleitet wird. Er wird nicht in moderner Form als „Salle à l'italienne" über eineinhalb Geschosse angelegt. Die niedrige Decke empfand man bald als bedrückend und versuchte, den Mangel durch architektonische Scheinmalerei zu beheben. Die Verhandlungen mit dem berühmten Illusionsmaler Andrea Pozzo scheitern an den gigantischen Lohnforderungen. Und so erhält der Tiroler Maler Melchior Steidl den Zuschlag, der den Saal 1707–1709 für einen vergleichsweise lächerlichen Preis ausstattet. An der Decke zeigt er in einer architektonischen Rahmung, die den Saal optisch nach oben öffnet, das gute Regiment und in den Ecken die vier untergegangenen Weltreiche. An den Pfeilern zwischen den Fenstern sieht man neben Kaiser Heinrich II. die Herrscher des Hauses Habsburg, über den Fenstern römische Cäsaren. Nur die Kamine setzen plastische Akzente. Sie stammen aus der Hand von Kaspar Vogel, der gemeinsam mit seinen Verwandten Johann Jakob und Franz Jakob Vogel alle Stuckarbeiten der Residenz ausführte. Die Decken- und Hohlkehlenmalereien stammen durchweg von den Hofmalern Sebas-

Der Kaisersaal in der Neuen Residenz.

tian Reinhard und Johann Jakob Gebhardt. Kleinere Einzelaufträge wurden auch an andere Künstler vergeben. Sie sollen hier nicht im einzelnen aufgeführt werden.

Aus der Toreinfahrt gehen wir nun zunächst in den Hof der Residenz und von dort nach rechts in den Rosengarten.

Die Anlage dieses Gartens erfolgte 1705, und trotz der beengten Verhältnisse durch die alte Burggrenze wirkt der Garten weiträumig und beschwingt. Dieser Eindruck wird durch den großartigen Blick bergauf zum Michelsberg und den Fernblick über die Stadt hinweg in die umliegenden Hügelketten des Jura und der Fränkischen Schweiz erreicht. 1755–1765 entsteht durch den Hofarchitekt Johann Michael Küchel am Ende des Gartens ein reizvoller Pavillon, der heute im Sommer als Café genutzt wird. Wenige Jahre danach werden die Rokokofiguren von Ferdinand Tietz aufgestellt. In dieser Zeit erfolgt die bis heute beibehaltene französische Anordnung der Beete. Früher waren sie symmetrisch mit verschieden bunt blühenden Blumen bepflanzt. Die Rosen wurden erst im 19. Jahrhundert unter dem Eindruck von Schloss Malmaison in Frankreich gesetzt.

Wir kehren nun auf den Domplatz zurück. Der Weg führt uns halbrechts vorbei am Fürstenportal zwischen Dom und Hofhaltung in den Bereich der **Domherrenhöfe** (4). Gegen Ende des 12. Jahrhunderts begannen die Bamberger Domkanoniker den in ihrer Regel verankerten Zwang zur „Vita communis" zu lockern und eigene, separate Höfe zu beziehen. Die neu zu bauenden Kurien entstanden zum Teil am Rande des Domberges und bildeten mit ihren Außenmauern zugleich die Burgbefestigung. Alsbald bedeckten diese Domherrenhöfe den größten Teil des Domberges. Trotz einiger Verluste durch den Residenzbau blieben genug erhalten, um etwas von der ehemaligen stillen, geistlichen Stimmung zu vermitteln. Nach außen zeigen sich die Kurien fast abweisend, öffnet man jedoch ein Portal, steht man meist in einem romantischen Innengarten und hat das Gefühl, man tritt in dieser Oase der Ruhe direkt ins Mittelalter. Fast immer zugänglich ist die Kurie St. Lampert in der Domstraße 5, die heutige Dompropstei. Sie stammt aus der Barockzeit (1705–1706) und zeigt die Bauformen des Residenzbaumeisters Leonhard Dientzenhofer. Von hier hat man einen großartigen Blick auf die Westtürme des Domes. Im rechten dieser Türme sieht man in etwa 30 Meter Höhe die steinernen Domkühe, ein Denkmal für die am Bau tätigen Arbeitstiere.

Pavillon im Rosengarten.

Direkt neben dem Lampertushof liegt die Elisabethenkurie, die in ihrer heutigen Form im wesentlichen aus dem 15. Jahrhundert stammt. Sie ist die größte Kurie des Domberges, fast eine Burg in der Burg, heute jedoch durch eine Mauer halbiert. Die Bauten auf der linken Seite enthalten die sogenannte „Wohnung der heiligen Elisabeth", Tochter König Andreas II. von Ungarn und der Gertrud von Andechs-Meranien. Elisabeth floh nach dem Tod ihres Gatten,

1

des Landgrafen von Thüringen, von der Wartburg und fand Zuflucht bei ihrem Onkel in Bamberg, dem Bischof und Domerbauer Ekbert von Andechs-Meranien. 1227 muss sie für kurze Zeit in dieser Kurie, die im Besitz der Andechser war, Quartier bezogen haben. 1236, fünf Jahre nach ihrem Tod in Marburg, wird Elisabeth heilig gesprochen und wohl noch im gleichen Jahr wird die Kurienkapelle unter ihr Patrozinium gestellt.

Wir setzen nun den Weg bergaufwärts fort und wählen dafür die romantische Domstraße, die alsbald links neben dem **Erzbischöflichen Palais** (2) in die Obere Karolinenstraße mündet. Lohnend ist ein Blick in die Kurie rechts neben dem Burgtor, den **Langheimer Hof** (3) in der Oberen Karolinenstraße 8. 1154 entsteht für die Zisterzienserklöster Ebrach, Langheim und Heilsbronn ein Gebäude, das zunächst allen drei Klöstern als städtische Vertretung dient. Ab 1274 residieren hier die Langheimer allein. Die Kurie weist noch romanische Bauteile auf, wurde aber bis in die Barockzeit ständig umgebaut.

Durch das obere Burgtor verlassen wir den Dombezirk und stehen nun vor dem ehemaligen **Stift St. Jakob** (5). Sinnvollerweise liegt die Anlage an dem Stadtausgang, den die Jakobspilger bei ihrem Weg nach Santiago de Compostela benutzten. Die Gründung des Chorherrenstifts erfolgte um 1070, in der Zeit, als die Wallfahrt zum Grab des heiligen Apostels in Nordspanien einen ersten Höhepunkt erreicht hatte. Der äußere Anschein der Kirche trügt, denn wie bei fast allen Bamberger Kirchen wurde auch hier im 18. Jahrhundert eine neue Fassade vorgeblendet. 1771 passt der Würzburger Architekt Johann Michael Fischer durch seine spätbarock-frühklassizistische Blendfront die Kirche dem modernen Zeitgeschmack an. Trotzdem kann man ahnen, was sich im Innern verbirgt, denn der Turm zeigt sich – zumindest in den unteren Geschossen – als romanisch. Meranierturm heißt er, wegen des ältesten erhaltenen Wappens der Stadt, dem Adler der Meranier.

Das Innere der Kirche zeigt sich ebenfalls im romanischen Stil und die Klarheit dieser frühen Architektur ist überzeugend. In ihrer Anlage schloss sich das Gotteshaus weitgehend dem Vorbild des ersten Domes an. Wie dort baute man auch bei St. Jakob zwei Chöre, wie dort war der Westchor das liturgische Zentrum, betont durch ein Querhaus. Es handelt sich ebenfalls um eine dreischiffige Basilika, wie im Heinrichsdom ehemals mit zwei Krypten. Trotz mancher Eingriffe hat sich diese Grundstruktur des späten 11. Jahrhunderts erhalten.

Die Weihe der Kirche fand am 25. Juli 1109 statt. Gegen 1400 erneuerte man den Westchor

Erzbischöfliches Palais.

Kirche St. Jakob mit dem ältesten Stadtwappen.

in gotischen Formen. Die Krypta blieb dabei erhalten. Erst 1720 wurde sie aufgegeben und der Boden des Chores abgesenkt. Deswegen sitzen heute die Fenster viel zu hoch, bzw. wirken optisch zu kurz.

Am Eingang im Osten öffnet sich fast unversehrt die ehemalige Chorapsis zum Langhaus. Auch hier befand sich eine längst verschüttete Krypta. Die Kirche war ursprünglich sicherlich mit umfangreichen Wandmalereien versehen. Reste aus der Gotik haben sich am Vierungspfeiler erhalten. Das Deckengemälde, auf dem der hl. Jakob vor Herodes den Namen Jesu bekennt, stammt, wie auch das Gewölbe selbst, aus der Barockzeit und wurde von Christoph M. Fesel 1771 gemalt. 1805 wurde das Stift im Zuge der Säkularisation aufgelöst. Der geplante Abbruch konnte jedoch verhindert werden. Von 1866 bis 1882 fand eine „Reromanisierung" und damit verbunden eine Stilreinigung statt. Aus dieser Zeit stammt der neugotische Altar. Nach einem Schwelbrand wurde die Kirche in den Jahren 1991–1993 einer wenig glücklichen Renovierung unterzogen. Seit 1995 ist die Apsis des linken Querhauses Heimstatt der hl. Kunigunde. Es ist das Original der barocken Brückenfigur am alten Rathaus, das durch eine Kopie ersetzt wurde, um es vor Zerstörung zu bewahren.

Im Süden der Kirche lag im Geviert angeordnet der Kreuzhof mit den Stiftsgebäuden, die nur teilweise erhalten sind. Manchmal steht das Türchen im südlichen Seitenschiff der Kirche offen, so dass ein Blick in diesen Innenhof möglich ist.

Unser nächstes Ziel ist das ehemalige Benediktinerkloster **St. Michael** ⑥. Wir laufen zum oberen Burgtor, von den Bambergern „Torschuster" genannt und biegen links ab. Schöner ist jedoch der Weg durch die Franziskanergasse, die direkt gegenüber des seitlichen Kirchenausganges vom Jakobsberg talwärts führt. Sie mündet genau an der Stelle auf die Michaelsberger Straße, wo die fünfte Station eines sehenswerten Kreuzweges steht. Dieser Kreuzweg, der älteste zusammenhängend erhaltene Kreuzweg Deutschlands, führt mit sieben Stationen von der Elisabethenkirche die Aufseßgasse herauf

St. Micheal mit schöner Freitreppe.

und von hier nach St. Getreu. Spätestens 1500 stiftete Marschalk von Rauheneck diese Kunstwerke, nachdem er in Jerusalem persönlich die Entfernung zwischen den Leidensstationen Christi abgeschritten hatte. Der Kreuzweg entstand vermutlich in einer Bamberger Werkstatt. Die Station, vor der wir stehen, zeigt Christi Begegnung mit Veronika: *„Hie hat Christus sein heiliges angesicht der Frauen Feronicae in ir Slayr getruckt vor irem Haus. VC schrit von Pilatus Haus"*.

Der Weg führt nun steil bergauf zum Kloster St. Michael. Eine letzte Kurve nach rechts, man durchschreitet das Tor und ist sofort für alle Mühen des Aufstiegs entschädigt. Weiträumig, festlich und überwältigend öffnet sich der ehemalige Klosterbezirk. Schnurgerade führt der Weg zur Kirche mit ihrer grandiosen Freitreppe. Nicht umsonst ist diese Kirche Bambergs beliebteste Hochzeitskirche. Wie bei St. Jakob ist auch hier der erste Eindruck ein barocker. Wie bei St. Jakob sieht man aber an den Türmen, dass man erneut einem Täuschungsmanöver zum Opfer gefallen ist. Wieder wurde nur eine Blendfassade vorgelegt, um die alte Kirche zu verstecken, obwohl sie doch eine so lange und ehrwürdige Tradition hat, denn das Kloster ist bald so alt wie das Bistum selbst.

1015, acht Jahre nach der Bistumsgründung, erfolgte die Stiftung durch den ersten Bamberger Bischof Eberhard. Somit war St. Michael ein bischöfliches Eigenkloster und nicht eine kaiserliche Stiftung, wie es die Benediktinermönche gerne gehabt hätten. Sie wären damit reichsunmittelbar und nicht vom Bischof abhängig gewesen.

Kaiser Heinrich war zwar nicht der Stifter, aber doch großzügiger Mäzen des Klosters, und so kam

Ausschnitt aus der Pflanzendecke von St. Michael und ein Detail (rechts).

es rasch zu wirtschaftlicher und kultureller Blüte, zu der im 12. Jahrhundert auch eine bedeutende Malschule beitrug.

Das Kloster wurde dem Erzengel Michael geweiht, der seit alters her als Kämpfer gegen das Heidentum gilt. So mutmaßte man, früher habe sich auf dem Berg eine heidnische Kultstätte befunden. Vermeintlich vorchristliche Götzenbilder, die nahe bei Bamberg in der Regnitz gefunden wurden und heute im Historischen Museum zu sehen sind, seien hier verehrt worden. Durch die Klostergründung habe man diese Kultstätte zerstört und sie daraufhin dem Kämpfer gegen das Heidentum, dem heiligen Michael, geweiht. Doch diese Version dürfte ein frommes Märchen sein.

Von der ersten Kirche blieb nichts erhalten. Vermutlich wurde sie 1117 durch die Ausläufer eines Erdbebens in der Lombardei zerstört. Zu dieser Zeit wirkte in Bamberg Bischof Otto I. (1102–1139). Er entwickelte eine besondere Vorliebe für das Kloster und fand dort auch seine letzte Ruhestätte. Unter seiner Regie entstand ein Neubau und er wird deshalb als zweiter Gründer des Klosters angesehen. Am 1. September 1121 nimmt er selbst die Einweihung vor.

Am 27. April 1610 wird die Kirche durch die Unvorsichtigkeit eines Handwerkers in Brand gesetzt und so stark beschädigt, dass Langhaus und Westbau so gut wie neu errichtet werden mussten.

Das Grab des heiligen Bischofs Otto I.

Ab 1696 trägt man sich erneut mit Neubauplänen. Wie viele Benediktineräbte der Barockzeit kam auch Christoph Ernst von Guttenberg auf die Idee, seine Konventsgebäude neu gestalten zu lassen. Dieser Plan wird durch die Architektenbrüder Leonhard und Johann Dientzenhofer in die Tat umgesetzt. Während der über 40 Jahre dauernden Um- und Neubauarbeiten erhält die Kirche die schon erwähnte Fassade mit Freitreppe, die Klostertrakte entstehen vollständig neu. Nach einem Plan von Balthasar Neumann werden im letzten Bauabschnitt die Wirtschaftsgebäude, die den Hof umschließen, errichtet. Zu ihnen zählte auch die Klosterbrauerei, die 1122 erstmals urkundlich erwähnt wird und damit die älteste Brauerei in Bamberg ist. Heute findet sich an ihrer Stelle das **Fränkische Brauereimuseum** (20).

Vorbei am Merkurbrunnen (1710) ersteigen wir die Freitreppe der Kirche und betreten das Innere, das uns sofort gefangen nimmt. St. Michael ist als kreuzförmige Pfeilerbasilika in romanisierenden Formen im frühen 17. Jahrhundert errichtet worden. Der Brand von 1610 ließ nur wenige echte romanische Reste. Nur der Chor des ausgehenden 16. Jahrhunderts überstand das Feuer. Doch es ist weniger die Architektur, als die Dekoration, die den Besucher erstaunt, v. a. die einzigartige Deckenmalerei. Zwischen 1614 und 1617 entstand im gesamten Gewölbe ein Paradiesgarten, ein aus mehr als 570 Einzelpflanzen bestehendes, überdimensionales Herbarium. Die Genauigkeit geht bis ins Detail und zeugt von den hervorragenden botanischen Kenntnissen der damaligen Zeit, besonders auch auf dem Gebiet der Kräuterheilkunde. Als Grundlage wurde ein gedrucktes Herbarium benutzt, denn der Maler konnte keinesfalls alles aus dem Gedächtnis entstehen lassen. Sicherlich kann man auch andernorts kleine Kapellen oder Seitenschiffe entdecken, die mit sol-

1

chen Pflanzendarstellungen verziert wurden. Einzigartig ist hier in St. Michael, dass eine so große Kirche mit dieser Dekoration ausgestaltet wurde.

Doch trotz der Bewunderung für diese Decke darf man die übrige Ausstattung nicht vernachlässigen, denn St. Michael besitzt auch eine der schönsten Kanzeln Frankens. Sie entstand ab 1751 durch Georg Reuß und wirkt durch den warmen Ton des Nussbaumholzes in Kombination mit Gold. Mit dem Flammenschwert stürzt Michael den ungehorsamen Engel Luzifer, der fortan als Satan das Böse der Welt regiert. Auf dem Schalldeckel sitzen die vier Kirchenväter Ambrosius, Augustinus, Hieronymus und Gregor. Den Kanzelkorb umgeben die vier Evangelisten mit ihren aufgeschlagenen Büchern, unter sich ihr jeweiliges Symbol. Engelsköpfe schließen die Kanzel nach unten ab.

In den Seitenschiffen befindet sich heute eine große Anzahl an Gräbern Bamberger Bischöfe, die 1838 im Zuge der Stilreinigung aus dem Dom hierher versetzt wurden. Unter ihnen befinden sich einige höchst bedeutende Kunstwerke. Hervorgehoben sei das Epitaph des Ernst von Mengersdorf (1583–1591) im linken Seitenschiff, das vierte Grab vom Eingang. Es wurde von dem in Franken zu hohem Ansehen gekommenen Hans Werner geschaffen. In erstaunlicher Tiefenwirkung sieht man einen im Bau befindlichen Kirchenraum, den Tempel, in dem der 12-jährige Jesus die Schriftgelehrten unterrichtet. Die Darstellung ist als Hinweis zu werten, dass der Verstorbene die Universität gegründet hat. Dass sie bei seinem Tod noch nicht fertiggestellt war, wird durch Maurer und Gerüste in den Gewölben des dargestellten Kirchenraums angedeutet.

Das aus Alabaster und schwarzem Marmor gestaltete Grab des Otto Voit von Salzburg (1642–1653) direkt daneben, wurde von Justus Glesker entworfen. Erschreckend realistisch ist das Gerippe des Verstorbenen als Memento mori dargestellt. Darüber die Büste des Bischofs.

Wunderschön dagegen im rechten Seitenschiff das Grab des Konrad von Stadion (1753–1757). Es stammt vermutlich von den Würzburger Künstlern Lukas und Wolfgang van der Auwera. Auch hier wurde Alabaster und schwarzer Marmor verwendet. Die Seitenfiguren sind Symbole für die Wehrhaftigkeit und die Segnungen des Friedens. Dazwischen stürzt der geflügelte Satan in die Tiefe. Vergleicht man

Heilig-Grab-Kapelle.

diese Figur mit dem Satan der Kanzel, so wird man eine enge Verwandtschaft feststellen. Das kommt nicht von ungefähr, denn die Künstler lernten beim gleichen Meister Jakob van der Auwera, Vater beider oben genannter Bildhauer.

Das Grab rechts davon gehört Bischof Adam Friedrich von Seinsheim (1757–1779), gearbeitet von dem Bamberger Meister Martin Mutschele. Hier besonders bewunderswert die Spitze des bischöflichen Chorhemdes.

Der Chorbereich wirkt auf den ersten Blick unübersichtlich und überladen. In der heutigen Form stammt er vom barocken Umbau. In dieser Zeit (1730) entstand auch das Chorgestühl im Hochchor. Es ist überaus reich mit Intarsien, Heiligen und Evangelisten verziert und gilt als ein Hauptwerk des Servatius Brickard, des hochbegabten Hofschreiners der Familie Schönborn.

Im Boden des Hochchores sieht man eine Öffnung, die den Blick auf das Grab des heiligen Bischofs Otto I. freigibt. Dieser kryptenähnliche Grabbereich ist vom Ende des Seitenschiffs aus ebenerdig zu erreichen. Das Grab ist verbunden mit einem Altar und einem Reliquienschrein und zeigt somit die klassischen drei Teile eines Heiligengrabes. Hinter dem Grab hängt an der Wand der sogenannte „ältere Grabstein" des hl. Otto aus dem späten 13. Jahrhundert. Er ist ein schönes Beispiel für die ursprünglichen Farbfassungen des Mittelalters. Die Grabtumba selbst stammt wohl aus der ersten Hälfte des 15. Jahrhunderts und ist noch heute Ziel vieler Gläubiger. Eine Öffnung unter der Deckplatte ermöglich das Durchschlüpfen durch den Sarkophag. Der damit verbundenen Berührung mit dem Grab des Heiligen schreibt man eine Heilwirkung bei Gicht, Rheuma und Bandscheibenbeschwerden zu. Und so gehört zu einem vollständigen Bambergbesuch das Durchschlupfen genauso wie das Rauchbiertrinken.

Vor Verlassen der Kirche lohnt ein Blick in die ehemalige Sepultur am Südquerhaus. Sie wurde Anfang des 18. Jahrhunderts zu einer Heilig-Grab-Kapelle umgebaut und ist in ihrer Art einmalig. Nach langjähriger, kostenintensiver Restaurierung kann man nun wieder die bedeutende Stuckdecke studieren, die einen Totenspiegel zeigt. Durch diesen Totentanz wird nicht nur die Menschheit mit dem Tod konfrontiert, sondern der Sensenmann erkennt selbst seine Vergänglichkeit. Das wird z. B. durch ein Skelett ausgedrückt, das Seifenblasen in die Luft pustet, die zerplatzen oder durch ein Gerippe, das sinierend einen Totenkopf in seiner Hand betrachtet.

Wir verlassen die Kirche und gehen rechts um das Kloster herum. Dabei laufen wir am Abteigebäude entlang und nach einem Tor führt uns der Weg auf die obere Gartenterrasse. Von ihrem Ende haben wir einen der schönsten Blicke über Bambergs Altstadt und die umliegenden Hügel. Die Anlage eines Gartens am Osthang erfolgte nach der Fertigstellung der Konventgebäude ab der Mitte des 18. Jahrhunderts. Dieser Garten wurde durch mehrfache Stützmauern terrassenförmig angelegt und gesichert. Brunnen und Pavillons machten ihn zu einem gepflegten Barockgarten, obwohl er nie ganz fertig wurde. Der auftraggebende Abt wurde wegen angeblicher geistiger Umnachtung, wegen seines ausschweifenden Lebenswandels und wegen einer langjährigen Liebschaft von Fürstbischof Franz Ludwig von Erthal abgesetzt. Der Garten wurde vernachlässigt, und erst in heutiger Zeit versucht man, ihn wieder zu kultivieren.

Ein Blick zurück auf den mächtigen gotischen Chor der Kirche mit seinen barocken Anbauten und wir beginnen den Abstieg durch den Klostergarten in die Stadt. Ein kleines Holzgattertürchen im Zaun am Ende der Gartenterrasse beim großen Kreuz führt auf eine schier unendliche, schmale Treppe. Wir erreichen einen Barockpavillon und halten uns rechts. Immer weiter bergab gelangen wir erneut zu einer Treppe und stoßen letztendlich unterhalb der Dombergbefestigung und des Rosengartens in die Aufseßgasse.

Die Elisabethenstraße führt uns weiter bergab zur **Elisabethenkirche** ⑰. Sie blieb als letzter Rest eines Spitals erhalten, das 1328 vom Bamberger Bürger Konrad Esler gestiftet wurde. 1420 wird von einer Messe im „neuen Chor" berichtet. Erst zu diesem Zeitpunkt war die heutige Kirche entstanden, die wohl eine kleine, einfachere Spitalkapelle ersetzte. Die

1

Fassade wurde 1883 im neugotischen Stil vorgeblendet. Der Haupteingang wurde von der Lang- auf die Schmalseite verlegt. Dennoch wirkt der Bau ansprechend und harmonisch.

Die Kirche war ehemals, wie allgemein üblich, direkt von den Spitalgebäuden aus zugänglich, die sich im Nordosten Richtung Regnitz anschlossen. Das Spital bestand bis 1738 und wurde dann mit dem neuen Katharinenspital am Maxplatz zusammengeschlossen. Daraufhin ersetzte man die alten Spitalgebäude durch einen Neubau, der als Arbeitshaus, d. h. als Gefängnis gedacht war und bis heute mit seinen Nebengebäuden als Justizvollzugsanstalt dient. Im Volksmund wird er „Kaffee Sandbad" genannt. Die Kirche wurde 1821 geschlossen und das Inventar verschleudert. 1877 hat die Stadt das verwahrloste Gebäude übernommen und instandgesetzt. Die verlorene Ausstattung wurde durch eine neugotische ersetzt. Nur die Statue der hl. Elisabeth im Hochchor aus dem späten 15. Jahrhundert erinnert noch an den alten Zustand. Sie dürfte ehemals außen über dem Eingang gestanden haben. Früher war die Kirche verschlossen. Heute kann man das Innere wenigstens durch ein Gitter, das auf Initiative des Bürgervereins Sand entstand, anschauen. Der Elisabethenkirche haben wir das größte Volksfest Bambergs zu verdanken, das anlässlich der Kirchenweihe alljährlich am vorletzten Augustwochenende gefeiert wird, die Sandkerwa.

Links neben der Kirchenfassade steht die erste Station des bereits erwähnten Kreuzweges. Zu sehen ist, wie Jesus aus dem Haus des Pilatus weggeführt wird. Besonders interessant ist diese Station wegen der Ritzzeichnung am linken Pfeiler: Über einer Hand auf dem Hackklotz schwebt ein Beil. Angeblich habe man dieses Symbol nach dem Abbruch des an dieser Stelle über die Straße gebauten Stadttores 1831 von dort auf den Kreuzweg übertragen. Dieses Zeichen markierte den Friedensbereich des Stadtherren und kennzeichnete dessen Rechte. 1156 nämlich hatte Kaiser Friedrich I. im Wormser Landfrieden das Edikt erlassen, dass bei Landfriedensbruch die Hand abgehackt würde. Wahrscheinlicher aber ist, dass sich die Ritzzeichnung schon immer an dieser Stelle auf dem Kreuzweg befunden hat. Man symbolisierte damit das Friedensgebot innerhalb des Spitalbereichs. Das selbe Symbol brachte man z. B. 1704 im Treppenhaus des Rothenburger Spitals an, dazu die Beischrift: *„Hie sey verbotten schlagen, hader, unzucht und zank, bey verlierung der rechten hand."*

Vorbei an dieser bedrohlichen Darstellung und vorbei am Franziskusbrunnen (1698) gehen wir rechts wieder in die Elisabethenstraße, die uns an den Leinritt führt. Der Uferweg diente früher dazu, durch Pferde Lastkähne gegen die Strömung zu ziehen. Wir stehen neben dem 1738 entstandenen Arbeitshaus und haben einen wunderbaren Blick auf **„Klein Venedig"** (38). Das dritte Haus von links ist das ehemalige Fährhaus mit einer breiten, rechteckigen Durchfahrt. Früher gab es die nebenanliegende Markusbrücke noch nicht. Um nicht bis zu den Brücken am alten Rathaus laufen zu müssen, gab es hier eine Überfahrtsmöglichkeit durch einen städtischen Fährmann, der auch im Haus wohnte.

Die bekannte Gaststätte Schlenkerla in der Sandstraße.

Wir laufen den Leinritt flussaufwärts bis zur Kasernstraße. Ein Genuss ist der bezaubernde Anblick des anderen Ufers, das man Stück für Stück auf sich wirken lassen kann. Am Spätnachmittag ist das Licht besonders schön.

Fast am Ende der Zeile fällt ein Kleinod unter den Häusern besonders ins Auge. Es ist das vorbildlich renovierte Gartenhaus des Landgerichtsassessors Balthasar Sauer, der es sich 1761, vermutlich nach Plänen Johann Michael Küchels, im hinteren Teil seines Gartens am Wasser errichten ließ. In den Farben Grün und Gelb liegt das Hauptgeschoss über dem durch Bögen geöffneten Sockel. Darüber ein herrliches, sogenanntes Mansarddach, das erst 1980 in dieser Form rekonstruiert wurde. Es greift eine Dachform auf, die von dem französischen Architekt Jules Hardouin-Mansart (1646–1708) entwickelt wurde, um den Dachraum als Wohnmöglichkeit für Bedienstete zu nutzen.

Die Kasernstraße führt uns zum ehemaligen Dominikanerkloster, das heute vom Landbau- und Wasserwirtschaftsamt genutzt wird. Links führt uns ein großes Tor in den früheren Klosterbezirk. Die Dominikaner wurden um 1310 durch Fürstbischof Wulfing von Stubenberg, der selbst diesem Orden entstammte, nach Bamberg berufen und ließen sich alsbald an dieser Stelle zu Füßen des Domberges nieder. Die heutige Kirche, vor deren Chor wir nun stehen, stammt aus dem frühen 15. Jahrhundert. Im Zuge der barocken Neuordnung der Stadt und des linken Regnitzufers wird der Hof zum Fluss durch einen mächtigen, 1732 von Justus Heinrich Dientzenhofer entworfenen Baublock abgeriegelt. Mit seinem überhöhten Mitteltrakt verdeckt er die im 18. Jahrhundert als altmodisch, ja störend empfundene Kirche. In seinem obersten Geschoss liegt der reich mit Stuck verzierte Bibliothekssaal, der heute nur noch bei Veranstaltungen zugänglich ist. Die ehemalige Einrichtung befindet sich in der Staatsbibliothek Bamberg.

Wir verlassen nun den Klosterhof, kehren auf die Kasernstraße zurück, laufen links bis zur Sandstraße und wieder links, bis wir vor der Fassade der Dominikanerkirche stehen. Sie zeigt sich als typische Bettelordenskirche, einfach und ohne Turm. Nur das 1716 eingesetzte Portal verleiht der gotischen Fassade einen Akzent. In der Bekrönung sieht man die Figur des hl. Christopherus, die um 1480 durch unbekannte Künstlerhand entstand. Ihn wählte man als Schutzpatron der Kirche, denn als einer der vierzehn Nothelfer wird er auch gegen Hochwasser angerufen. Die Nähe zum Fluss wird wohl die Wahl bestimmt haben.

1803 wurde das Kloster säkularisiert, die Kirche wurde profanen Zwecken zugeführt, diente etwa 50 Jahre als sogenannter „Kulturraum“ den Bamberger Symphonikern als Konzertsaal und ist jetzt Aula der Universität.

Links neben der Kirche befindet sich eine weitere Attraktion unserer Stadt, wenn auch nicht kultureller, so doch kulinarischer Natur, das berühmte „Schlenkerla“ mit seiner Spezialität, dem Rauchbier. Der typische Geschmack entsteht durch Darren des Malzes über Buchenholz und ist für manchen Gaumen fremd. Deshalb sagt man allgemein, es brauche mindestens drei Halbe, um sich an dieses Bier zu gewöhnen, dann aber bliebe es unvergesslich. Kein Wunder!

Der Name „Schlenkerla“ kommt übrigens nicht von den eventuellen Nachwirkungen des Alkohols, sondern vom tragischen Schicksal eines Wirts im 19. Jahrhundert. Er wurde von seinem Brauereigespann überrollt und dabei so schwer verletzt, dass seine Beine gekrümmt verheilten. Das erschwerte ihm das Gehen derart, dass er mit den Armen „schlenkerte“ und man ihm den noch heute erhaltenen Spitznamen verpasste. Im Ausleger des Wirtshauses kann man den „Schlenkerla“ mit seinen krummen Beinen sehen. Darüber liegt ein „Blauer Löwe“. So nämlich hieß das Wirtshaus bis zu dem Unfall. Der sechszackige Stern an der Spitze des Ausleger ist das Zunftzeichen der Brauer. Zwei Dreiecke, Symbole für die Elemente Wasser und Feuer, bilden den Stern. Nach wenigen Metern sind wir nun wieder auf der Unteren Brücke und damit am End-, bzw. Ausgangspunkt des Rundganges angelangt. Ein letzter Blick gilt dem Dominikanerkloster, dem „Riegeleffekt“ des Bibliotheksbaus am Ufer, und noch einmal haben wir als Abschluss das großartige Panorama der beidseitigen Uferbebauung flussabwärts vor uns.

2 Spaziergang

Durch die südliche Bergstadt

Der zweite Spaziergang durch die Stadt beginnt wie der erste Rundgang am **Alten Rathaus** (30) auf der Oberen Brücke. Der Weg führt uns aber nicht die Karolinenstraße hinauf zum Dom, sondern wir wenden uns nach links. Nach wenigen Metern biegen wir Richtung Regnitz ab, erreichen den Geyerswörthsteg und genießen den einmaligen Blick auf das Inselrathaus. Erst an dieser Stelle entdeckt man den wahren Reiz und die Besonderheit des Gebäudes. Wie ein Schiff mitten im Wasser trotzt es seit Jahrhunderten den Fluten. Dieser schöne Anblick begleitet uns, während wir die Brücke überqueren. Wir stehen vor **Schloss Geyerswörth** (31), das äußerlich völlig unscheinbar wirkt, aber einen sehenswerten Innenhof besitzt.

Der Wörth, so nannte man früher eine Insel, gehörte ehemals der Familie Geyer, die hier eine Adelsburg erbaute, die 1580 vom Hochstift erworben wurde. Nach den Plänen des Architekten Erasmus Braun wurde noch im gleichen Jahr begonnen, das alte Gebäude weitgehend durch einen zeitgemäßen Neubau zu ersetzen. Dieses Stadtschloss diente im 16. und 17. Jahrhundert den Fürstbischöfen als Repräsentationsgebäude und Residenz. 1705 wurde diese Funktion durch den Bau einer neuen Residenz auf dem Domberg ersetzt. Das alte Schloss wurde zum Behördengebäude und ist es bis heute geblieben.

Der einstmals prachtvolle und weithin berühmte Garten verfiel. Wie stolz war Fürstbischof Lothar Franz von Schönborn Anfang des 18. Jahrhunderts auf die dort wachsenden Pomeranzen! Heute lässt der Rosengarten auf der Tiefgarage Geyerswörth an der Stelle des

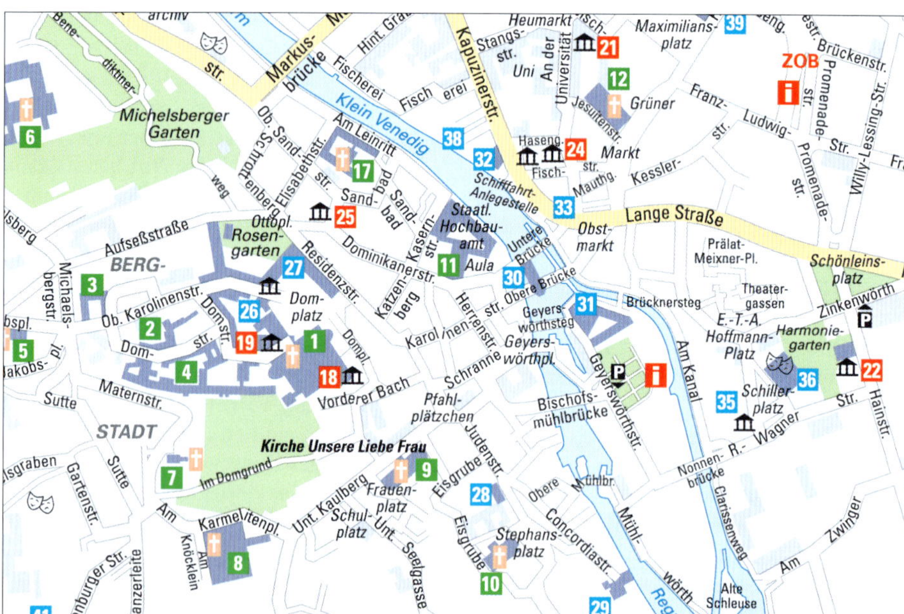

alten Parks nur noch wenig vom einstigen Glanz ahnen. Auch die Innenausstattung des Schlosses wurde völlig entfernt. Lediglich Teile des sogenannten Renaissancesaales konnten wieder hergestellt werden. Seine Ausstattung entstand 1605 und zeigt u. a. Darstellungen der Sieben Freien Künste. Der Saal wird heute von der Stadt für Empfänge genutzt und ist leider nicht öffentlich zugänglich. Für den Schlossturm, dessen unterer Teil noch aus der Zeit der Familie Geyer stammt, konnte man früher den Schlüssel in der benachbarten Touristinformation erhalten. Aus Sicherheitsgründen ist der Turm jetzt geschlossen. Von oben bietet sich ein überwältigender Blick über die gesamte Altstadt. Vielleicht kann man diesen Blick irgendwann wieder genießen.

Über die Schranne setzen wir nun unseren Weg fort. Wer Lust hat, kann vorher noch aus dem Tor heraus rechts um das Schloss herumgehen. Man stößt dann auf den alten Ludwig-Donau-Main-Kanal, der mit 100 Schleusen die Donau mit der Regnitz verband. An seinem Ufer stehen herrliche Gerberhäuser, die vorbildlich restauriert wurden.

Zurück über den Geyerswörthsteg, gelangen wir zum Schrannenplatz mit dem ehemaligen Franziskanerkloster. Der davor liegende Parkplatz verdankt seine Entstehung dem Abriss der Klosterkirche. Durch das enge Balthasargässchen kommen wir in die Judenstraße und an deren Ende zum Böttingerhaus. In diesem Stadtviertel befand sich bis ins 15. Jahrhundert das Judenviertel. Zahlreiche Pogrome, Verfolgungen und Verleumdungen ließen die Juden abwandern. Neue Häuser und Palais entstanden. Nur der Straßenname erinnert noch an die ehemaligen Bewohner. 1708 bis 1712 wurde als eines dieser Palais' das **Böttingerhaus** (28) errichtet. Alle anderen Bamberger Paläste, ja selbst die fürstbischöfliche Residenz, werden von ihm an Bauzier übertroffen. Das Gebäude sprengt alle Maßstäbe barocker Architektur. Der Bauherr Ignaz Tobias Böttinger war jedoch kein Adeliger, wie der äußerer Anschein seines Lebensstils vermuten ließe, sondern lediglich ein bürgerlicher Beamter. Allerdings war es ihm durch Ehrgeiz und Fleiß gelungen, an die höchsten Stellen bei Hof vorzurücken, ganz zum Ärger adeliger Konkurrenten. Der damals regierende Fürstbischof Lothar Franz von Schönborn stützte sein Beamtenwesen jedoch zunehmend auf regierungstreue Bürgerliche und hielt sich damit den Rücken von Intrigen und Vetternwirtschaft frei.

Renaissancesaal in Schloss Geyerswörth.

Der wichtigste Posten des Geheimrats Ignaz Tobias Böttinger war sein Amt als Direktorialgesandter zum fränkischen Kreis. Er vertrat bei

2

Die wunderschöne Barockfassade des Böttingerhauses.

den Kreisversammlungen in Nürnberg die Interessen seines Fürstbischofs gegen die anderen Mitglieder des fränkischen Reichskreises. Der Eintritt Böttingers beim fränkischen Kreistag deckt sich mit dem Beginn des Spanischen Erbfolgekrieges. Auch war er in seiner Funktion zuständig für Versorgungslieferungen, und die damit verbundenen „Prämien" waren für ihn eine zusätzliche Einnahmequelle. In seinem Wohnhaus stellt er seinen Rang und Einfluss zur Schau, und gleichzeitig zeigt er sich als Kenner der internationalen Architektur, denn in diesem Gebäude vereinigt er vom Wiener Kaiserstil über den Genueser bis Prager Barock alle bedeutenden Stilelemente jener Zeit, ohne zu merken, dass er sich damit als Parvenue kenn-

Blick auf die Villa Concordia.

zeichnete. Kein bedeutender Architekt konnte für die Ausführung dieser Kuriosität gewonnen werden. Die Verwirklichung seiner Idee übertrug der Bauherr dem Stadtmaurermeister Ammon, der nach den Vorstellungen seines Auftraggebers ein ungewöhnliches, aber einzigartiges Gebäude erstellte, zum Teil gegen den heftigen Widerstand des Nachbarn rechter Hand, der adeligen Familie Stauffenberg. Mit ihrem bescheidenen Haus sichtlich unzufrieden, wollten sie dem neureichen Böttinger das Leben schwer machen. Man beschwert sich über die „vorschießenden ornamenta", die den „prospect verbauen" und klagt, aus den Firstfenstern des verhassten Nachbarhauses könne man in ihr Anwesen einsehen.

Die Versuche der Stauffenbergs haben nichts bewirkt und das Böttingerhaus entstand wie geplant. Es erhält einen großartigen Innenhof, ein mächtiges, wenn auch gedrückt wirkendes Treppenhaus und herrlich ausgestattete Räume, wie zum Beispiel im zweiten Geschoss die Repräsentationszimmer. Der Fürstbischof unterstützt die Bautätigkeit seines geschätzten Beamten durch Gratislieferungen von Baumaterialien, Steuervergünstigungen und das Bereitstellen seiner Hofkünstler.

Wer nun glauben möchte, das Repräsentationsbedürfnis des Ignaz Tobias Böttinger wäre damit gestillt gewesen, wird rasch eines Besseren belehrt. Bereits drei Jahre später, 1715, beginnt er mit dem Bau eines zweiten Hauses, dem **„Wasserschloss Concordia" (29)**, das wir auf unserem weiteren Weg erreichen werden. Zunächst verlassen wir das Böttingerhaus und gehen halbrechts in die Concordiastraße. Nach wenigen Metern biegen wir links in die „Obere Mühlbrücke" ein und gehen durch das romantische Mühlenviertel zum „Mühlwörth". Von hier bietet sich der beste Blick auf die Concordia, die ihren Namen von einer Gesellschaft erhielt, die im 19. Jahrhundert hier ihre Veranstaltungsräume hatte. Heute beherbergt das Haus das „Internationale Künstlerhaus Villa Concordia". In der gläsernen „Orangierie" wohnen und arbeiten die Stipendiaten.

Dem überladenen Neureichenpalais in der Judenstraße setzt Ignaz Tobias Böttinger ein gediegenes, elegantes Stadthaus entgegen. Bis 1722 lässt er den dazugehörenden stadtauswärts gewandten Garten mit Figuren, Kaskade und Balustrade anlegen. Aus den Fehlern seines ersten Bauprojektes hatte er gelernt und engagierte den hochtalentierten Hofarchitekten Johann Dientzenhofer. Dieser war Architekt des gleichzeitig entstehenden fürstbischöflichen Schlosses in Pommersfelden, und so wundert es nicht, dass eine gewisse Verwandtschaft zwischen beiden Bauten festzustellen ist.

Um zum Eingang der Concordia zu gelangen, kehren wir auf gleichem Weg durch das Mühlenviertel auf die andere Flussseite zurück, geradeaus die steile Gasse hinauf, biegen links in die Concordiastraße ein und stoßen an ihrem Ende auf das Hauptportal des Wasserschlosses. Zugänglich ist das Haus allerdings nur zu Veranstaltungen.

Auch im Treppenhaus und in den Wohnräumen waren die fürstbischöflichen Hofkünstler als Stuckateure und Maler tätig. Es ist bedauerlich, dass die Concordia der Öffentlichkeit weitgehend verborgen bleibt.So führt uns der Weg ein Stück zurück und dann am „Concordiabrunnen" links den Berg hinauf zum „Unteren Stephansberg". Wir gehen ein kleines Stück bergab und steigen dann die links abzweigende Treppe zur **Stephanskirche (10)** hinauf.

Das Kollegiatsstift St. Stephan wurde um 1008 durch Bischof Eberhard gegründet. Die Überlieferung will, dass Kunigunde den Kirchenbau aus eigenen Geldern bezahlt habe, was als Geschichte vom „Pfennigwunder" in ihren Legendenschatz eingegangen ist. Die besondere Beziehung der späteren Kaiserin zum St. Stephansstift wird auch dadurch deutlich, dass man bis heute im Kanonikatshof Stephansplatz 1 gegenüber der Kirche durch ein Relief an die „Wohnung der hl. Kunigunde" erinnert. Das Männerstift lag im Süden um einen Kreuzgang und genoss hohes Ansehen. Das wird auch dadurch deutlich, dass die Kirche 1020 von Papst Benedikt VIII. unter Beisein von 72 Bischöfen persönlich geweiht wurde. Er befand sich zu hochpolitischen Gesprächen mit Kaiser Heinrich II. in Bamberg.

Von dieser ersten Kirche ist nichts erhalten. Der älteste Teil ist heute der Turm aus dem frühen 13. Jahrhundert. Der jetzige Bau von Lang-

2

und Querhaus wurde ab 1626 zunächst durch Giovanni Bonalino errichtet. Der Architekt arbeitete jedoch so mangelhaft, dass Teile wieder einstürzten. Nach einer längeren Bauunterbrechung wird die Kirche Ende des 17. Jahrhunderts durch den Würzburger Hofarchitekt Antonio Petrini fertiggestellt. Es entstand ein schlichter Frühbarockbau auf dem Grundriss eines gleicharmigen griechischen Kreuzes. Damit folgt man wohl dem Gründungsbau.

Für eine geplante Kuppel reichte leider das Geld nicht mehr. Die ansprechende und wohl proportionierte Kirchenfassade ist kaum sichtbar in die Enge des Stadtviertels eingebaut. St. Stephan wurde nach der Säkularisation weitgehend ihrer Innenausstattung beraubt und später der evangelischen Kichengemeinde zur Verfügung gestellt. 1986–1987 wurde die Kirche renoviert und mit neuen Ausstattungsstücken versehen. Dem Künstler Jürgen Görz sind hier äußerst interessante Werke gelungen.

Bergabwärts führt uns unser Weg in die „Eisgrube". Nach wenigen Metern sehen wir auf der linken Seite am Haus Nr. 14 Bambergs berühmtesten Türknauf, das rundliche Gesicht des ***„Apfelweibla"***, das im Stück „Der goldene Topf" des Romantikers E.T.A. Hoffmann erwähnt wird. Wir folgen der Straße weiter und haben alsbald die großartige **Obere Pfarre** (9) vor uns.

Diese Marienkirche war das größte Bauprojekt der Stadt im 14. Jahrhundert und prägt bis heute in ihrer fast ursprünglich erhaltenen Außenansicht das Bild Bambergs. Zwischen 1338 und 1387 entsteht das schlichte Langhaus mit dem Turm, an das man ab 1392 den prachtvollen, hochaufragenden Chor anfügt. St. Sebald in Nürnberg könnte den Anreiz gegeben haben, den Chor so repräsentativ zu gestalten. In den Formmotiven finden sich Elemente der böhmischen Parlerschule wieder.

Kurios ist ohne Zweifel die Turmbekrönung in Form eines Türmerhauses mit fein geschwungener Renaissancekuppel. 1537 erhält

der Turm diesen heute leider verputzten Fachwerkaufbau. Die als Provisorium gedachte Wohnung und Arbeitsstätte des Türmers – irgendwann plante man sicher das Aufsetzen einer normalen Kirchturmspitze – gehört inzwischen zu den markanten Merkmalen im Stadtbild.

Zur Besichtigung der Kirche steigen wir nun links die Treppe hinauf, durchschreiten die „Hölle" und stehen nach einer zweiten Treppe direkt vor dem Kirchturm. Ein Blick nach rechts zeigt uns das Sakristeitürmchen mit Kegel-

Stephanskirche.

dach. Dort oben sitzt ein Männchen, von dem der Volksmund sagt, es stelle, als Vertreter seiner am Bau beteiligten Zunft einen Brauer dar, der einen Maßkrug stemme. Wahrscheinlicher aber handelt es sich um die Darstellung eines Steinmetzen, der vor Freude über die Fertigstellung des Baues ins Horn stößt. Jede Deutung muss jedoch Spekulation bleiben, denn Krug oder Horn wurden ein Opfer der Umweltzerstörung.

Vorbei an der Fassade und dem schönen Ölberg gehen wir rechts um die Kirche zum nördlichen Langhaus und entdecken die mit einem Vordach versehene Brautpforte. Sie ist, wie es Brauch im Mittelalter war, mit den fünf klugen und den törichten Jungfrauen nach dem Matthäusevangelium geschmückt. Hier, außerhalb der Kirche, fanden damals üblicherweise die Hochzeiten statt.

Betritt man die Kirche, so ist man überrascht, denn den Besucher empfängt nicht der erwartete gotische Innenraum. Ab 1711 wurde die Kirche umfassend barockisiert, indem man sie mit Stuck verzierte, Gemälde an die Decke brachte und die Fenster veränderte. Ein mächtiger Hochaltar schließt diesen barocken Gesamteindruck ab und erst beim zweiten Hinsehen wird man zahlreicher gotischer Reste gewahr. Dazu gehört das um 1330 entstandene Gnadenbild im Altar, das bis heute Ziel zahlreicher Marienwallfahrten ist. Am Sonntag nach Himmelfahrt wird diese Maria prachtvoll gekleidet und in einer Prozession zur Muttergottes von St. Martin getragen.

Im Chorumgang hinter dem Hochaltar befindet sich ein bedeutendes Sakramentshaus, das 1392 entstand. Knapp hundert Jahre später datiert der Taufstein, der im rechten Seitenschiff am Beginn des Chorumganges zu finden ist. Er zeigt die Taufe Christi und die 7 Sakramente, einmalig in Deutschland. Das Relief mit dem Sakrament der Eheschließung bestätigt die Funktion des Eheportals, von der wir vor der Kirche hörten. Auch diese Darstellung lässt die Hochzeit außerhalb der Kirche vor einem Portal stattfinden. Am Pfeiler links neben dem Taufstein sehen wir über Kopfhöhe eine Konsole, die einen namentlich leider unbekannten Steinmetzen zeigt, der wohl auch Architekt des Chores war.

Vom Taufstein aus fällt der Blick auf das bedeutendste Kunstwerk der Kirche, ein Gemälde der Himmelfahrt Mariens am Ende des Seitenschiffs. Dieses Bild wurde Mitte des 16. Jahrhunderts von dem berühmten venezianischen Maler Tintoretto geschaffen. Seine „revolutionäre“ Interpretation des Bildthemas war für die damalige Zeit zu gewagt. Besonders stieß man sich an den weiblichen Engeln, eine geschlechtslose Darstellung hätte man vorgezogen. Auch die dynamische Diagonale und der kopfüber gezeigte Christus führten zur Ablehnung. Die Auftraggeber, vermutlich die venezianischen Jesuiten, nahmen davon Abstand, und das Bild gelangte in den Kunsthandel, wo es um 1630 von einem Bamberger Dompropst gekauft wurde. Bis 1937 hing es im Dom und wurde dann als Leihgabe an die Obere Pfarre abgetreten.

In der Weihnachtszeit ist die Pfarrkirche ein Mekka für Krippenfreunde. Von nah und fern

Die Brautpforte an der Oberen Pfarre.

kommen zahlreiche Besucher, um Bambergs schönste Krippe zu sehen, die im linken Seitenschiff aufgestellt wird.

Der Kaulberg, das ehemalige Hauptwohngebiet der Häcker, wie man in Franken die Winzer nennt, führt uns weiter bergauf bis zum **Karmelitenkloster** (8). Es liegt in der ersten, rechts abbiegenden Straße sofort vor Augen. Ursprünglich stand an dieser Stelle ein Spital. Es wurde 1157 von Bischof Eberhard II. an Gertrud von Stahleck, der Witwe des Pfalzgrafen Hermann und Schwester König Konrads III. zur Gründung eines Kloster übergeben. Sie besiedelte es mit Nonnen aus Wechterswinkel bei Mellrichstadt, die nach der Zisterzienserregel lebten, dem Orden aber nicht offiziell angeschlossen waren. Ende des 13. Jahrhunderts wurde der Spitalbetrieb aufgegeben und die Benediktinerregel Grundlage des Klosters, das als Frauenkonvent bis 1554 existierte. 1589 wurden die Gebäude den Karmeliten überlassen, die sie bis heute nutzen.

Die romanische Kirche wurde in der Barockzeit umgestaltet. Sie wendet dem kleinen Klosterplatz ihre Fassade zu, die Leonhard Dientzenhofer 1695 an die Stelle des alten Chores setzte. Links sehen wir den Bibliothekstrakt mit schwerer, frühbarocker Dekoration. Wir gehen die Rampe hinauf, um den Kreuzgang, den größten Schatz des Klosters zu besichtigen.

Er entstand in der Hochgotik Ende des 14. Jahrhunderts, hat aber einen romanischen Grundcharakter. Der Wechsel von Doppel- und Einzelsäulen und die Rundbogenarkaden vermitteln diesen Eindruck. Die Plastik der Kapitelle ist jedoch sowohl in der Ausführung wie im Sinngehalt von spätmittelalterlicher, gotischer Form. Die Darstellungen stammen aus der christlichen Legendenwelt oder zeigen Fabel- und Phantasiewesen. Stets haben sie eine moralische Absicht und zeugen vom Kampf des bösen Heidentums gegen das gute Christentum und den Versuchungen, denen die Menschen ausgesetzt sind.

Der Kreuzgang wurde seit seiner Entstehung mehrfach verändert, zum Beispiel durch den Einzug eines Gewölbes oder den Aufbau barocker Obergeschosse. Dennoch hat er seinen Grundcharakter bewahrt und zählt zu den beeindruckendsten Kreuzgängen Frankens.

Nach Verlassen des Klosters gehen wir links um die Kirche zur rückwärtigen Westfront. Vor uns sehen wir die ursprüngliche Fassade der

Der Kreuzgang aus dem 14. Jahrhundert im Karmelitenkloster.

Kirche, die noch aus der Spätromanik erhalten blieb. Bei der Barockisierung und der damit verbundenen liturgischen Umkehrung der Kirche hat man sie nicht zerstört. Besonders schön ist das Zackenportal mit den Löwen als Türwächtern. Es stammt aus der Zeit um 1190 und ist somit eines der ältesten Portale der Stadt.

Weiter geht es bergabwärts und wir gelangen geradeaus in die Maternstraße, die ihren Namen nach der mittelalterlichen Maternuskapelle trägt, in der Weihnachten Krippenausstellungen stattfinden. Die romantische Gasse führt uns an der Mauer des Domberges entlang hinauf zum Jakobsplatz mit der Jakobskirche, die wir schon bei unserem ersten Rundgang kennenlernten. Durch den „Torschuster", das obere Burgtor, betreten wir rechts den Dombezirk. Die „Obere Karolinenstraße", die früher den passenderen Namen „In der Bürg" trug, führt uns bergab. Nach links öffnet sich alsbald ein herrlicher Blick zum Kloster St. Michael, ein Blick, den der Bamberger Erzbischof alle Tage aus seinem rechts liegenden Palais genießen kann. Das Gebäude wurde in den 60er Jahren des 18. Jahrhunderts durch Michael Küchel als Domherrenhof erbaut und erst 1817 nach Einrichtung des Erzbistums dem Bischof zur Verfügung gestellt.

Durch die Engstelle zwischen Residenz und Hofhaltung gelangen wir auf den Domplatz, der uns in seiner Großräumigkeit und mit seinem Prachtgebäuden sofort gefangen nimmt. Wir überqueren den uns schon bekannten Platz und gehen am Ostchor des Domes vorbei geradeaus. Wir sehen rechts das von Balthasar Neumann erbaute, barocke Kapitelshaus, das das Diözesanmuseum beherbergt und steigen links die Treppe hinunter in den „Vorderen Bach". Vor uns liegt der mächtige „Alte Ebracher Hof", an dem uns das „Bernhardskreuz" interessiert. Es zeigt uns den heiligen Bernhard von Clairvaux, den man als Gründer der Zisterzienser verehrt, wie er vom gekreuzigten Christus in den Arm genommen wird, um seine Glaubenszweifel zu zerstreuen. Es handelt sich um eine Darstellung, die man nur an oder in Gebäuden des Ordens findet. Der Ebracher Hof war die „ständige Vertretung" des Zisterzienserklosters Ebrach.

Haus zum Krebs, Wohnstätte des Philosophens Hegel.

Allmählich nähern wir uns dem Ende unseres Rundganges. Unser Weg führt uns noch entlang der Dombergmauer und dann rechts zum Pfahlplätzchen mit seinen schönen Bürgerhäusern aus Mittelalter und Barock. Der Gesamteindruck, besonders der Blick hinauf zur Oberen Pfarre, wird heute empfindlich durch den Neubau eines Studentenwohnheimes gestört. Gegenüber stand einst die alte Synagoge, die im 15. Jahrhundert nach einer Judenverfolgung und -vertreibung durch eine Marienkapelle ersetzt wurde. Der Häuserblock links daneben wurde damals aus dem Tanzhaus, der Badestube und der Judenschule gebildet. Davon blieb nichts erhalten. Vorbei an den mächtigen Barockhäusern Pfahlplätzchen 1, dem „Haus zum Krebs", in dem Hegel 1807–1808 gelebt hat und Pfahlplätzchen 2, gelangen wir über den Schrannenplatz zum Inselrathaus, dem Ausgangspunkt des Rundganges.

3 Spaziergang

In der bürgerlichen Inselstadt

Auch der dritte Spaziergang durch Bambergs Kunst und Geschichte beginnt am **„Alten Rathaus“** (30), im Herzen der Stadt. Der Weg führt uns diesmal nicht in die Bergstadt, sondern auf die „Insel“, das Stadtviertel zwischen linkem und rechtem Regnitzarm. Unser Ausgangspunkt ist wieder die „Obere Brücke“ vor der Kreuzigungsgruppe. Wir gehen Richtung „Grüner Markt“, biegen nach wenigen Metern links ab und kommen zum „Kranen“. Als ehemaliger Hafenplatz von Bamberg trägt er seinen Namen von den alten Kränen, die hier verblieben sind. Der schmale Wasserlauf, der von links in die Regnitz mündet, ist der alte Ludwig-Donau-Main-Kanal, dessen Bau 1836 in Kehlheim begonnen wurde und der mit 100 Schleusen die Donau mit der Regnitz verband. Vom alten Kranen aus bietet sich ein herrlicher Blick hinauf zum Kloster St. Michael. Dieser Blick führte schon oft zum Vergleich Bambergs mit Prag: dort die Moldau mit dem Hradschin, hier die Regnitz mit dem „Michel“.

Vor uns sehen wir, direkt ans Wasser gebaut, den **Alten Bamberger Schlachthof** (32) mit der Skulptur eines Ochsen im Giebel. Das Gebäude entstand 1741–1742, wie es verschlüsselt im Chronogramm über der Tür zu lesen ist. Der Ochse wurde aus Sandstein von Adam Nickel geschaffen. Als Hörner stetzte man ihm echtes Ochsengehörn ein, das durch einen Nürnberger Kammmacher in Ungarn besorgt wurde. Unter dem Tier liest man eine lateinische Inschrift, deren deutsche Übersetzung unter den benachbarten Fenstern zu finden ist:

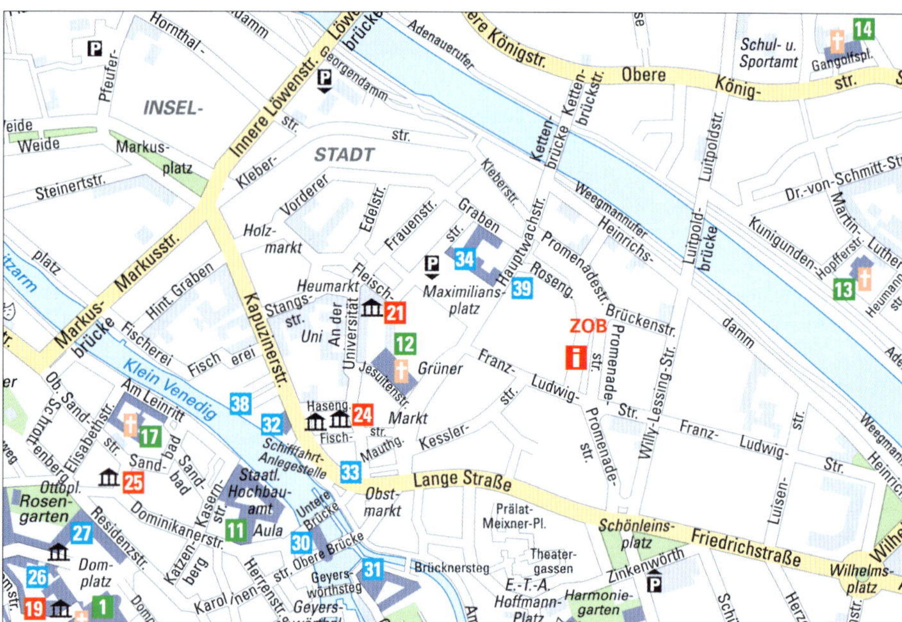

3

Alter Schlachthof, heute Teilbibliothek der Otto-Friedrich-Universität Bamberg.

„Sogleich ein Ochs und nicht zuvor ein Kalb zu sein ist gegen die Natur, doch trifft es bei mir ein, da mich des Künstler Hand zum Ochsen hat gemacht, eh' ich in Kälberstand von der Natur gebracht.“ Das Schlachthaus ist über Arkaden zum Teil in den Fluss gebaut, was nicht ästhetische, sondern praktische Gründe hatte. Über drei Abflusslöcher wurden Blut und Abfälle direkt in die Regnitz entsorgt. Heute wird der Schlachthof als Teilbibliothek der Universität genutzt. Zu diesem Zweck hat man ihn umgebaut und durch einen rückwärts liegenden Neubau erweitert.

Der alte Kranenplatz wird auf der gegenüberliegenden Seite vom sogenannten Hochzeitshaus begrenzt, das 1610–1612 von der Stadt erbaut wurde, um große Veranstaltungen und Feste zu ermöglichen. Seit 1720 wird das Gebäude als Akademie genutzt. 1972 wurde hier die sozialwissenschaftliche Fakultät der Universität untergebracht. Das Rückgebäude zur Austraße trägt zum Andenken an den Aufenthalt Albrecht Dürers im Gasthaus Wilder Mann, das an dieser Stelle stand, eine Gedenktafel mit einem Relief nach seinem Selbstbildnis. Dieses Relief entstand 1928 durch Hans Leitherer nach dem Originalbildnis in der alten Pinakothek in München.

Am Schlachthof vorbei gelangen wir in die Kapuzinerstraße, von der nach einigen Metern rechts die Stangstraße abzweigt. Sie führt uns zum Heumarkt. Zur Linken die Bronzeskulptur „Liegende Frau mit Frucht“ von dem kolumbianischen Künstler Fernando Botero, eines der Kunstwerke des modernen Bamberger Skulpturenweges. Es lohnt sich ein Blick in den rechts liegenden Burgershof mit seinen unterschiedlichsten und aus verschiedensten Epochen stammenden Gebäuden. Ältester Teil ist der Turm, der wohl aus dem 13. Jahrhundert stammt, jüngster Teil die Feuerwehrhalle aus dem frühen 19. Jahrhundert, die ihre Fassade mit neuen Sprossenfenstern dem Heumarkt zuwendet. Links davon steht das Fachwerkhaus des Stadtphysikus. Die dahinter liegenden Gebäude dienten unter anderem als Wohnung für den Stadtbaumeister und den Stadtschreiber. Heute werden die vorbildlich restaurierten Gebäude von der Universität genutzt.

Nun wenden wir uns links und gelangen so zum Holzmarkt und damit zum Institut der ***Englischen Fräulein***. Nach Fürsprache bedeutender Bamberger, aber auch außenstehender Adeliger wurde im Jahr 1716 durch Fürstbischof Lothar Franz von Schönborn die Genehmigung zur Gründung des Instituts erteilt. 1724 begann man zunächst den Kirchenbau, die Institutsgebäude folgten bis 1738. Mit ständig wachsender Schülerinnenzahl wurden mehrere Erweiterungsbauten notwendig, der letzte Anfang des 20. Jahrhunderts.

Institutskirche der Englischen Fräulein (Innenraum).

Die Kirche ist in den Gebäudekomplex integriert und erhält nur von der Platzseite Licht. Sie besitzt eine beeindruckende Stuckdecke im sogenannten Bandwerkstil, die dem Hofstuckateur Vogel und seinem Sohn zugeschrieben wird. 1880 wurde die Kirche mit Wand- und 1906 mit Deckenmalereien versehen, die später übertüncht wurden. Die Altäre stammen aus der zweiten Hälfte des 18. Jahrhunderts. Am Hauptaltar sehen wir die Figuren der Bistumsgründer Kaiser Heinrichs II. und seiner Frau Kunigunde. Sie tauchen ein zweites Mal im Bild des linken Seitenaltares auf. Zu sehen sind die so genannten sieben Zufluchten: die Eucharistie, umgeben vom Gekreuzigten, der Dreifaltigkeit und Maria mit Joseph. Außerdem links Engel und rechts Heinrich, Kunigunde und Ignatius von Loyola als Vertreter für alle Heiligen. Links unten die flehende arme Seele. Dieses Bild entstand um 1750 und stammt wahrscheinlich von Johann Scheubel d. Ä.

Wir verlassen die Kirche, kehren auf den Heumarkt zurück und gehen geradeaus in die Fleischstraße. Nach wenigen Metern biegen wir rechts durch ein schmiedeeisernes Gittertor ab und gelangen in den Innenhof des ehemaligen Jesuitenklosters , in dem heute auch das **Naturkundemuseum** ㉑ untergebracht ist. Der Weg durch den Hof ist allerdings nur während der Werktage möglich. Sonst ist der Hof geschlossen und wir gehen dann durch die Jesuitenstraße am Kloster entlang bis zum Grünen Markt.

Fürstbischof Ernst von Mengersdorf gründete 1586 ein Priesterseminar, das die Karmeliten in ihrem Kloster aufnehmen mussten. Bald darauf wurden die Gebäude ausschließlich dem Seminar übereignet und den Karmeliten das verwaiste Kloster St. Theodor am Stadtrand zugewiesen. Die kurz zuvor nach Bamberg berufenen Jesuiten wurden ab 1613 mit der Leitung des Seminars beauftragt. Noch während des Dreißigjährigen Krieges trägt man sich mit Neubaugedanken, zumal 1647 aus dem Seminar eine Akademie wurde, deren Professuren von den Jesuiten übernommen werden. Die Ver-

Der Vogelsaal im Naturkundemuseum.

Innenhof des barocken Jesuitenkollegs.

wirklichung der Neubaupläne lässt jedoch noch knapp 40 Jahre auf sich warten. Zuerst entsteht die Kirche, die zwischen 1686 und 1693 nach Plänen Georg Dientzenhofers erbaut wird. Ab 1696 folgen die Kollegiumsgebäude mit dem schönen Innenhof.

1773 wurde die Gesellschaft Jesu, wie sich die Jesuiten auch nannten, von Papst Clemens XIV. unter anderem wegen ihrer unerbittlichen Missionspolitik aufgelöst. Die Kollegiumsgebäude wurden nun zur reinen Universität und das sind sie bis heute geblieben. Die Kirche hieß fortan Universitätskirche, bis sie nach der Säkularisation erneut umgetauft wurde. Sie erhielt den Namen St. Martin und ist seither der gleichnamigen Pfarrei zugehörig.

Der schöne Innenhof des Jesuitenkollegs vermag ein wenig Ruhe in der Hektik des Geschäftslebens und Verkehrs in der Innenstadt zu vermitteln. Wir verlassen diese Oase und gelangen in die Jesuitenstraße und von dort nach links auf den Grünen Markt. Wir befinden uns nun in der Fußgängerzone und damit mitten in der Bamberger Geschäftsstadt, ein Zentrum, das bereits im Mittelalter existierte. Selbst an den Wochenenden herrscht hier eifriges Treiben zwischen Blumenständen und Kaffeehausstühlen.

Ein ruhender Pol in dieser Hektik ist die schwere Fassade der Jesuitenkirche, die mit ihrer starken architektonischen Gliederung und der ausgeprägten Licht- und Schattenwirkung den Platz beherrscht. Als Architekt wählten sich die Jesuiten Georg Dientzenhofer, der nach seinem Tod von seinem jüngeren Bruder Leonhard abgelöst wurde. Ursprünglich stammte diese Handwerkerfamilie aus Bad Aibling, aber erst nach der Übersiedlung nach Prag kam sie zu Ansehen. Ihr Ruf, Großbauten in sehr kurzer Zeit mit Hilfe ihrer eingespielten Bautruppe errichten zu können, führte sie erst in die Oberpfalz und dann nach Bamberg, wo ein Teil der Familie sesshaft wurde und in den Rang von Hofarchitekten aufstieg.

Mit der **Jesuitenkirche (St. Martin)** ⑫ beginnt die Reihe der berühmten Dientzenhoferbauten in Bamberg und Umgebung, wie z. B. die Neue Residenz und das Kloster St. Michael in der Stadt oder die Klöster Ebrach und Banz sowie Schloss Pommersfelden im Umland.

Ende des 17. Jahrhunderts waren für die Neubauten der Jesuiten zwei Kirchen vorbildhaft: St. Michael in München und die Hauptkirche des Ordens Il Gesu in Rom. Die Jesuitenkirche in Bamberg lehnt sich diesen Vorbildern an. Die Raumwirkung wird allerdings durch die helle Farbfassung heute etwas

Fassade der ehemaligen Jesuitenkirche.

entstellt. Der Kirche ist dadurch ihr eigentlicher Ernst genommen, der ursprünglich durch verschiedene Grautöne betont wurde. So fällt heute ungewollt sofort die gemalte Scheinkuppel ins Auge, die 1716 von Francesco Marchini gemalt wurde, dessen großes Vorbild der berühmte Jesuitenmaler Andrea Pozzo war. Marchini begründete mit diesem Werk seinen Ruf als Architekturmaler, was ihm bedeutende Aufträge durch die Grafen und Bischöfe von Schönborn einbrachte. Das Kuppelbild der Jesuitenkirche fand in Bamberg auch bei Privatleuten Anklang und wurde mehrfach nachgeahmt. Die gemalte Kuppel wirkt am besten aus der Mitte der Kirche, aber betrachten Sie die Malerei einmal vom Altar aus. Sie werden überrascht sein!

Im rechten Seitenaltar befindet sich eines der wenigen alten Ausstattungsstücke. Es handelt sich um ein Vesperbild des 14. Jahrhunderts, eine sogenannte „freudvolle Muttergottes“, die lächelnd den toten Christus auf dem Schoß hält, denn sie weiß von dessen Erlösungswerk. Die Skulptur stammt aus der im Jahre 1805 abgerissenen Stadtpfarrkirche.

Darunter sehen wir das alte Andachtsbild der Jesuitenkirche, das aus Alabaster gearbeitete Gnadenbild „Maria Trost“ aus der Mitte des 15. Jahrhunderts, dessen Kopie an vielen Häusern des Pfarrsprengels als Hausmadonna angebracht ist.

Wenn wir die Kirche verlassen haben, fällt uns halbrechts gegenüber der Neptunsbrunnen von 1695 ins Auge. Kein Bamberger aber kennt den Brunnen unter diesem Namen, sondern er heißt der „Gabelmann“. Seit jeher ist er Treffpunkt der Jugend, und bei Einrichtung der Fußgängerzone gruppierte man eine steinerne Sitzlandschaft um ihn herum, die heute etwas spöttisch der „Affenfelsen“ genannt wird.

Unser Weg führt uns nun von der Kirche nach links Richtung Maxplatz. Dabei kommen wir an einem weiteren, wenn auch viel kleineren Brunnen vorbei, der eine sitzende Marktfrau, eine „Humsära“ zeigt. Vor mehr als 40 Jahren ließ der Bamberger Michael Welsch den Gabelmann mit der Humsära ein imaginäres Gespräch führen, das in einem Mundartheftchen durch Joseph Schneidmadl veröffentlicht wurde. Ein Auszug soll ihnen zeigen, dass sich zum einen in Bamberg an den Zeiten kaum etwas geändert hat, zum anderen gibt es ihnen einen schönen Einblick in den Bamberger Dialekt, dem Volk sozusagen „auf's Maul g'schaut“:

Humsära:

Ei du, mei liebä Goblmo,
was fängst denn nochät du etzt o?
Du stehst da drom, du dabä Lackl
und hälst dein krumma Dreigezackl
und schaust doll toret nei die Wält,
wos is denn, was där gar net gfällt?

Goblmo:

Humsära, du bist und bläbst a Lusch,
dir körat längst amol a Dusch!
Host die Goschn immä aufgärissn
und mit deina Wor die Leut bäschissn,
dabei a schüchtlings Knixla gämacht
und dann die Gümpl ausgelacht.
Wie hat mei Bamberg mi do gfreut
und all die brovn Bürgärsleut,
die om „Grüna“ hom väbei gämüßt,
i hob an jedn schdramm gägrüßt.
... Doch wenn i etzät nuntä schau,
do werd mäs vor die Aang ganz grau.
Merikaner, Preißn und Schlawinä,
Kosakn, Poln und Rabinä,
Kongonegä und Hottentottn
zieng väbei in longa Rottn.
Däzwischn siegst a blonda Schicksn,
mit Goschn rot, wie Sammelbüchsn,
...
Weg is mei Lieb, aus is mei Freud,
behüt di Gott – du alta Zeit.
Die ganze Gschicht mächt mä kan Gschpaß,
i guckät liebä nei die Keßlergass.
Drum Humsära, nimm mäs net krumm!
Pack mi beim Oäsch und dreh' mi rum!
Donn grüß i mit dä hintern Frunt,
wie des dä Götz säll gut gekunnt.

Unser Weg führt uns an der Humsära vorbei zum Maxplatz, auf dem täglich Gemüse und Obst verkauft wird. Ursprünglich stand auf diesem Platz die alte Pfarrkirche St. Martin. Sie war von einem Friedhof umgeben, der zur Straße durch ein Gitter abgeschirmt war. Noch heute sind rechts und links an den Gebäudeecken die Pfeiler erhalten, in denen in einer Nut die Gitter befestigt waren. Der Kirchhof wurde durch die bis heute erhaltenen Gebäude des Katharinenspitals links und des Priesterseminars rechts flankiert.

Beide Gebäude gehen auf die Initiative des Fürstbischofs Friedrich Karl von Schönborn zurück, der dieses Projekt kurz nach seinem Regierungsantritt 1729 durch seinen Hofarchitekten Balthasar Neumann verwirklichen ließ. Beide Bauten werden heute nicht mehr in ihrer ursprünglichen Funktion genutzt. Das altehrwürdige Katharinenspital ist heute Kaufhaus, zum Teil wurden Wohnungen eingebaut. Lediglich die Erdgeschossarkaden dienen noch dem von Neumann geplanten Zweck und enthalten Verkaufsläden. Im ehemaligen Priesterseminar ist heute das Rathaus untergebracht.

Alte Hauptwache.

Krasser war das Schicksal der Kirche St. Martin: 1805 wurde sie abgerissen. Nur eine Gedenktafel in der Nähe des Sparkasseneinganges erinnert noch an ihre Existenz. Man folgte dem Bedürfnis nach der Schaffung eines großen, repräsentativen Platzes im Herzen der Stadt, zugleich wurde aus hygienischen Gründen der Friedhof aufgelassen. Der neue Platz erhielt den Namen des Regenten Maximilian, denn seit 1802 war Bamberg kurbayerisch. Um dem neuen Herrscher zu huldigen, errichtete man ein Denkmal, das eigentlich als Verfassungsdenkmal geplant, aber erst Ende des 19. Jahrhunderts in Form eines Brunnens zur Ausführung kam. Ferdinand von Miller schuf die fünf Bronzefiguren von Kaiser Heinrich II., seiner Frau Kunigunde, Bischof Otto I., König Konrad III., der im Dom bestattet ist, und in der Mitte König Max I. Joseph von Bayern. Seinen ursprünglichen Standort hatte der Brunnen mitten auf dem Platz, doch auch er musste städtebaulichen Änderungen weichen. 1969 wurde er wegen des Baues einer Tiefgarage an den Rand des Platzes versetzt.

Die Schönbornbischöfe wollten der Residenzstadt Bamberg ein repräsentatives Äußeres verleihen. Dieses Bestreben wurde durch Steuererlässe und Gratislieferungen für private Bauherren gefördert. Aushängeschild sollte der Straßenzug Hauptwachstraße – Grüner Markt – Obere Brücke – Karolinenstraße – Domplatz sein. Diese Absicht ist bis heute spürbar geblieben. Die Hauptwachstraße, in die wir jetzt gelangen, erhält ebenso wie der Grüne Markt im Barock ein einheitliches Gesicht.

Die **alte Hauptwache** (39) von 1774 ist ein beeindruckendes Beispiel barocker Baukunst. Das mit Trophäen geschmückte Sandsteingebäude markiert den ehemaligen Eingang zur Inselstadt. Das zugehörige Stadttor fiel dem Verkehr zum Opfer.

Wenige Meter weiter gelangt man an den rechten Regnitzarm, der seit 1960 als Rhein-Main-Donau-Kanal ausgebaut ist. Krönender Abschluss dieses Ausbaues war 1962 die Einweihung des Bamberger Hafens, den man zum Teil sehen kann, wenn man den Fluss abwärts schaut. Seit Bestehen des Kanals ist die Stadt hochwasserfrei. 1784 war das noch nicht so, denn im Februar dieses Jahres wurden durch eine verheerende Flut mit Eisgang fast alle Bamberger Brücken in Mitleidenschaft gezogen. Zum Opfer fiel diesem Hochwasser auch Bambergs schönste Brücke, die Seesbrücke von Balthasar Neumann. So können wir heute nur deren Ersatz, die Kettenbrücke, überqueren. Bevor wir das tun, betrachten wir aber noch kurz die leuchtend gelb gestrichene Volkshochschule am jenseitigen Ufer. 1901–1902 entstand dieses Gebäude durch den bedeutenden Jugendstilarchitekten Hans Jakob Erlwein als Elektrizitätswerk der Stadt Bamberg. Der Bau konnte durch massiven Bürgerprotest vor dem Abriss gerettet werden. Der Umbau erfolgte unter Beibehaltung großer Teile der technischen Einrichtung, und heute gilt die Volkshochschule als eine der schönsten Bayerns. Selbst die Stadtväter vermögen nicht mehr recht zu verstehen, warum dieses technische Denkmal abgebrochen werden sollte.

Überqueren wir den Fluss, so gelangen wir in die Königsstraße, die ehemalige Handelsstraße von Nürnberg nach Erfurt. Entlang der Straße siedelten sich Gasthäuser und Herbergen mit allen zugehörigen Einrichtungen an, wie Hufschmiede, Brauereien und Sattler. Das alte

Die VHS im alten Elektrizitätswerk der Stadt.

Gesamtbild mit den repräsentativen Fassaden hat sich bis heute bewahrt.

Hier wäre der dritte Spaziergang beendet. Wer noch Lust und Lauffreude hat, kann dem Verlauf der Königsstraße nach rechts folgen

Pfarrkirche St. Gangolf.

und gelangt über die Luitpoldkreuzung hinweg alsbald zur **Gangolfskirche** ⑭, deren Geschichte bis in die Gründungszeit der Stadt zurückreicht. Teile der Kirche gehen noch auf den Urbau des 11. Jahrhunderts zurück, die Untergeschosse der Türme stammen aus dem frühen 12., die Obergeschosse aus dem 14. Jahrhundert. Erst 1671 erhalten sie die welschen Barockhauben. Das Innere der Kirche wurde ab 1753 barock umgestaltet, die Ausstattung schufen zu wesentlichen Teilen die Gebrüder Mutschele. Mit besonderer Liebe arbeiten sie die zahlreichen Altäre ihrer „Mutterkirche“, denn die Künstler wohnten ganz in der Nähe. So schuf 1780 Martin Mutschele auch die Sandsteinplastik des hl. Sebastian links neben dem Pfarrhaus. Die Figur entstand im Auftrag seines in Russland weilenden Bruders Joseph Bonaventura. Auf dem Sockel steht geschrieben: „Gott und seinem Heiligen Sebastian zu Ehren hat dieses Bildnis verlobt und in seiner Geburtsstadt setzen lassen Bonaventura Joseph Mutschele, kaiserlicher Hofbildhauer, weil er bei der anno 1771 in Moskau gewesenen großen Pest glücklich erhalten worden“.

Das Innere der Kirche besticht durch die überreiche Rokokoausstattung der genannten Künstler und durch einige hervorragende mittelalterliche Kunstwerke, wie eine Maria mit Kind und ein Astkreuz. Besonders hervorzuheben ist jedoch die „Göttliche Hilfe“ in der linken Seitenkapelle. Dieser fast lebensgroße Kruzifix zeigt einen gekrönten und bekleideten Christus und geht auf das berühmte „Volto santo“ in Lucca in der Toscana zurück. Durch Luccheser Tuchhändler kamen verkleinerte Kopien nach Nordeuropa, wurden aber oft missverstanden, da man einen bekleideten Christus nicht kannte. Schnell entwickelte sich eine erklärende Ersatzlegende. Aus Christus wurde die heilige Kümmernis, von der die Legende sagt, sie habe sich geweigert, einen Heiden zu heiraten und Maria gebeten, sie so zu verwandeln, dass kein Mann, aber Gott an ihr Gefallen habe. Maria gab ihr das Antlitz des eigenen Sohnes. Darauf habe der erzürnte Vater der hl. Kümmernis beschlossen, dass seine Tochter auch sterben solle, wie Mariens Sohn, und ließ sie ans Kreuz schlagen. Die Darstellung der gekreuzigten hl. Kümmernis fand weite Verbreitung in Süddeutschland. 1583 erscheint sie unter dem Namen Wilgefortis auf Befehl Papst Gregors XIII. im offiziellen römischen Martyriologium, was zu einem erneuten Aufschwung ihres Kultes, forciert durch die Jesuiten, führte. Heute hat man die Heilige fast vergessen.

Das Kreuz von St. Gangolf ist die Nachbildung einer Stiftung des Franz Münzmeister (gestorben 1356) und stammt aus dem ebenfalls von ihm gestifteten Dominikanerinnenkloster zum hl. Grab.

Das sich links an die Kirche anschließende ehemalige Kapitels- und Schulgebäude ist heute Pfarrhaus und entstand im Jahre 1732. Im mittelalterlichen Vorgängergebäude wirkte von 1260 bis 1306 Hugo von Trimberg als Stiftslehrer, der Dichter des Lehrgedichts „Der Renner“.

Für unseren Rückweg zum alten Rathaus wählen wir die Willy-Lessing-Straße, die ein fast geschlossenes Gebäudeensemble aus Spätklassizismus und Gründerzeit bietet. Die Willy-Lessing-Straße mündet in den Schönleinsplatz. Hier biegen wir rechts in die Lange Straße ein. Sie ist heute eine der Hauptverkehrsachsen und Einkaufsstraße und zeigt ein fast ohne Zerstörungen erhaltenes Häuserbild aus dem späten 17. und frühen 18. Jahrhundert.

Ein schönes Beispiel für ein barockes Bamberger Bürgerpalais sieht man im Haus Nr. 37, das sich der Hofarchitekt Michael Küchel um 1740 errichtete. Am Ende der Langen Straße liegt das Haus Nr. 3, ehemals „Haus zum Saal“, jetzt „Wallensteinhaus“ genannt. Es stammt im Kern noch aus dem 15. Jahrhundert, wurde jedoch im frühen 18. Jahrhundert umgebaut. Das Portal zeigt einen für Bamberg seltenen Kielbogen, darüber eine Maria Immaculata und darunter das Wappen der Familie von Aufseß, die den barocken Umbau veranlasste. Am Wallensteinhaus, in dem der berühmte Feldherr 1632 übernachtet haben soll, wollen wir unseren Rundgang endgültig beenden.

Wer die Verlängerung mitgegangen ist, hat nun ca. 2,3 Kilometer zurückgelegt.

In wenigen Schritten an reizvollen Fassaden vorbei, erreichen wir wiederum die Kreuzigungsgruppe auf der Oberen Brücke, Ausgangspunkt unseres dritten Spaziergangs.

St. Gangolf: Göttliche Hilfe.

Bambergs Geschichte bis zur Gegenwart

Nicht nur Kirche und Krummstab

Bambergs Anfänge reichen weiter zurück, als die erste urkundliche Erwähnung aus dem Jahr 902 vermuten lässt. Diese frühen Spuren führen bis ins 7. Jahrhundert und mussten mühsam durch archäologische Grabungen ans Tageslicht gebracht werden. Die Funde belegen eine große Burganlage auf dem heutigen Domberg. Sie war damals offensichtlich von unabhängigen Slawen bewohnt, die später mit den eindringenden Franken zu einer Mischbevölkerung zusammenwuchsen. Diese Burg kam im 9. Jahrhundert in den Besitz des ostfränkischen Geschlechts der Babenberger, die namengebend für die spätere Stadt wurden.

Babenberger Fehde

Im Kampf um die Vorherrschaft im ostfränkischen Raum kam es zwischen Konradinern und Babenbergern zur „Babenberger Fehde“. Zwei der Babenberger Brüder fallen im Kampf gegen die Konradiner. Der dritte und letzte Bruder Adalbert wurde 906 wegen Landfriedensbruch in Obertheres bei Bamberg hingerichtet. Es wird behauptet, dass Adalbert enthauptet

Sogenannte „Domkröte“.

wurde, doch bis heute bewahrt man im dortigen Schloss, einem ehemaligen Kloster, eine Scheibe des Stammes jener Eiche, an der Adalbert angeblich den Tod durch Erhängen fand. Als Folge dieser Fehde fiel der gesamte fränkische Besitz der Babenberger an den königlichen Fiskus.

Das fränkische Rom

Kaiser Otto II. überließ 973 durch eine Schenkung diese königliche Grundherrschaft einschließlich der Burg „Papinberg“ seinem Vetter, dem Bayernherzog Heinrich dem Zänker, und leitete damit eine Entwicklung ein, die für das weitere Schicksal der Stadt bestimmend sein sollte. Denn noch im gleichen Jahr wird Heinrich ein Sohn geboren, der nach dem Tod des Vaters 995 das Erbe antritt und von dem man sagt, er habe schon als Kind Bamberg sehr geliebt. Es ist der spätere Kaiser Heinrich II., der letzte Ottone. Als Herzog von Bayern schenkte er 997 Bamberg seiner geliebten Frau Kunigunde zur Hochzeit. Nach seiner Wahl zum deutschen König in Frankfurt 1002 wird Bamberg zum Lieblingsaufenthalt Heinrichs. Soweit es ihm möglich war, weilte er in dieser Stadt, wenn er nicht, wie alle damaligen Herrscher, zur Sicherung des Reiches unterwegs war.

Seine für Bamberg entscheidendste Tat, mit der er auch politischen Weitblick bewies, war 1007 die Gründung des Bistums. Heinrich II. beabsichtigte damit, wie es H. Mayer formulierte, „die an der deutschen Ostgrenze noch bestehende religiöse und politische Lücke des Reiches durch Schaffung einer reichsgetreuen, kirchlichen Macht zu sichern.“ Zugleich plante er, Bamberg zur Hauptstadt seiner Macht werden zu lassen und tat alles, um diesen Plan zu verwirklichen. An seinem 39. Geburtstag, dem 6. Mai 1012, nahm er an der Weihe des Domes teil, der an der Stelle der Burgkapelle errichtet worden war. Als erster Bischof wurde Eberhard, Kanzler des Reiches, eingesetzt.

Wie in Rom entsteht nun eine Stadt auf sieben Hügeln, und wie in Rom wurde der Dom St. Peter geweiht und nach Westen ausgerichtet. Bamberg erhält Besitz in Kärnten, Süddeutschland und im Elsaß. Heinrich II. überträgt dem Bistum wertvollste Bücher, Reliquien und Kunstwerke. Bamberg wird somit tatsächlich zu einer Art Zentrum. Immerhin so bedeutend, dass Papst Benedikt VIII. diese Stadt mit seinem Besuch beehrte. „Hier ist das Haupt der Welt, die Wiege jeglichen Ruhms", dieses Loblied von Gerhard von Seeon hatte für Bamberg nur kurze Zeit Bedeutung, denn mit dem Tod des Kaisers 1024 wurde der Traum vom neuen Mittelpunkt des Reiches begraben. Doch Bamberg versank nicht völlig in der Bedeutungslosigkeit. Der zweite Bischof der Stadt, Suidger (1040–1047), wurde auf Wunsch König Heinrichs III. als Papst eingesetzt und zieht 1046 als Clemens II. in Rom ein. Nur neun Monate später ereilt den noch jungen Mann ein wahrscheinlich unnatürlicher Tod. Sein Wunsch, in Bamberg beigesetzt zu werden, wird erfüllt. Heute ist seine letzte Ruhestätte das einzige Papstgrab nördlich der Alpen.

Die bedeutende strategische Position Bambergs als Bastion gegen das östliche Heidentum und als Ausgangspunkt für Missionierungen wird deutlich an der Person Bischofs Otto I. (1102–1139), der schon 1189 heilig gesprochen wurde. Er war wesentlich am Abschluss des Wormser Konkordats beteiligt, das den Investiturstreit zwischen Papst und Kaiser beendete und fortan dem Papst die alleinige Einsetzung der Bischöfe erlaubte. Neben seine Unterschrift auf diesem Dokument schrieb er: *„Otto, Bischof von Bamberg, der Gott gab, was Gottes ist, aber auch dem Kaiser, was des Kaisers ist."* Berühmt wurde Otto als „Apostel der Pommern", ein Beiname, der ihm bis heute geblieben ist. Zwei Reisen nach Polen brachten ihm große missionarische Erfolge. Zahlreiche Klostergründungen und Neubauten vieler Kirchen gehen auf seine Initiative zurück. Besondere Liebe hegte er für das Benediktinerkloster St. Michael in Bamberg, in dem er auch bestattet wurde.

Viele andere bedeutende Persönlichkeiten fanden ebenfalls ihre letzte Ruhe in Bamberg, so der Stauferkönig Konrad III., der nach der Rückkehr von einem Kreuzzug in Bamberg 1152 verstarb. Auch einen aufsehenerregenden Mord hat die Stadtgeschichte zu verzeichnen:

Grabplatte von Bischof Otto I.

König Philipp von Schwaben wird 1208 während einer Hochzeitsfeier in der alten Hofhaltung erdolcht. Zunächst wird er im Bamberger Dom beigesetzt, später aber nach Speyer überführt.

Muntäter und Kaufleute

Während all dieser Geschehnisse hatte sich Bamberg städtebaulich weiterentwickelt. Es entstanden auf den Hügeln rund um den Dom zahlreiche Klöster, und im Tal wuchs die bürgerliche Stadt. Die Klosterbezirke bildeten sich zu sogenannten Immunitäten aus, ein durch Mauern oder sonstige Grenzen festgelegter Bezirk mit jeweils eigener Rechtsprechung. Die Bewohner hießen „Muntäter" und waren nur dem Abt oder dem Stiftspropst und damit indirekt dem Bischof untertan, nicht aber dem Bürgermeister. Insbesondere waren sie frei von jeglicher Steuerforderung seitens der Stadt, was zu Zwistigkeiten führte, die Mitte des 15. Jahrhunderts einen vorläufigen Höhepunkt erreichten.

Schon 1164 hatten die Bamberger Kaufleute von Friedrich Barbarossa Schutz und Zollfreiheit für das ganze Reich erhalten. So bildete sich eine Patrizierschicht, deren Einfluss rasch stieg. Ihr Stolz wird deutlich durch den Bau der Bürgerkirche „Zu Unserer Lieben Frau" am Kaulberg im 14. Jahrhundert und des Inselrathauses im 15. Jahrhundert. Doch die prosperierende Entwicklung Bambergs zu einer reichen Handelsstadt, vergleichbar Nürnberg, wurde Anfang des 15. Jahrhunderts jäh unterbrochen. Der Bischof hatte den Bürgern verboten, eine Stadtmauer zu bauen und so konnte 1430 ein Hussiteneinfall nur dadurch abgewehrt werden, dass sich die Stadt durch eine hohe Brandschatzzahlung freikaufte. Nach diesem Vorfall kam es zu heftigen, gewaltsamen Auseinandersetzungen zwischen den Muntätern und den Bürgern. Zwar wird ein Kompromiss gefunden, der aber letztlich die Privilegien der Muntäter nicht antastete. Als Folge davon zogen viele Patrizierfamilien mit Einfluss und Vermögen in die freien Städte fort. Mit ihnen gingen die Künstler, die den Auftraggebern und Käufern ihrer Werke nachreisten.

Wallensteinhaus in der Lange Straße.

Herrschaft des Krummstabes

Die Stadt verblieb unter der Herrschaft des Krummstabs. Geistlicher und weltlicher Herr war weiterhin der Bischof. Es kam zu einer wirtschaftlichen Stagnation, doch sie beeinflusste das geistlich-kulturelle Leben kaum. Unbeirrt von allen Wirren konnte sich Bamberg sogar zu einem Zentrum des Humanismus entwickeln. Der Domherr Albrecht von Eyb verfasste mit seiner „Lobrede auf Bamberg" eine der frühesten deutschen humanistischen Dichtungen. Und noch auf einem anderen Gebiet wurde die Stadt berühmt. Nach Mainz war sie die wichtigste Druckmetropole Deutschlands.

Nicht zu unterschätzen sind auch die Impulse, die von Bamberg auf die Entwicklung des deutschen Strafrechts ausgingen. Johann Freiherr zu Schwarzenberg (1463–1528) verfasste 1502 die „Bamberger Halsgerichtsordnung". Sie ist Grundlage und Vorbild für das Reichsstrafgesetzbuch Kaiser Karls V. von 1532. Nach dieser „Constitutio Criminalis Carolina" wird 300 Jahre Recht gesprochen.

Die Reformation änderte in Bamberg wenig, obwohl es aufgrund der Willkürregierung Bischofs Georg III. Schenk von Limburg und seines Nachfolgers Weigand von Redwitz verstärkt Befürworter des neuen Glaubens gab. Doch letztlich standen sie auf aussichtslosem Posten. Andersgläubige mussten, wollten sie überleben, die Stadt verlassen. Auch der Bauernkrieg im Jahr 1525 bewirkte keine tiefgreifenden Änderungen. Die Revolution unter dem Zeichen des Bundschuhs wurde mit Hilfe des schwäbischen Bundes niedergeschlagen und die Rädelsführer aufgehängt. Bamberg blieb katholisch.

Doch die Unruhen waren lange noch nicht vorbei. 1553 fällt der Kulmbacher Markgraf Albrecht Alcibiades in Bamberg ein, fordert Schutzzahlungen, plündert die Domherrenhöfe, nimmt angesehene Bürger als Geiseln und verwüstet die auf dem höchsten der sieben Hügel gelegene Altenburg.

Hexenbrenner und schwedische Besatzer

Zunächst bleibt Bamberg vom Dreißigjährigen Krieg verschont. Dennoch lebte die Bevölkerung in Angst und Schrecken. Die Bamberger Fürstbischöfe verfolgten erbarmungslos all die Menschen, die in ihren Augen Hexen, Zauberer, Drudner waren. Höhepunkt der Bamberger Hexenjagd, die sich rechtlich auf die „Halsgerichtsordnung" stützte, war die Zeit von 1623–1633, als Johann Georg II. Fuchs von Dornheim regierte, den man den „Hexenbrenner" nannte. Allein aufgrund seiner Anordnungen starben im Kreis Bamberg ca. 900 Menschen unter unvorstellbaren Qualen, nachdem sie zuvor noch grausam gefoltert wurden. Über die Grenzen des Bistums hinaus war die „Bamberger Tortur" gefürchtet. An das Schicksal der Hingerichteten soll ein Denkmal nahe der Tourist-Information erinnern. Ihr Vermögen wurde konfisziert und füllte die bischöflichen Kassen um über 500 000 Gulden. Die Hinterbliebenen waren somit nicht nur am Ende ihrer psychischen und physischen, sondern auch ihrer finanziellen Kraft.

Aber auch der Krieg erreichte Bamberg schließlich: Am 11. Februar 1632 zogen die Schweden in die Stadt ein. Den mutigen, aber eher improvisierten Widerstand der Bürger konnten sie in einer Nacht brechen. Sie betrachteten nun die Stadt als ihre Pfründe, und die Bamberger mussten allen Wünschen und Forderungen nachkommen. Seuchen verschlimmerten den Zustand und erst nach langwierigen Kämpfen wurde die Stadt mit Hilfe des Feldherrn Tilly wieder von den Schweden befreit.

Das Glück nach den Qualen des Krieges

Nur langsam erholte sich Stadt und Land von all diesen Greueln. Den Aufschwung brachten die Bischöfe aus dem Hause Schönborn: Lothar Franz (1693–1729) und Friedrich Karl (1729–1746), die durch strenge Reformen und internationale Verbindungen die goldenen „Schönbornzeiten" verkörpern. Wir sind im Zeitalter

Fürstbischof Lothar Franz von Schönborn.

des Absolutismus. Der Fürstbischof schuf sich einen straff organisierten Beamtenapparat, der sich zunehmend auf Bürgerliche stützte. Das Handwerk wurde gefördert, Handel und Manufakturen standen unter staatlicher Oberhoheit. Die Gegenreformation bewirkte eine innere Ruhe auch auf kirchlichem Gebiet. Bamberg gelangte zur größten Blüte seiner Geschichte, und die barocke Lebensfreude der Schönbornzeit ist bis heute spürbar geblieben. Die mittel-

Blick über Bamberg. In der Bildmitte das prächtige Ensemble mit Dom, Alte Hofhaltung und Neue Residenz.

alterliche Kleinstadt wandelte sich zur barocken Residenzstadt. Der „Bauwurm" der Schönborn übertrug sich auf fast alle Bevölkerungsschichten. Wer trotz großzügiger Steuererleichterung und kostenfreiem Baumaterial nicht in der Lage war, ein völlig neues Haus zu bauen, der versteckte wenigstens sein altes hinter einer Barockfassade. Klöster entstanden neu, Brücken wurden gebaut, Skulpturen und Brunnen verschönten die Stadt.

Die goldenen Schönbornzeiten versickerten im Rokoko. Wieder traten soziale Nöte in den Vordergrund, denen der aufgeklärte Fürstbischof Franz Ludwig von Erthal (1779–1795) entgegentrat. Mit Reformen im Gesundheits- und Schulwesen, besonders aber auch durch persönliche Sparsamkeit, versuchte er die Situation seiner Untertanen zu verbessern. Ihm verdanken wir den Bau des Krankenhauses, das damals zu den modernsten zählte. 1789 wurde es nach Vorschlägen des Leibarztes Friedrich Marcus erbaut und besaß bereits fließendes Wasser.

Degradierung

Die vielleicht einschneidendste Veränderung erlebte Bamberg durch die Säkularisation 1803: Nach 800 Jahren ist Bamberg nicht länger Regierungssitz eines geistlichen Staates, sondern wird zur bayerischen Provinzstadt degradiert. Fortan sind kirchliche und weltliche Macht offiziell voneinander getrennt und das ehemalige Fürstbistum ist nur noch ein kirchlicher Verwaltungssprengel. Die geistlichen Güter wurden beschlagnahmt, um deutsche Fürsten für ihre unter Napoleon erlittenen linksrheinischen Verluste zu entschädigen. Viele Schätze des Hochstifts wurden nach München verschafft, eingeschmolzen, weiterverkauft oder in Museen archiviert. Der Name Franken wurde getilgt, und erst 1837–1838 richtete Bayern die Regierungsbezirke Ober-, Mittel- und Unterfranken ein. Der Regierungssitz von Oberfranken wurde nicht Bamberg, sondern Bayreuth.

Die Stadt veränderte sich. Das Bürgertum legte jahrhundertealte, kirchlich-absolutistische Fesseln ab. Aus höfischer Kultur wurde eine bürgerliche. Es entstanden Vereine, der Hainpark, das Theater. Berühmte Personen kamen nach Bamberg, so der Romantiker E.T.A. Hoffmann, der ab 1808 fünf Jahre lang als Musikdirektor am Theater wirkte oder der Philosoph Georg Wilhelm Friedrich Hegel, der als Journalist und Herausgeber einer Zeitung von 1807–1809 hier arbeitete. Bamberg wurde an neue Verkehrswege angeschlossen: 1841 an den alten Ludwig-Donau-Main-Kanal und 1844 an die Eisenbahn.

Bürgerlicher Aufschwung

Die Revolution von 1848 berührte Bamberg wenig, auch wenn engagierte Bürger, wie z. B. Nikolaus Titus, Abgeordneter des Frankfurter Vorparlaments und Initiator der 14 „Bamberger Artikel", entschieden für die Gleichstellung aller Stände, Aufhebung der Pressezensur, Lehrfreiheit und Selbstbestimmung des Volkes eintraten. Nachdem die demokratische Bewegung niedergeschlagen war, suchte auch in Bamberg das Bürgertum Zuflucht im lethargischen Biedermeier. Es pflegte die häusliche Idylle und suchte sein Freizeitvergnügen in Liederkränzen und Turnvereinen. Deutscher Patriotismus wurde im fränkischen Sängerbund gepflegt. Wirtschaftlich entwickelte sich Bamberg in den folgenden 50 Jahren zu einer Handelsstadt. Auch Industrie siedelte sich an. Rund um die Altstadt entstanden neue Straßenzüge im Stil der Gründerzeit, wie etwa die Willy-Lessing- oder die Hainstraße. Jüdische Kaufleute verwandelten die Stadt ab Mitte des 19. Jahrhunderts in ein Zentrum des Hopfenhandels. Ihre Häuser, vor allem in der Hainstraße, sind Zeugen dieser Blüte.

Nach dem ersten Weltkrieg steht Bamberg noch einmal im politischen Rampenlicht. Als 1919 in München die Räterepublik ausgerufen wird, flüchtet die bayerische Regierung ins ruhige Bamberg. Von April bis August war Bamberg bayerischer Regierungssitz, von dem aus die politische und militärische Rückeroberung der Landeshauptstadt vorbereitet wurde. In Bamberg entstand auch die bayerische Landesverfassung, die als „Bamberger Verfassung" bis 1933 gültig war.

Am 9. März 1933 wurde am Brückenrathaus die Hakenkreuzfahne gehißt. Zuvor hatten bei den letzten freien Reichswahlen fast 50% der Bürger für die NSDAP gestimmt. Und doch galt Bamberg bald als „unzuverlässige Stadt". Der Widerstand der konservativen und glaubenstreuen Kräfte nahm zu, je länger die braunen Machthaber regierten. Dennoch verhinderten sie nicht die Vertreibung und Ermordung der Bamberger Juden: in der Reichskristallnacht wurde die Synagoge zerstört, jüdische Geschäfte und Häuser wurden verwüstet. Kommerzienrat Willy Lessing wird bei seinem Versuch, die heilige Thorarolle zu retten, von der SA verprügelt und stirbt später an den Folgen. Ab 1941 wurden alle noch verbliebenen Juden deportiert. Die meisten haben diese Deportation nicht überlebt.

In einer Stadt wie Bamberg blühen die Legenden auch noch im 20. Jahrhundert. Es heißt, die hl. Kunigunde habe schützend ihren Brautschleier über die Stadt gebreitet und deshalb blieb sie vor der Kriegszerstörung des Zweiten Weltkrieges bewahrt. Die Wahrheit ist profaner: Weihbischof Dr. Landgraf konnte den SS-Führer Martin überzeugen, von unsinnigen Verteidigungsaktionen gegen die vorrückenden Amerikaner abzusehen. Durch dieses Übereinkommen konnte eine großflächige Bombardierung der Stadt abgewendet werden.

Das Bamberger Modell

Bis auf wenige zerstörte Brücken blieb Bamberg fast unversehrt und kann als eine der schönsten und besterhaltendsten Städte in Deutschland bezeichnet werden. Diese Tatsache erhielt durch die Ernennung der Stadt zum „Weltkulturerbe" 1993 neue Wertigkeit. Zu den wichtigsten kommunalen Aufgaben zählt deshalb der Denkmalschutz. Die Erhaltung der historischen Bauten ist aber oft für den Einzelbürger nicht tragbar. Freistaat und Stadt helfen hier mit Zuschüssen. Das „Bamberger Modell" versucht das Antlitz der Stadt so zu erhalten, dass es nicht zu einem gigantischen Freilichtmuseum verkommt, sondern Ausdruck einer lebendigen Stadt bleibt.

Der Bamberger Dom

In Stein gehauene Frömmigkeit

Domansicht von Osten.

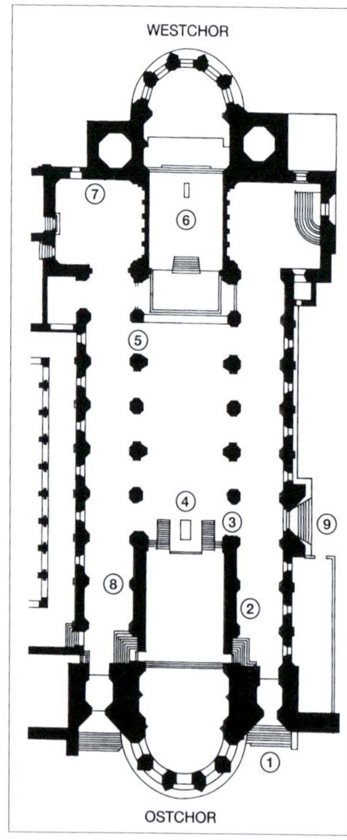

① Gnadenpforte
② Ostchorschranken
③ Bamberger Reiter
④ Kaisergrab
⑤ Hohenlohe-Grabplatte
⑥ Papstgrab
⑦ Veit-Stoß-Altar
⑧ Synagoge
⑨ Fürstenportal

Der Dom ist das Herzstück Bambergs und zugleich das bedeutendste Kunstwerk im weiten Umkreis. Das gilt nicht nur für die Architektur, sondern auch für die zahlreichen wertvollen Ausstattungsstücke, die die Kirche seit Jahrhunderten bereichern. Dem Dom wird ein eigenes Kapitel gewidmet. Vielleicht mag es Sie dazu anregen, die Kathedrale bei Ihrem Bambergbesuch als besonderes Erlebnis zu genießen und sie nicht als eines unter vielen Kunstwerken „abzuhaken".

Nehmen Sie sich Zeit und Muße!

Sollten Sie sich zur Hauptreisezeit in den Sommermonaten in Bamberg aufhalten, so empfiehlt sich als Besichtigungstermin die Zeit vormittags vor 10.30 Uhr oder nachmittags nach 16.00 Uhr.

Die heutige Kathedrale ist nicht der erste Bau an dieser Stelle. Bereits der Heinrichsdom, die Stiftung Kaiser Heinrichs II. zur Bistumsgründung, stand an diesem Platz. Doch leider blieb von diesem 1012 geweihten Gotteshaus nicht viel erhalten. Im Sommer 1185 hinterließ ein verheerendes Brandunglück nur eine Ruine, die man zwar notdürftig instandsetzte, letztendlich aber doch abriss.

Um 1190 begann man mit dem Neubau des noch heute stehenden Domes. Nach erstaunlich kurzer Bauzeit wurde die Kathedrale 1237 geweiht. Trotzdem ist sie im Baustil nicht einheitlich. Der Eingangsbereich mit dem Ostchor wurde in spätromanischen Bauformen begonnen, am Westchor endete man mit frühgotischen Elementen. Auch die Fensterrose am Querhaus und die vier verschieden gearteten Türme verdeutlichen die unterschiedlichen Stile.

Dom, Innenraum. Blick in Richtung Ostchor.

Man betritt den Dom heute durch das rechte Ostportal, das wegen des schönen Reliefs über der Tür **Gnaden- oder Marienpforte** (1) genannt wird. Wir sehen Maria mit Kind, links flankiert von den Kirchenpatronen Petrus und Georg und rechts von Heinrich und Kunigunde, den Bistumsgründern. Die kleinen Figuren in den Ecken stellen die Erbauer der heutigen Kathedrale dar, Bischof Ekbert von Andechs-Meranien und seinen Onkel Dompropst Poppo.

Vorbei an der rechts hockenden „Domkröte“ betritt man die Kirche. Diese „Domkröten“ sind eigentlich stark verwitterte Löwen, die schon am Heinrichsdom als Türwächter dienten. Ihre Verwitterung führte zu einer Legende, nach der der Teufel zwei Kröten ins Fundament gesetzt

Die Gnaden- oder Marienpforte.

habe, die den Bau verzögerten, um dem Meister des Westchores Vorteile zu bringen. Dieser junge Bursche hatte dem Teufel seine Seele versprochen, würde er mit seinem Chor schneller fertig sein als sein Konkurrent im Osten. Als Erinnerung an diese böse Tat habe man die Kröten in Stein gehauen und vor dem Ostchor aufgestellt.

Wir gelangen durch die Marienpforte ins rechte Seitenschiff und stehen an den **Ostchorschranken** ② mit den Prophetenreliefs und weiteren großartigen Figuren aus der Zeit zwischen 1225 und 1235. Es sind Papst Clemens II., Elisabeth und Maria. Daneben sehen wir den lachenden Engel und ein Stückchen weiter den hl. Dionysius, der seinen Kopf in der Hand trägt. Der Legende nach wurde der französische Nationalpatron auf dem Pariser Montmartre geköpft, trug dann aber noch auf wundersame Weise seinen abgeschlagenen Kopf etliche Kilometer an eine Stelle, über der man später die Kathedrale St. Denis errichtete.

Kaisergrab.

Wir gelangen ins Mittelschiff, und der Kirchenraum bietet sich uns in seiner ganzen Großartigkeit dar. Der Blick geht nach Westen, zum heutigen Hauptchor, der gotischen Hälfte des Domes. Wir sehen die Spitzbogenfenster, die leider ihr buntes Glas vor Jahrhunderten verloren haben. In der Mitte steht die goldene Kathedra des Erzbischofs, umgeben von einem kunstvollen Chorgestühl des späten 14. Jahrhunderts, das unter dem Prager Einfluss der Künstlerfamilie Parler steht. Der Blick in die Gegenrichtung zum Ostchor zeigt den Unterschied in den Baustilen. Hier erkennt man die ältere Romanik an den Rundbogenfenstern und der halbkuppeligen Apsis. Das Chorgestühl stammt aus dem beginnenden 14. Jahrhundert. Unter dem Ostchor hat sich die Krypta, der älteste Teil des Domes, erhalten.

Am linken Pfeiler des Ostchores, ziemlich weit oben, befindet sich der **Bamberger Reiter** ③. Seiner Bedeutung entsprechend wurde auch ihm ein eigenes Kapitel in diesem Buch gewidmet.

Zwischen den Treppen, die zum Ostchor führen, sieht man das **Kaisergrab** ④, das bis 1971 in der Mitte des Domes stand. 1499 wurde die heutige Tumba für das heilige Kaiserpaar Heinrich und Kunigunde bei Tilman Riemenschneider in Auftrag gegeben, der sie bis 1513 fertigstellt. Der berühmte Würzburger Künstler stellt auf dem Grab fünf Szenen aus dem Legendenleben des Kaiserpaares dar. Eine großartige Deckplatte aus Solnhofener Marmor mit der Darstellung des liegenden Kaiserpaares schließt das Grab. Diese Platte gehört zu den schönsten Werken Riemenschneiders und zeigt seine Virtuosität in der Steinbearbeitung. Das wird auch in den Seitenszenen deutlich, die, entsprechend der Lage auf der Deckplatte, auf der linken Seite die kaiserlichen und rechts die Legenden der Kunigunde erzählen.

Die Pflugscharprobe. Detail vom Kaisergrab.

Du fremdester brichst doch als echter spross
zur guten kehr aus deines volkes flanke
Zeigt dieser dom dich nicht: herab vom ross
Streitbar und stolz als königlicher franke!
bist du leibhaft in der kemenat
Gemeisselt – nicht mehr Waibling oder Welfe –
Nur stiller künstler der sein bestes tat.
Versonnen wartend bis der himmel helfe

Stefan George, über den Bamberger Reiter

Die erste Szene auf der Heinrichsseite zeigt des Kaisers wundersame Heilung von einem Blasensteinleiden in Montecassino durch den heiligen Benedikt im Beisein des schlafenden Arztes. Die zweite Szene stellt die Seelenwägung Heinrichs dar: gehalten vom Erzengel Michael gibt die Waage Auskunft, dass das Böse besiegt ist, denn ein von Heinrich gestifteter Messkelch, den der heilige Laurentius in die Waagschale gelegt hat, zieht die Teufel nach oben. Die Fußplatte Richtung Krypta zeigt die Sterbeszene des Kaisers.

Es folgt auf der Kunigundenseite die Darstellung des Pfennigwunders. Beim Bau der von Kunigunde gestifteten Stephanskirche war ein Handwerker wiederholt zum Dieb geworden, als er seinen Lohn aus der Zahlschale nahm. Als Kunigunde davon erfuhr und nun den Lohn persönlich austeilte, wurde der Dieb dadurch erkannt, dass ihm der Pfennig der Kaiserin ein glühendes Loch in die Hand brannte.

Die letzte Szene zeigt die bekannteste und populärste Legende der heiligen Kunigunde: das Gottesurteil oder die Pflugscharprobe. Die Kaiserin war des Ehebruchs angeklagt worden, und zum Beweis ihrer Unschuld schritt die Verleumdete über glühende Pflugscharen. Sie unterzog sich einem Gottesurteil, wie es im Mittelalter nicht ungewöhnlich war. Allerdings erwartete man nicht, eine unverletzte Kaiserin vorzufinden, wie es die Legende erzählt. Erst nach Tagen konnte das Gottesurteil erkannt werden. Die unbehandelten Brandwunden wurden von ihren Verbänden befreit: War Wundbrand, also Vereiterung sichtbar, war das Gottesurteil negativ, war ein Heilungsprozess erkennbar, so war die verurteilte Person frei von Anschuldigung.

Wir gehen nun im Mittelschiff weiter bis zum Westchor. Am letzten Pfeiler links sehen wir die großartige Plastik des **Friedrich von Hohenlohe** ⑤. 1352 verstarb der Bischof und kurz nach seinem Tod entstand diese bedeutende spätgotische Hochreliefstatue. Gebeugt und verhärmt durch die Bürde seines Amtes wird der Bischof im hohen Alter und nicht jugendlich idealisiert dargestellt.

Schaut man, vor diesem Grabmal stehend, hinauf in den Chor, so sieht man hinter der mittig stehenden Kathedra des Erzbischofs das Grab von **Papst Clemens II.** ⑥. Unscheinbar und versteckt ruht hier der zweite Bischof Bambergs, Suidger, der Weihnachten 1046 durch den damaligen König und späteren Kaiser Heinrich III. nach Absetzung dreier Päpste zum alleinigen Oberhirten der katholischen Kirche eingesetzt wurde. Als Clemens II. blieb er trotzdem Bischof von Bamberg, und es war sein ausdrücklicher Wunsch, nach seinem Tod in sein geliebtes Bistum, seine „Taube“, seine „Braut“, wie er Bamberg nannte, zurückzukehren. Dass ihn der Tod bereits nach weniger als neun Monaten Amtszeit in Rom am 9. Oktober 1047 ereilen würde, konnte er nicht ahnen. Noch heute halten sich hartnäckige Gerüchte von seinem unnatürlichen Tod. Vielleicht auch deshalb, weil diese Zeit als das „dunkle Jahrhundert“ der Papstgeschichte gilt. Bamberg besitzt mit der

Grabmal von Papst Clemens II.

letzten Ruhestätte Clemens' II. im Westchor des Domes das einzige, von der Kirche anerkannte Papstgrab nördlich der Alpen.

Wir gehen ins linke, südliche Seitenschiff, wenden uns rechts und sehen vor uns den **Marien- oder Weihnachtsaltar** ⑦. Dieser Altar entstand bis 1523 durch den berühmten Künstler Veit Stoß aus Nürnberg im Auftrag seines Sohnes Andreas für das Nürnberger Karmelitenkloster, dessen Prior er war. Durch die Wirren der Reformation gelangte der Altar nach Bamberg, wo er bis 1937 in der Oberen Pfarre aufgestellt war. Allerdings dürfte er bereits damals nicht mehr vollständig gewesen sein. Es fehlen heute vier Flügeltafeln, das bekrönende Gesprenge und die Predella. Nur Fragmente davon überlebten und sind im Diözesanmuseum zu sehen. Das helle Lindenholz hat seine Warmtonigkeit und das Schnitzwerk seine Plastizität im 19. Jahrhundert durch Beizen verloren. So hat man Mühe, die Einzelszenen zu erkennen. Der linke Flügel zeigt oben die Flucht nach Ägypten und unten die Anbetung der Heiligen drei Könige, der rechte Flügel oben die Geburt Mariens und unten die Darbringung im Tempel. Der Mittelschrein gab dem Altar den Namen. Wir sehen die Weihnachtsszene mit Maria, Joseph, den Engeln und Hirten. Die auffällige Säule ist als Hinweis auf die kommende Passion Christi zu verstehen, denn sie erinnert an die Geißelsäule. Der Hirte in der oberen Reihe mit der mönchsähnlichen Kopfbedeckung trägt angeblich die Gesichtszüge des Künstlers Veit Stoß. Seine Signatur findet sich am unteren Bildrand an dem gemauerten, runden Steinbogen.

Wir lassen den Altar in unserem Rücken und gehen im Seitenschiff bis zu den Ostchorschranken. Sie sind mit Reliefs der Apostel geschmückt. Davor stehen **Ecclesia** und **Synagoge** ⑧. Um sie vor den Unbilden des Wetters zu schützen, hat man sie Anfang des Jahrhunderts vom Fürstenportal entfernt und ins Innere der Kathedrale verbracht. Es sind zwei Symbolfiguren, die den christlichen und den jüdischen Glauben, beziehungsweise das alte und das neue Testament verkörpern. Links die Ecclesia, die in ihren verlorenen Händen einen Kelch und einen Stab mit Kreuz hielt. Ihre Krone lässt sie als Herrscherin, als Siegerin, erkennen. Rechts die schöne Synagoge als Vertreterin des jüdischen Glaubens. Schon im Hohen Lied Salomons, das lange Zeit als Allegorie auf die Liebe Gottes zu Israel verstanden und im Mittelalter auf die Synagoge bezogen wurde, wird ihre Schönheit gepriesen: *„Du schönste aller Frauen ...“*. Wie üblich ist die Figur mit verbundenen Augen dargestellt, blind für die Offenbarung Gottes. Sie trägt den gebrochenen Herrschaftsstab und aus der schönen linken Hand

Marien- oder Weihnachtsaltar des Künstlers Veit Stoß.

entgleiten ihr die Gesetzestafeln. Beide Figuren entstanden etwa zehn Jahre nach den benachbarten Apostelreliefs um 1230 und gehören zu den schönsten gotischen Figuren Frankens. Schon bald nach ihrer Entstehung erzählte sich das Volk eine Legende: Danach stellte die Synagoge die bildschöne Tochter des armen Schusters am oberen Burgtor dar. Neiderinnen ihrer Schönheit hatten sie unschuldig der öffentlichen Unzucht angeklagt, und sie wurde zum Tod auf dem Scheiterhaufen verurteilt. Als man sie mit verbundenen Augen und mit einem Holzscheit zum Zeichen des Feuertodes am Dom vorbeiführte, warf sich die Jungfrau auf den Boden und bat Gott um Gnade und Erlösung von den bevorstehenden Qualen. Da lösten sich zehn Ziegel vom Dach und erschlugen das junge Mädchen. Zur Erinnerung an dieses Wunder stellte man die Statue von „Torschusters Töchterlein" an der Stelle auf, wo das Ereignis geschah, nämlich am Fürstenportal. Die zehn Ziegel, die gab man ihr in die Linke.

Wir verlassen nun den Dom durch die Adamspforte. An diesem Portal stehen Kopien der Statuen von Heinrich und Kunigunde, den Heiligen Stephan und Petrus und Adam und Eva. Die Originale wurden zum Schutz ins Diözesanmuseum gebracht. Geht man links um den Dom herum, so steht man alsbald vor dem bereits erwähnten **Fürstenportal** ⑨, dem prachtvollsten Eingang in den Dom, den man wie früher nur zu feierlichen Anlässen benutzt.

Das Bildprogramm ist reich und zeigt über dem Portal das Jüngste Gericht, vielleicht ein Hinweis auf die Zusatzfunktion des Portals als Gerichtsstätte. Die flankierenden Säulenfiguren sind Propheten, die die Apostel auf den Schultern tragen. Das bedeutet, dass das neue Testament auf dem alten aufbaut, es sozusagen als Basis verwendet. Auf der linken äußeren Säule steht die Kopie der Ecclesia, und am Schaft dieser Säule sind die vier Evangelistensymbole angebracht. Die Säule rechts trägt eine Kopie der Synagoge, und hier sieht man einen Teufel, der kopfüber einen Juden blendet. Auffallend ist, dass die Synagogensäule ein Stück von der Wand abgerückt ist, also frei steht. Vielleicht war sie der Kirchenpranger, an dem man Menschen unter dem stürzenden Teufel auf der Seite der Verdammten des Jüngsten Gerichts in aller Öffentlichkeit ankettete. Dieses wunderbare, bedeutungsschwere Portal wird in den Wintermonaten holzverschalt und doch Jahr für Jahr stärker zerfressen, deutliches Symptom für die Umweltverschmutzung unserer Zeit.

Längst nicht alle Kunstwerke des Domes konnten und sollten in diesem kurzen Kapitel vorgestellt werden. Dafür gibt es ganze Bücher. Der Bamberger Dom als Gesamtkunstwerk gehört zu den bedeutendsten Leistungen mittelalterlicher Schaffenskraft. Er darf nicht als bloßes Kunstwerk verstanden werden, sondern verkörpert primär den Ausdruck tiefster Frömmigkeit. Er ist das über Jahrhunderte gewachsene Ergebnis gelebter Religion. Dies zu erkennen, heißt, die Würde des Gotteshauses wahren!

Das Fürstenportal ist der prachtvollste Domeingang.

Der Bamberger Reiter

Rätselraten um einen jungen Adligen

Kaum eine andere Figur der europäischen Kunstgeschichte dürfte für soviel Diskussionsstoff gesorgt haben, wie die Reiterstatue im Dom. Schon im 19. Jahrhundert entstand um die Identität des jungen Adeligen ein hitziger wissenschaftlicher Disput, der zu Beginn des 20. Jahrhunderts seinen vorläufigen Höhepunkt erreichte.

Für den staunenden Laien stellt sich die Frage nach dem Sinn solcher Forschungen. Ist es denn nicht völlig gleichgültig, ob hier nun Kaiser Heinrich II., Kaiser Konstantin der Große, Stephan von Ungarn, Philipp von Schwaben, Kaiser Friedrich II. oder wer auch immer dargestellt ist? Warum genügt es nicht, das Standbild als das zu sehen, was es ist? Ein hoheitsvolles Abbild eines adeligen Herrschers, heilig und friedlich, den man Anfang des 13. Jahrhunderts für so wichtig und wert befand, seinen Platz für alle Ewigkeit in der Bamberger Kathedrale zu finden. Zum Zeichen seiner majestätischen Würde setzte man ihn auf ein Pferd, das in jener Zeit von keinem anderen Werk an Naturalismus übertroffen wurde. Beide gemeinsam, Pferd und Reiter, bilden eine Gruppe von unglaublicher Wirkung: Stolz, unnahbar, unerschütterlich und vollkommen in der Darstellung.

Doch damit allein konnten und wollten sich nachfolgende Generationen nicht zufrieden geben. Man wollte mehr über den jungen Reiter wissen. Wo und wann ist er geboren? Warum steht er im Dom? Wie lautet sein Name? Und im Meinungsstreit der Gelehrten beginnt der Reiter seine Aura zu verlieren.

Beginnen wir mit dem, was wir an Fakten haben: Der Reiter entstand zwischen 1225 und 1237 und wurde aus heimischem grau-grünlichen Schilfsandstein hergestellt. Obwohl dieser Stein leicht zu bearbeiten ist, wurde die Skulptur aus über 10 Stücken zusammengesetzt. Die Darstellung eines nahezu vollplastischen Reiters, der eine Höhe von 2,33 Metern besitzt, bedeutete Anfang des 13. Jahrhunderts eine ungewöhnliche Aufgabe, die vom Künstler zunächst einmal bildhauerisches Können verlangte.

Wir wissen weiterhin, dass die Figur einen Herrscher zeigt, da sie eine Krone trägt und die Darstellung auf einem Pferd sitzend innerhalb einer Kirche nur einer fürstlichen Persönlichkeit zustand. Das Aufstellen in der Kirche in Kombination mit dem Baldachin über dem Kopf des Reiters sagt uns außerdem, dass wir hier einen Heiligen vor uns haben. Denn der Baldachin, in Form und Gestaltung deutlich als kleines Abbild einer Stadt zu erkennen, stellt das neue Jerusalem dar, genauso wie es Johannes in der Geheimen Offenbarung beschreibt. Schützend spannt sich dieses himmlische Jerusalem über die Figur und kennzeichnet sie als Mitglied der Gemeinschaft der Heiligen.

Durch mikroskopische Untersuchungen wissen wir außerdem, dass die Skulptur gänzlich farbig bemalt war, was uns heute erstaunt, für das Mittelalter aber eine ganz natürliche Form der Darstellung war, denn die Figuren in den Kirchen sollten lebensecht wirken, nicht lebloses Abbild eines Heiligen sein, sondern der Heilige selbst.

Im Dritten Reich, 700 Jahre nach seiner „Erschaffung", wird dieser namenlose Reiter dank der nationalsozialistischen Propaganda zum Inbegriff des deutschen Herrenmenschen und mittels manipulierter Fotos, die ihn übermächtig groß erscheinen ließen, zur Inkarnation der nordischen Rasse hochstilisiert. Nicht selten fand man ihn, wie auch Uta von Naumburg, in den Geschichtsbüchern abgebildet, als Symbol eines Volkes ohne Raum, das nach Osten expan-

dieren muss. Diese braune Erblast ist dem Reiter bis heute nicht genommen, auch wenn viele Besucher, vielleicht auch Bewunderer der damaligen Zeit, erleichtert oder enttäuscht feststellen, wie klein und unscheinbar die Figur letztlich ist.

Denn nicht auf den ersten Blick fällt der Reiter ins Auge, erst nach langem Suchen hat man ihn gefunden. Nicht draußen auf dem Platz, wie viele vermuten, sondern im Dom. Man geht hinein und erst, wenn man sich umdreht, entdeckt man ihn. Nicht auffällig in der Mitte, sondern unscheinbar an die Seite geschoben und die ungeduldige Erwartung wird von einer gewissen Enttäuschung abgelöst: „So klein? Und gar nicht recht im Licht! Und viel zu hoch!“ Doch klein ist er gar nicht, sondern lebensgroß. „Nicht recht im Licht“, so empfindet nur eine Generation, die alles halogen erhellt kennt und das ruhige Betrachten verlernt hat. Das einzige, was dem Reiter Wirkung nimmt: Er hängt tatsächlich zu hoch! Neuesten Forschungen zufolge soll er nicht für diese Stelle gearbeitet worden, ja gar erst im 15. Jahrhundert dorthin gekommen sein. Hypothese, wie so vieles.

Die Klärung der Identität des Reiters führte zu manch kurioser Idee. So sei die Statue als Symbol des christlichen Königtums oder des idealen mittelalterlichen Herrscherbildes zu erklären. Ein solcher, rein symbolischer Gedanke ist jedoch für das Mittelalter viel zu abstrakt und deshalb abzulehnen.

Das gleiche gilt für die naive Deutung der Plastik als Sinnbild für die verschiedenen Daseinsformen. Demzufolge wäre die Blattmaske unter dem Sockel rechts die Darstellung der Hölle. Wahrscheinlicher ist jedoch, dass die Blattmaske als sogenannte „apotropäische Maske“ zum Schutz gegen Dämonen diente. Wenn wir jedoch diese Theorie weiter verfolgen, so symbolisiert der Sockel das Pflanzenreich und das Pferd das Tierreich, der Reiter bedeutet die Menschheit, die das Tier beherrscht, und das Höchste bildet der Himmel und das Göttliche, dargestellt durch den Baldachin.

Solche Versuche tauchen immer wieder auf. Sie sind dem wahren Gehalt des Reiters jedoch meilenweit entfernt und der Klärung der Identität keinesfalls dienlich. Wir können mit Sicherheit davon ausgehen, dass Künstler und Auftraggeber der Plastik eine ganz bestimmte historische Persönlichkeit meinten, weil der bildhaften Darstellung des Mittelalters die Abstraktion fremd und lediglich die konkrete Ausgestaltung geläufig war. In der Forschung tauchen als Vermutung folgende Personen auf: Die Kaiser Heinrich II., Friedrich I. oder II. oder Konstantin der Große. Die Könige Konrad III., Philipp von Schwaben, Stephan von Ungarn, außerdem der heilige Georg oder einer der heiligen drei Könige aus dem Morgenland.

Die selten vertretene Ansicht, dass der heilige Drachentöter Georg vor seinem Chor, dem Georgenchor, dargestellt sei, ist abzulehnen, weil dieser Heilige kein Herrscher war und somit keine Krone tragen würde.

Auch der erste Stauferkönig Konrad III., der am 14. Februar 1152 in Bamberg starb und in der Krypta des Domes begraben liegt, oder König Philipp von Schwaben, der 1208 in Bamberg ermordet wurde, sind als Vorbilder für das Reiterstandbild nicht zu begründen. Die vielleicht einfachste Erklärung, es handle sich um eine Darstellung des Kaisers Heinrich II. als Bistumsgründer und Stifter des ersten Domes, kann ebenfalls nicht stimmen. Es gibt keine Darstellung Heinrichs II. nach seiner Kaiserkrönung 1014, die ihn, wie den Reiter bartlos zeigt.

So fällt Name für Name aus und es bleiben nur zwei der genannten Personen übrig: Kaiser Konstantin der Große (ca. 285–337), der erste christliche Kaiser überhaupt. Für ihn war die Reiterdarstellung üblich. Und König Stephan von Ungarn (969–1038), Schwager Heinrichs II., Herrscher eines Reitervolkes und damit selbstverständlich auf einem Pferd als ethnischem Symbol dargestellt.

Hören wir zunächst die Argumente, die für Kaiser Konstantin sprechen:

Kaiser Konstantin der Große vereinte das Ost- und das Weströmische Reich, und wurde bis ins hohe Mittelalter stark verehrt, da er im Mailänder Toleranzedikt 312 das Christentum als Religion anerkannte. In einer Schenkungsurkunde, der sogenannten „Constitutio Constantini“ hatte sich der Kaiser verpflichtet, Papst Silvester I. die weströmische Reichshälfte zu überlassen. Zum Zeichen dieser Herrschaft übergab er ihm die Reichsinsignien, zu denen auch ein weißes, gesatteltes Reitpferd gehörte. Durch Kaiser Heinrich II. kam ein Exemplar dieser „Constitutio Constantini“ in die die Dombibliothek zu Bamberg. Heute weiß man, dass es sich um eine Fälschung handelt. Laut Gründungsvertrag von 1007 war das Bistum durch Heinrich II. verpflichtet worden, dieses Constitutum einzuhalten. Alljährlich wiederholte also das Bistum Bamberg die Schenkung Konstantins, indem man ein weißes Pferd an den Papst in Rom sandte. Die Aufstellung Konstantins als Reiterstatue im Bamberger Dom wäre somit lokalgeschichtlich ausreichend begründet. Die neuere Forschung glaubt, der Kaiser sei im Moment der Kreuzesvision dargestellt: „Da sah er ... nachmittags über der Sonne, welche sich zum Untergang neigte, ein aus Licht gebildetes Kreuz mit der Aufschrift: „In diesem Zeichen wirst du siegen!“. Damit erklärt man den starren, fernen Blick des Reiters gen Westen zum Kreuz und das ruckartige Zügeln des Pferdes. Der Originalzügel war nämlich gestrafft, wie man an kleinen Verdübelungen am Hals erkannte.

Allen scheinbaren Beweisen für diese Identität steht jedoch der Einwand gegenüber, dass es sich bei der Krone des Reiters nicht um eine Kaiserkrone handelt, weil der Kronenbügel fehlt. Akzeptiert man diese Überlegungen, kommen weder Konstantin, noch die anderen angeführten Kaiser in Frage.

Als Deutung für die Figur kommt dann nur noch ein König in Betracht. Und so sind wir bei

König Stephan von Ungarn angelangt. Die Benennung des Reiters im Dom zu Bamberg als Ungarnkönig Stephan wird heute als die wahrscheinlichste angenommen. Sie ist zugleich auch die älteste, denn im 17. Jahrhundert wird die Statue erstmals so tituliert.

Warum aber sollte der König des uns so fernen Ungarn als eine solch repräsentative Reiterfigur im Bamberger Dom dargestellt werden?

Einer der wichtigsten Gründe, die dafür sprechen, ist die Tatsache, dass er der Schwager Kaiser Heinrichs II. ist. 995 vermählte er sich mit Heinrichs Schwester Gisela, und dabei soll er der Legende nach zum Christentum übergetreten sein. Die Kanonisationsbulle Papst Eugens III. für Heinrich II. vom 14. März 1146 beruft sich ausdrücklich auf den besonderen Verdienst Heinrichs, Stephan und damit das ganze Ungarnvolk dem Christenglauben zugeführt zu haben.

Und noch ein weiteres gewichtiges Argument spricht für Stephan. Zur Entstehungszeit des Reiters hatte das Bistum unter dem Erbauer des heutigen Domes, Bischof Ekbert von Andechs-Meranien, die besondere Beziehung zu Ungarn bewahrt. Ekberts Schwester Gertrud war mit dem Ungarnkönig Andreas verheiratet. Bischof Ekbert lebte nach der Ermordung von König Philipp von Schwaben 1208 in der Bamberger Hofhaltung einige Zeit im Exil am ungarischen Königshof. Nichts läge für Ekbert näher, als dem heiligen Ahnherren seines Schwagers ein Denkmal zu setzen.

Doch noch mehr Gründe können aufgeführt werden: Sehr früh besitzt das Bistum Bamberg Reliquien des hl. Stephan, dessen Fest feierlich begangen wurde. 1146 erscheint „Stephanus Rex“ bereits in einem Bamberger Kalendarium. Als die Jesuiten nach Bamberg kamen, führten sie sogar Dramen über den König auf.

Und noch weitere Indizien führen zu Stephan hin: Otto von Andechs-Meranien, der 1177–1196 Bischof in Bamberg war, soll ein Abkömmling König Belas von Ungarn sein. Poppo von Andechs-Meranien, Onkel von Bischof Ekbert, wurde 1206 zum Erzbischof von Kalosca in Ungarn gewählt, wenn auch nicht vom Papst bestätigt. Diese enge Verbindung Stephans mit dem Hause Andechs-Meranien, unter dem der Neubau des Domes entstand, ist sicher das überzeugendste Argument, um als des Rätsels Lösung König Stephan von Ungarn zu benennen. Obwohl er vermutlich niemals in Bamberg war, spinnt sich um seine Werbung um Kaiser Heinrichs Schwester Gisela folgende Legende:

Er ritt, wer wird's dem Heiden
nicht verzeihen, blank durch
des Gotteshauses Säulenreihen,
er reitet durch die Fürstentür,
er reitet bis zum Chore für.
Das Ungarroß erblickt,
den Kerzenschein, erschrickt,
der Herr wird belehrt vom
eigenen Pferde, dass hier er
trete auf heilige Erde.

Mit diesen Verszeilen von 1842, die von A. Haupt aus seinem Buch „Bamberger Legenden und Sagen“ stammen, erklärt man das abrupte Anhalten des Pferdes und den starren Blick des Reiters zum Hochaltar.

Mit dem Aussterben des Hauses Andechs-Meranien 1248 verlor der Stephanskult seine wichtigsten Initiatoren. Der Heilige und sein Standbild wurden weitgehend bedeutungslos. Für Bamberg wichtigere und lokal bedeutendere Heilige traten in den Vordergrund: Heinrich II. und seine Frau Kunigunde und der hl. Bischof Otto I. Ein sicherlich auch politisches Denkmal hatte seine Funktion verloren.

Doch bei allem kriminalistischem Spürsinn historischer und zeitgenössischer Forschung bleibt auch die Zuschreibung an Stephan von Ungarn nur Hypothese. Eines Tages kann der Beweis vielleicht geführt werden, doch stellt sich letztlich die Frage, ob es dem laienhaften Betrachter – und das sind die meisten – so wichtig ist, alle Geheimnisse der Geschichte zu entschlüsseln.

Bambergs Heilige

Ihre Verehrung und ihre Feste

Heilige und ihre Verehrung spielen in Bamberg seit dem frühen Mittelalter eine bedeutende Rolle. Besonders beliebt sind jedoch die „Hausheiligen“ des Bistums selbst, denn Bamberg besitzt die Grabstätten von drei historischen, heiliggesprochenen Persönlichkeiten. Im Dom sind die Bistumsgründer Kaiser Heinrich II. und seine Frau Kunigunde bestattet, und im Kloster St. Michael fand Bischof Otto I., der heilige Apostel der Pommern seine letzte Ruhestätte. Ihre Verehrung ist bis heute feste Tradition und wichtiger Bestandteil des Kirchenjahres.

Deckplatte des Kaisergrabs im Dom.

Kaiser Heinrich II. wurde am 6. Mai 973 in Abbach bei Regensburg als Urenkel von Kaiser Heinrich I. geboren. Sein Vater war der bayerische Herzog Heinrich der Zänker, ein Mann von unbändigem Ehrgeiz. Er strebte die deutsche Königskrone an, und so verschwor er sich 973 gegen Kaiser Otto II. Doch seine hochverräterischen Aufstände endeten alle unglücklich, und er wurde nach Utrecht verbannt. Erst nach dem Tode Ottos II. kam er 983 wieder frei, aber sein Traum vom deutschen Königtum war ausgeträumt.

Seinem Sohn sollte es besser ergehen. Nach hervorragender Ausbildung in Hildesheim, besonders aber in Regensburg durch den heiligen Bischof Wolfgang, zog es ihn wieder nach Bamberg, wo er schon einen Teil seiner Kindheit und Jugend verbracht hatte. Sein Vater besaß seit 973 die Bamberger Burg, ein Geschenk Kaiser Ottos II. Nach dem Tod seines Vaters 995 wird Heinrich Herzog von Bayern und die Burgansiedlung geht in seinen Besitz über. Zwei Jahre später entschließt er sich, Bamberg seiner zukünftigen Frau als Morgengabe, d.h. als Hochzeitsgeschenk und Witwenversorgung zu vermachen. Nach dem plötzlichen Tod von Kaiser Otto III. wird Heinrich am 6. Juni 1002 zum deutschen König gewählt. Nun reift der Plan, die bevorzugte „Civitas Papinberg“ zu fördern. Am 1. November 1007 gelingt es Heinrich durch diplomatisches Geschick auf der Reichssynode von Frankfurt, die Gründung eines Bistums durchzusetzen. In der Gründungsurkunde wird als Grund der Stiftung die Kinderlosigkeit des Königspaares Heinrich und Kunigunde genannt. Man habe sich nun Christus zum Erben gewählt. Als am 14. Februar 1014 Heinrich in Rom von Papst Benedikt VIII. zum Kaiser gekrönt wird, steht sein Entschluss fest, Bamberg zu einem geistlichen Zentrum auszubauen. Der 1012 geweihte Dom wurde mit Reliquien und anderen Kostbarkeiten ausgestattet, Güterschenkungen und Rechtsverleihungen vergrößerten Besitz und Ansehen des jungen Bistums.

Gerne hielt sich das Kaiserpaar in Bamberg auf und war schon zu Lebzeiten außerordentlich beliebt. Hier wollten sie ihre letzte Ruhestätte finden und als Heinrich am 13. Juli 1024 in der Pfalz Grona bei Göttingen starb, überführte man seine sterblichen Reste nach Franken. Sein Freund und ehemaliger Kanzler, jetzt erster Bischof von Bamberg, Eberhard setzte ihn in der Mitte seiner Kathedrale bei. Die Beliebtheit wandelte sich im Volk nun zur Verehrung und schon ca. 40 Jahre nach seinem Tod wird eine regelmäßige Messe zu Ehren des Kaisers gelesen. Am 14. März 1146 wird Heinrich von Papst Eugen III. heiliggesprochen. Ein Jahr später erfolgte die feierliche Erhebung der Gebeine und noch heute suchen die Gläubigen im Gebet die Fürbitte des Heiligen. Zu seinen Ehren wird am 13. Juli, seinem Todestag und dem Datum der Erhebung, das Heinrichsfest gefeiert.

Statue der hl. Kunigunde auf der Unteren Brücke.

> *„Der Charakter des Bamberger soll im allgemeinen Biederherzigkeit, Phlegma, Aberglaube und häufiges Biertrinken sein.“*
>
> Wilhelm Heinrich Wackenroder

Die Verehrung für die **Heilige Kunigunde**, Gemahlin Heinrichs II., ist noch größer, als die für den Kaiser selbst. Liebevoll tituliert man sie in Bamberg als „äs Kunala“ oder die „Kunni“. Sie ist die Schutzpatronin unserer Stadt. Ihr schreibt man alle glücklichen Wendungen zu, die Bamberg genommen hat. Ihr Schutz habe Bamberg vor aller Zerstörung bewahrt, ja sogar vor einem Luftangriff im Zweiten Weltkrieg: Den an diesem Tag herrschenden dichten Nebel sah man als ihren Schleier an, den sie über die Stadt geworfen habe.

Kunigunde wurde zwischen 980 und 985 auf der Burg ihres Vaters Graf Siegfried von Luxemburg geboren. Sie wuchs gemeinsam mit einer großen Geschwisterschar auf. Obwohl über ihre Kindheit und Jugend wenig überliefert ist, dürfte sie eine entsprechende Ausbildung im Hinblick auf eine adelige Ehe erhalten haben. 997 oder 998 kommt sie als Gemahlin Heinrichs an den bayerischen Herzogshof. An der Seite ihres Gatten wird sie 1002 deutsche Königin und 1014 schließlich Kaiserin.

Ohne sie wäre die Gründung des Bistums Bamberg nicht denkbar, denn sie brachte ihre Morgengabe, die Burgsiedlung Bamberg in die neue kirchliche Stiftung ein. Kunigunde erhielt als Ersatz den Königshof Kassel und die naheliegende Pfalz Oberkaufungen. 1017 wandelte sie diese Pfalz in ein Benediktinerinnenkloster um und lebte hier nach Heinrichs Tod zurückgezogen bis an ihr Lebensende am 3. März 1033. An der Seite ihres Gemahls fand auch sie ihre letzte Ruhe im Bamberger Dom.

Heinrich und Kunigunde zollten sich hohen Respekt. Die Kaiserin nahm regen Anteil an den Regierungsgeschäften, was zur damaligen Zeit eher eine Ausnahme darstellte. Ihre Ehe mit Heinrich war kinderlos geblieben, ein persönliches, aber auch öffentliches Problem, denn die Erbfolge im Reich konnte nicht gesichert werden.

Während der Kaiser schon bald nach seinem Tod verehrt wurde, setzten Bestrebungen zur Kanonisation Kunigundes erst Ende des 12.

Jahrhunderts ein. Ihre Heiligsprechung erfolgte am 29. März 1200 und die Elevation, die Erhebung der Gebeine, am 9. September 1201. Alsbald erfuhr sie marienähnliche Verehrung. Sie wurde zur großen, heiligen Frau in Bamberg und das ist bis heute so geblieben. Als Gründe für ihre Heiligsprechung werden ihre Keuschheit und Jungfräulichkeit genannt, außerdem die Gründung des Bistums aus eigenem Vermögen und nachgewiesene Wunder.

Das Grab des heiligen Kaiserpaares im Dom war bis 1814 mit einem Altar verbunden und somit stets liturgisches Zentrum. Erst nach der Säkularisation, als man den Dom veränderte, verlor das Grab den zugehörigen Altar und wurde zum reinen Kunstwerk. Eine über Jahrhunderte gewachsene Frömmigkeitstradition an einem Heiligengrab war zerstört worden. Heute verehrt man das heilige Kaiserpaar in der sogenannten Häupterkapelle am Ende des nördlichen Seitenschiffs.

Die Verehrung der heiligen Kunigunde ist bestehende Bamberger Tradition. Das äußert sich besonders am Kunigundentag, an dem die „Kunigundenringe" gebacken werden, ein Gebäck, das an die Demut der Kaiserin erinnert. Der Legende nach habe sie mit ihrem Fingerring nach der von ihr gestifteten Glocke im Dom geworfen, weil sie den Kaiser durch ihren hellen, frohen Klang verärgerte, während seine Glocke dumpf läutete. Der Ring der Kunigunde schlug ein Loch in die Glocke, das man heute noch sehen kann. Tatsächlich jedoch sind Glockenlöcher ein Charakteristikum der sogenannten „Theophilusglocken", benannt nach einem Mönch des 10. Jahrhunderts, der den Guss solcher Glocken entwickelte.

Der heilige Bischof Otto I.

Otto I. war der achte Bischof von Bamberg und lenkte von 1102 bis 1139 die Geschicke des Bistums. Er wurde zwischen 1060 und 1063 geboren, und nach dem frühen Tod der Eltern wurde er wahrscheinlich im Bamberger Michaelskloster ausgebildet. Als Kaplan kam er danach an den Hof des Polenherzogs Wratislaw nach Gnesen. 1102 wurde er Kanzler des Reiches und zugleich Bischof von Bamberg. Mit allem Elan widmete er sich seinem Bistum. Er ließ den zum Teil abgebrannten Dom wieder aufbauen und das baufällige Kloster St. Michael renovieren. Zahlreiche Gründungen und Wiederbelebungen von Klöstern gehen auf seine Initiative zurück. Außerdem förderte er die Hirsauer Reform: Seine Priester sollten durch besonders vorbildhaften Lebenswandel ein gutes Beispiel geben. Den größten Ruhm aber erntete Otto als „Apostel der Pommern". Reich beladen mit Geschenken konnte er auf zwei Missionsreisen in den Jahren 1124–1125 und 1128 den Herzog Wratislaw von Stettin und die Bevölkerung des Landes für das Christentum gewinnen. Als Otto am 30. Juni 1139 in Bamberg starb, wurde er auf eigenen Wunsch im Chor der Michaelskirche beigesetzt. Begünstigt durch zahlreiche Reliquienvergabe setzt schon kurze Zeit später die Wallfahrt an sein Grab ein, und bis heute strömen noch viele Pilger an seine letzte Ruhestätte. 1189 wird er heiliggesprochen. Die Erhebung der Gebeine fand am 30. September statt. An diesem Tag wird auch heute noch das Ottofest in Bamberg gefeiert.

Neben den kirchlichen Feiern zu Ehren von Heiligen gibt es in Bamberg zahlreiche weitere Feste, die Kirchweihen. Auch wenn ihr kirchlicher Charakter noch nicht ganz verloren gegangen ist, so sind es heute doch mehr Volksfeste. Am bekanntesten ist die sogenannte „Sandkerwa", die in Erinnerung an die Weihe der Elisabethenkapelle im Stadtviertel „Sand" zu Füßen des Domberges und auf der anderen Flussseite in der „Fischerei" gefeiert wird. Die

Sandkirchweih: dichtes Gedränge.

Kerwa beginnt am Donnerstag und dauert bis Montag und findet jeweils am vorletzten Augustwochenende statt. Früher war sie ein beschauliches, traditionsreiches Fest für die Bamberger Bevölkerung. Heute läuft die Kirchweih Gefahr, zur rein touristischen Attraktion zu werden. Ihren ursprünglichen Charakter hat sie schon lange verloren. Dennoch ergreift Jahr für Jahr viele Bamberger im August das „Sandkerwafieber".

Das Angebot ist weit gefächert. Kein Land, das kulinarisch nicht vertreten wäre. In jedem Hauseingang wird gegrillt, gebraten, gekocht und verkauft. Schon am Morgen kann man zum Frühschoppen gehen, am Nachmittag werden Schiffahrten auf der Regnitz und verschiedene Veranstaltungen im Bierzelt angeboten, das aus Platzmangel in den Fluss gebaut ist. Hauptattraktionen sind die Illumination der Regnitz und die Wasserspiele während der „italienischen Nacht", wenn obendrein lichtergeschmückte Boote vor Klein Venedig auffahren.

Der Fluss spielt eine zentrale Rolle und dient auch als Schauplatz für den größten Publikumsmagneten, das Fischerstechen, einen Brauch aus dem 15. Jahrhundert, das am Sonntagnachmittag stattfindet. Zwei Fischerkähne, Schelche, fahren aufeinander zu. Auf einer kleinen Plattform am Bug des Kahns steht ein Vertreter der Bamberger Fischerzunft, der gegen einen auswärtigen Konkurrenten antritt. Beide versuchen, sich gegenseitig mit einer langen Stange ins Wasser zu stoßen. Man hat das Fischerstechen als parodistische Nachahmung mittelalterlicher Ritterturniere bezeichnet.

Nicht ganz so volkstümlich, wie bei der Sandkerwa, dafür umso feierlicher, geht es bei der Prozession am Fronleichnamstag zu. Sie gehört zu den größten und prachtvollsten in Bayern. Sie führt vom Dom hinunter in die Stadt bis zum Maxplatz. Der Erzbischof, hohe Vertreter der Kirche, der Stadt und der Universität, aber auch Zünfte und Pfarrgemeinden, die Figuren ihrer Kirchenheiligen mitführen, nehmen daran teil. Zwischen Zunftstangen und Fahnen tragen oft mehr als 20 Männer die reich geschmückten Figuren unter meterhohen Baldachinen durch die Stadt. Kommt der Zug zum Stocken, werden sie auf einem mitgetragenen Tisch abgestellt, um die Träger kurze Zeit zu entlasten. Die Träger gehen im Frack und tragen Blumenkränze auf dem Kopf. An verschiedenen Stellen werden kurze Gottesdienste gehalten und während des ganzen Weges erklingen Gesänge und werden Gebete gesprochen. Es ist ein großartiges Erlebnis, den Zug am Domberg eintreffen zu sehen, wenn die schweren Figuren, voran das goldene Domkreuz, mit Mühe die steile Karolinenstraße hinaufgetragen werden. Diese Prachtentfaltung und Glaubenspräsentation beeindruckt auch die, die nur als Zuschauer am Rand des Weges stehen.

Fronleichnamsprozession.

Zwiebeltreter, Häcker, Fischer und Gerber

Ein Ausflug in die Welt der Bamberger Berufe

Seit langem schon tragen die Bamberger den Spitznamen „Zwiebeltreter“, der auf den ehemals wichtigsten Berufsstand der Stadt hinweist. Das Gärtnerhandwerk kann auf eine mehr als 600-jährige Tradition zurückblicken, und heute noch gibt es weit über 100 Gärtnereibetriebe im Stadtgebiet. *„Keine Landschaft Deutschlands erzeugt mehr und größere Zwiebeln, keine größere Rüben und Kohlköpfe. Füg hierzu die Süßwurzel, die im Bamberger Land in solcher Menge ausgegraben wird, dass man hochgetürmte Wagen damit beladen sieht“*, so berichtet ein Chronist im 16. Jahrhundert. Das Süßholz, das man zum Herstellen von Lakritz und als Süßmittel z.B. für bittere Arznei benötigte, wurde Bambergs berühmtestes Produkt. Der Stadtvermesser Petrus Zweidler stellte es 1602 quasi als Markenzeichen Bambergs auf seinem Stadtplan dar.

Während in den Fluren um St. Gangolf die Gärtner das Land bebauten, fanden sich vor allem auf dem Kaulberg die Winzer, die man in Franken „Häcker“ nennt. Weinbau hatte in Bamberg jedoch keine Zukunft und wurde im 19. Jahrhundert aufgegeben. Einige Häcker stellten sich auf Obst- und Gemüsebau um. Die größte Zahl an Gärtnereibetrieben gab es Mitte des 19. Jahrhunderts. Es werden 540 Meister und 400 Gesellen in mehr als 500 Betrieben genannt. 1950 wurde dieser Stand längst nicht mehr erreicht. Es fanden sich nur noch 329 Gärtnereien.

Die Zahl von heute, ca. 25, wird weiter sinken, denn das Land wird zum Haus- und Stra-

ßenbau gebraucht, zudem gibt es eine starke in- und ausländische Konkurrenz, und viele Gärtner werden sich lukrativere, weniger arbeitsintensive Arbeitsmöglichkeiten suchen.

Der Gärtner- und Häckerstand hat das Bamberger Stadtbild entscheidend geprägt. Über 250 Gärtnerhäuser haben sich bis heute erhalten. Ursprünglich standen sie einzeln, doch beginnend mit dem 17. Jahrhundert wurde die Bebauung der Straßenzüge immer dichter, bis sich im 19. Jahrhundert die Häuserzeilen schlossen. Wand an Wand stehen die Häuser nun wie auf einer Perlenschnur aufgereiht. Sie sind einstöckig, stehen traufseitig, d. h. mit der Dachrinne zur Straße und nehmen immer die ganze Breite des Grundstücks ein. Hohe Satteldächer mit zumeist zwei, manchmal auch dreistöckigen Böden charakterisieren das durch Jahrhunderte gleichgebliebene Reihenhaus. Dahinter liegen die bis zu 200 Meter tiefen Grundstücke, die durch eine Mitteldurchfahrt von der Straße aus erschlossen werden. Die Wohnansprüche waren bescheiden, denn die ganze Familie mit Kindern und Großeltern lebte auf 50 bis 60 qm. Das Gärtner- und Häckermuseum, das man liebevoll in einem alten Gärtnerhaus in der Mittelstraße eingerichtet hat, veranschaulicht sehr gut die früheren Lebens- und Arbeitsbedingungen dieses Berufsstands.

Bis heute sind die Gärtner ins Stadtleben eingebunden und es bestehen enge Kontakte zwischen der „feldarbeitenden Klasse“ und dem Bürger. Sichtbar wird dies auf dem Gemüsemarkt am Grünen Markt, auf dem täglich Verkauf stattfindet. Am Mittwoch, Freitag und Samstag stoßen zu den Händlern die einheimischen Bauern, die oft zusätzlich den Direktverkauf in den Toreinfahrten der eigenen Häuser betreiben. Der Wert dieser alten Agrarkultur für die Stadt wurde erkannt und wird in jüngster Zeit zunehmend gefördert.

An den Berufsstand der Häcker erinnern heute nur noch wenige Häuser am Laurenziplatz und am Kaulberg. Sie unterscheiden sich von der genannten Bauweise nur insofern, als sie zumeist aus Stein und zweigeschossig gebaut wurden. Die Wohnqualität war demzufolge etwas höher.

Auch andere Stände haben das Bild Bambergs beeinflusst. Jeder Besucher bewundert die „Fischerei“, besser bekannt als „Klein Venedig“. Der frühere Fischreichtum der Regnitz mit ca. 25 verschiedenen Fischarten und der Krebsfang haben diese Fischersiedlung entstehen lassen, die Bambergs Stadtbild geprägt hat wie keine andere. Schon Anfang des 14. Jahrhunderts bildeten die Fischer eine Zunft. Sie siedelten seit dem Mittelalter am rechten Regnitzufer.

Die Häuser stehen dicht am Wasser, damit man sie mit den „Schelchen“, den flachen Kähnen, direkt erreichen und Fischkästen im Wasser aufstellen konnte. Die Bausubstanz geht in einzelnen Fällen bis ins 15. Jahrhundert zurück. Die hölzernen Galerien zur Regnitz sollten früher keineswegs die Häuser verschönern, sondern waren ausschließlich funktional bedingt. Sie dienten dem Trocknen und Reparieren der Netze, die man hier aufhängte.

Ursprünglich waren diese Häuser wohl Pfahlbauten mit zum Wasser offenen Hallen, in denen die Fischer ihre Boote unterbringen konnten. Erst später hat man diese zu Kellern geschlossen und kleine Gärten davor angelegt. So hat sich also die Uferzone seit dem allmählichen Verschwinden der gewerblichen Fischerei erheblich verändert. Die Fischerei spielt in Bamberg heute keinerlei wirtschaftliche Rolle mehr.

Das gleiche gilt für die Gerber, deren Häuser auch am Wasser lagen. Wie die Fischerhäuser sind sie durch Trockengalerien charakterisiert, zudem durch hohe Satteldächer, die ebenfalls zum Trocknen der Häute dienten. Urkundliche Belege für das Gerberhandwerk finden sich in Bamberg schon im 14. Jahrhundert, wobei man zwischen Rot- und Weißgerbern unterschied. Die Rotgerber stellten Derbleder aus Rinder- und Schweinehäuten her, aus dem man Sättel, Koffer u.ä. arbeitete. Die Weißgerber verarbeiteten Lamm-, Ziegen- oder Kalbsleder, das zur Herstellung von Handschuhen, feinen Taschen und Schuhwerk gebraucht wurde. Die Gerber waren am Zinkenwörth, am Mühlwörth und in der Kleberstraße angesiedelt. Hier haben sich schöne Beispiele der alten Handwerkhäuser erhalten, wie die liebevoll restaurierten Gebäude am alten Kanal. In einem dieser Häuser, dem Rückgebäude „Obere Brücke 10“, gibt es im ersten Geschoss sogar eine kleine Kapelle, die um 1400 zu datieren ist. Erst im 16. Jahrhundert ist in diesem Haus eine Gerberei nachzuweisen, welche dann den Anbau der Trockengalerien erforderte. Das gleiche gilt für das rechts anschließende Eckhaus, das ebenfalls nicht als Gerberei erbaut wurde, sondern erst Mitte des 17. Jahrhunderts umfunktioniert wurde. Beide Häuser waren vor Jahren abbruchreif und wurden mit großem technischen und finanziellen Aufwand vorbildlich restauriert. Heute befinden sich darin Privatwohnungen und eine romantisch gelegene Weinstube.

Das in Bamberg weitverbreitete Gerberhandwerk starb Mitte des 19. Jahrhunderts aus. Manche Straßenzüge, die weitgehend von Ger-

Gerberhäuser (rechts, teils verdeckt) am alten Kanal in Bamberg.

Das Gärtner-und Häckermuseum in der Mittelstraße.

berhäusern bestimmt waren, wurden danach umgestaltet und verloren ihren Charakter. Die geschlossenen Galerien sind zum Teil heute noch erkennbar.

Die Gerber benutzten eine gemeinsame Rindenscheuer, die am Mühlwörth stand. Bis zur Einführung der chemischen Gerberei wurde hier die Eichenrinde gelagert, getrocknet und dann in der Lohmühle, Obere Mühlbrücke 8, zerkleinert und gemahlen. Der daraus gekochte Sud enthält Gerbsäure. Im Keller der Gerberhäuser befanden sich mit diesem Sud gefüllte Gruben, in die die frischen Häute eingelegt wurden. Die Industrialisierung des 19. und 20. Jahrhunderts hat die Strukturen erheblich gewandelt. Nur die Gärtner änderten wenig an ihrer Wirtschaftsweise. Das Gerberhandwerk und viele andere Handwerksstände verschwanden jedoch fast völlig. Nur Straßennamen erinnern heute noch an ihre Existenz, wie die Färbergasse oder die Keßlerstraße, in der früher Kessel geschmiedet wurden. In der Kleberstraße wohnten früher die Kleber, auch Kleiber genannt. Es waren Handwerker, die die Ausfachung von Fachwerkhäusern mit Lehm verstrichen. Die Plattnergasse erinnert an die Plattner, die Harnischschmiede.

Bamberg ist Handwerksstadt geblieben. Heute stehen ca. 70 Industriebetriebe etwa 790 Handwerksbetrieben gegenüber. Neben den Betrieben der metallverarbeitenden, feinmechanischen und elektrotechnischen Industrie spielte bis vor kurzem auch die Textil- und Bekleidungsindustrie eine große Rolle. Ein wichtiger Wirtschaftsfaktor in Bamberg ist in zunehmendem Maße der Fremdenverkehr und die Kapazitäten werden laufend vergrößert. Ursachen sind die zurückgewonnene zentrale Lage im Herzen Deutschlands, bessere Verkehrsanschlüsse, die Lage am Main-Donau-Kanal, die Zunahme von Tagungen und Kongressen, besonders aber die Ernennung der Stadt zum Weltkulturerbe. Mit wenigen Kriegsverlusten ist das mittelalterliche und barocke Erscheinungsbild der Stadt erhalten geblieben und wird durch mehr als 2200 Gebäuden auf einer Fläche von 250 Hektar im engsten Altstadtbereich präsentiert. Manchmal wird prophezeit, Bamberg werde sich zur Museumsstadt entwickeln. Bis jetzt ist es noch nicht so weit gekommen. Bamberg lebt, und in Bamberg wird gelebt.

REGES LEBEN HERRSCHT IN DER GAR FREUNDLICHEN STADT, ALTER STRENGER GLAUBE UNTER DEN BRAVEN BÜRGERN, HOHE KULTUR UNTER DEN KOHLKÖPFEN, RÜBEN, BOHNEN UND SCHOTEN.

C. Gottlieb Frege,
Reiseblätter aus Bayern, 1846

Ignaz Tobias Böttinger (1675–1730)

Der bürgerliche Emporkömmling

Bamberg ist äußerlich eine Barockstadt, obwohl sie sich auf mittelalterlichem Grundriss erhalten hat. An diesem Erscheinungsbild haben zwei Fürstbischöfe aus dem Hause Schönborn wesentlichen Anteil: Lothar Franz und sein Neffe Friedrich Karl von Schönborn, die die Geschicke der Stadt und des Bistums von 1693 bis 1746 lenkten. Fürstbischof Lothar Franz von Schönborn war als absolutistischer Herrscher bestrebt, aus einem mittelalterlichen Fachwerkstädtchen eine steinerne Residenzstadt zu machen. Es entsprach dem Lebensstil jener Epoche, zu zeigen, wer man war und wie man lebte. Lothar Franz ging mit bestem Beispiel voran, musste er doch seine Abstammung und seinen hohen Stand repräsentieren. So wurde er mit jeder Faser seines Herzens zum fanatischen Bauherrn, zum Auftraggeber ganzer Scharen von Architekten und Künstlern, zum Mäzen großen Stils. Sein Leben gestaltete sich ganz nach dem Motto seines Standesgenossen Karl Eusebius Fürst von Liechtenstein: *„Das Geldt ist nur, schene Monumenten zu hinterlassen, zu ebiger und unsterblicher Gedechtnus."*

Kein Wunder, dass der Bamberger Fürstbischof auch sein Volk zum Bauen anregte, ja mit Steuervergünstigungen und Finanzhilfen geradezu zwang, um- oder neuzubauen. Der Schönborn'sche „Bauwurm" hatte Bamberg erfasst, und nicht nur dem Fürst lief beim Anblick neuer Bauprojekte *„das Wasser im Maule zusammen"*, wie er selbst einmal bemerkte. Eine unglaubliche Bauwelle setzte ein und alles, was der „Zierde der Stadt" diente, wurde großzügig unterstützt. Auch das Bürgertum war nun zum großen Teil in der Lage, in größerem Rahmen zu repräsentieren, denn Lothar Franz von Schönborn versuchte seit seinem Amtsantritt den alten „Kammerschländer" in der Behördenorganisation auszumerzen, und schuf sich einen ihm ergebenen Beamtenstand aus bürgerlichen Kreisen. Dieser neue „Beamtenadel" entstammte den wohlhabenden Schichten des Bürgertums und dennoch war er durch eine tiefe ständische und gesellschaftliche Kluft säuberlich von den Aristokraten getrennt.

Der Werdegang eines solchen bevorzugten bürgerlichen Beamten lässt sich exemplarisch am Leben des Ignaz Tobias Böttinger dokumentieren, der Bamberg zwei kostbare Häuser hinterlassen hat.

Ignaz Tobias Böttinger wurde im März 1675 in Bamberg als erster Sohn des Dr. jur. Johann Georg Böttinger geboren. Bereits mit dreizehn Jahren finden wir ihn in den Matrikel der von Jesuiten geleiteten Akademie als Student der Rhetorik. Fünf Jahre später besucht er die Würzburger und kurz darauf die Prager Universität. Mit neunzehn ist er bereits Magister, das heißt, er befindet sich auf dem Weg zum Doktortitel, den er allerdings nie erreicht hat. Er bricht sein Studium ab und begibt sich auf die ihm wichtiger erscheinende „Kavalierstour". Sie führte den jungen Mann durch Österreich, Italien und Frankreich. Sinn der Reise war, dass Ignaz Tobias Böttinger Bildung und galanten Schliff erhalten sollte, im Barockzeitalter Voraussetzung für einen erfolgreichen Weg. Diese „Kavalierstouren" waren im 18. Jahrhundert letzter Erziehungsabschnitt für junge, vornehme Adelige, manchmal auch Bürgerliche.

Die Reise des Bambergers fand ihren Abschluss in Frankreich. Für angehende Staatsmänner war dieses Land besonders wichtig, da der Absolutismus Ludwig XIV. und die französische Diplomatie als vorbildhaft galten. Nach

Hause zurückgekehrt wird Ignaz Tobias Praktikant beim Reichskammergericht in Wetzlar. Ein Jahr später, 1699, tritt er in fürstbischöfliche Dienste am Bamberger Hof ein und macht hier für die damalige Zeit eine steile Karriere. Am Ende seines Lebens konnte er die Titel „Licentiat der Rechte, Hochfürstlich Bambergischer Geheimer Rat, Direktorialgesandter zum Fränkischen Kreis, Geistlicher Rat, Obereinnahmevizepräsident, Direktor des kaiserlichen Landgerichts und Kasernendirektor" auf sich vereinigen.

Ignaz Tobias Böttinger war der Idealbeamte des Absolutismus: treu, ergeben, loyal, beweglich, verantwortungsbewusst und im Rahmen der bestehenden Gesetze hart zu Andersdenkenden, wie folgendes Schreiben von ihm beweißt: *„... denen ... Interessenten durch ein nachdrucksambes Decretum bedeutet zu bezahlen oder gewärtig zu sein, dass ohnverhofft widrigenfalls gegen selbe einige ihnen allerdings ohnanständige Mittel vorgekehrt werden müssten."*

Nicht nur durch sein Elternhaus und seine berufliche Karriere verstand es Ignaz Tobias, sein Leben auf eine gesicherte finanzielle Basis zu stellen. 1701 heiratet er die einzige Tochter des sehr reichen fürstbischöflich-würzburgischen Hofrates Heilig. Diese Ehe brachte ihm eine ansehnliche Mitgift und eine gebildete Frau ins Haus.

Neben der offiziellen Besoldung durch die Hofkammer kommt es mit zunehmenden Einfluss auch immer häufiger zu Geldgeschenken, sogenannten „Douceurs". Einkünfte aus seinen Weinbergen, seinen Gütern und Fischweihern vergrößern den Reichtum zusätzlich, und so wundert es nicht, dass Ignaz Tobias Böttinger mit großem Aufwand repräsentieren wollte und musste. Dies geschah allerdings nicht zur Freude des Adels, der Gesellschaftsschicht, die sich nur auf ihre Abstammung und ihr Erbe verließ.

Öffentliche Repräsentation geschah in kleinem Rahmen durch Kutschen, Schlitten, Kleidung, die Anzahl der Pferde und Bediensteten, in größerem Rahmen durch prunkvolle Feste, besonders aber durch prachtvolle Gebäude. Sie verdeutlichen den Anspruch und das Selbstwertgefühl der Erbauer und sollten auch für die nachfolgenden Generationen ein bleibendes Denkmal darstellen.

Böttingerhaus.

Ignaz Tobias Böttinger begann seine Bautätigkeit 1708 mit dem „Böttingerhaus" in der Judenstraße. Den Grund und Boden hatte er schon 1701 im Alter von 26 im Jahr seiner Hochzeit mit der Hoffnung auf eine große Zukunft erworben. Der Hausbau wird großzügig vom Fürstbischof unterstützt, sehr zum Ärger der benachbarten Grafenfamilie von Stauffenberg, die ab 1711 mit aller Macht versucht, dem Bauherrn das Leben schwer zu machen. Mit einem Prozess will man die geplante Ausführung des Hauses verhindern, jedoch ohne Erfolg. Alle Anklagepunkte werden abgewiesen, zum Beispiel auch, dass Böttinger seine Firstfenster abreißen müsse, weil man durch sie ins Nachbarhaus blicken könne, und dass eine bereits gepflanzte Baumreihe im Garten entlang des Stauffenberg'schen Hauses weiter weggerückt werden müsste, da sie Licht wegnähme. Die Antwort auf die letzte Forderung ist die Dreistigkeit Böttingers, anstelle der Bäume eine Mauer errichten zu lassen, die, wenige Zentimeter von der Grundstücksgrenze entfernt, die Fenster des Nachbarhauses ganz verdunkelt. Sie steht heute noch!

1712 wird das neue Haus bezogen. Letzte Innenaustattungsarbeiten zogen sich bis 1713 hin. Ledertapeten, Intarsienfußböden, Wandmalereien und Stuck gaben den letzten Schliff, und doch beschließt Böttinger schon zwei Jahre später auf einem bereits 1705 gekauften Grundstück neu zu bauen.

Es fehlte dem ersten Haus die aristokratische Abgeschlossenheit und eine großzügige Lage, wie sie der neue Geschmack verlangte. Die enge Umgebung, die ständige Kontrolle, die von den Bewohnern der Nachbarhäuser ausgeübt wurde, war wohl so störend, dass Ignaz Tobias den Entschluss fasste, umzuziehen. Im übrigen entsprach das Haus bei weitem nicht dem üblichen Zeitgeschmack. Die fast schon „tropische" Ornamentfülle an den Fassaden konnte den höfischen, architektonisch gebildeten Freunden Böttingers nur noch ein Lächeln, seinen Feinden spöttische Ironie abringen, denn französisch-klare Gliederung hieß das Gebot der Stunde.

Diese Gründe, aber auch das ungesunde Leben im Haus selbst, dürften ausschlaggebend für den Neubau gewesen sein. Feuchte Wände wegen der Hanglage, ein eisiges Treppenhaus im Winter, auch der Platzmangel wegen zunehmender Kinderschar beeinträchtigten das Repräsentationsbedürfnis des aufstrebenden Bürgers, und so ließ Böttinger das heute unter dem Namen Wasserschloss „Concordia" bekannte Palais an der Regnitz errichten. Wiederum stellt der Fürstbischof gratis Baumaterialien zur Verfügung, weil Ignaz Tobias *„... das Haus zu der gemeinen Stadt Zierde aufführe."*

Die Concordia entsteht zwischen 1715 und 1719 wohl durch den Hofarchitekten Johann Dientzenhofer, der sich deutlich an die Formen des fürstbischöflichen Schlosses in Pommersfelden anlehnt, das zur gleichen Zeit nach seinen Plänen gebaut wurde. Nun konnte der Bauherr sicher sein, den richtigen Zeitgeschmack getroffen zu haben, denn der Fürstbischof war absolutes Vorbild.

Der Bau verläuft wiederum nicht ohne Streitigkeiten. Die flussabwärts liegenden Müller beschweren sich, dass Bauschutt in die Regnitz geworfen würde und die Mühlen beschädige. Auch mit seinem Nachbarn scheint der Bauherr gestritten zu haben. Im Kaufvertrag für ein Stück Grund und Boden, das Böttinger erworben hatte, um den Garten zu erweitern, lesen wir aus der Feder des neuen Eigentümers: *„Um die bis anhero einigermaßen unterbrochene nachbarliche Harmonie wieder herzustellen, und selbige*

Der Innenhof des Böttingerhauses.

... zu cultivieren mithin allen ... Verdrießlichkeiten in tempore noch vorzubeugen, eingangs erwehnte summam des Kaufschillings, obwohlen der verkaufte Platz höher, als umb das Zehenfache bezahlet, amore pacis williglich von mir gestellet habe."

Das Treppenhaus.

Drei Jahre danach, 1722, ist auch der Garten fertig, angelegt in zwei Terrassen mit der klassischen Aufteilung in Blumen- und Baumgarten. Ein direkter Zugang zum Fluss ermöglichte bei Sommerfesten das Bootfahren. Der für solche Feste erforderliche Gartensaal fehlte ebenfalls nicht, und das großzügige Treppenhaus nimmt fast ein Fünftel des Hauses ein. Hier fand der repräsentative Empfang der Gäste statt. Im hangseitigen Flügel befand sich die mehr als 8000 Bände umfassende Bibliothek des Hausherren. Wiederum war das ganze Haus mit schönstem Stuck und Gemälden verziert worden. Seidentapeten, Damastvorhänge, teures Porzellan und Ölbilder des Ehepaars Böttinger, die man inzwischen bei einem führenden Portraitisten hatte anfertigen lassen, vermittelten dem Besucher den gewünschten Eindruck von Macht und Geld.

Neben den beiden Stadtpalais hielt es Böttinger für nützlich, weiteres Geld in Grundeigentum und Gebäude zu investieren. So kaufte er nach und nach im Bamberger Umland Fischweiher, Weinberge und Güter. In Stegaurach nahe Bamberg lässt er sich zudem 1723–1727 ein Herrenhaus mit zugehörigem Lustgarten errichten, das privaten Landaufenthalten der Familie, nicht aber dem Empfang von Gästen diente. Gleiches gilt für einen zweigeschossigen Gartenpavillon in einem Gartengrundstück nahe der Concordia am Rande der Stadt. Alle diese Bauten gehen weit über das Maß des Notwendigen hinaus. Sie sollten vielmehr unter Beweis stellen, dass der Bauherr genausoviel, ja sogar mehr darstellen konnte, als alle ansässigen adeligen Familien.

Der Barockmensch verstand sich wie auf einer Bühne im Theater stehend. Er spielte eine Rolle vor der Gesellschaft, nur damit beschäftigt, wie er es erreichen konnte, möglichst viel Beifall zu erhaschen. Eine solche Haltung wirkte sich auch auf die Umgangsformen aus: man schwenkte den Hut mit großer Armbewegung und beugte den Oberkörper tief mit einem Kratzfuß. Hohe Hofbeamte wie Böttinger wurden mit „Excellenz" tituliert. Man bat sie *„aufwartsambst"* um *„ihro hochgeneigte"* Fürsprache und bezeichnete sich als *„dero untertänigster Diener"*. Nicht nur auf dem Papier schnörkelte man solche Floskeln, auch das Gespräch nahm gleiche Formen an.

Ignaz Tobias Böttinger war ein echtes Kind seiner Zeit. Verschwenderisch stellte er seinen Besitz zur Schau, um als Hofbeamter den vom Barock geforderten aufwendigen Lebensstil im Wettstreit mit Seinesgleichen zu führen. Das brachte ihm die Bewunderung, aber auch den Neid der Zeitgenossen ein und dennoch konnte es ihm nicht gelingen, gesellschaftlich zur obersten Schicht, dem Adel, zu gehören.

Ignaz Tobias Böttinger hinterließ seiner Familie sein persönliches Ansehen und ein nicht unbeträchtliches Vermögen. Bis zum letzten Atemzug am 30. Juni 1730 hatte er seinem Fürsten treu gedient. Er verstarb in Nürnberg, wo er sich in seiner Funktion als Gesandter des Bistums beim fränkischen Reichskreis sehr häufig aufhielt.

Auch sein Sohn und die acht Töchter waren im Leben erfolgreich, was ohne Zweifel auf die Protektion des Vaters zurückzuführen ist. Doch bereits bei den Enkeln ist ein unerklärlicher sozialer Abstieg zu beobachten. Der Name Böttinger taucht nur noch im Zusammenhang mit Revierförster, Pfarrer oder Amtsverweser auf. Die glanzvolle Epoche der Familie währte somit nur kurze Zeit.

Museen, Personen und Schauplätze in Bamberg

Von dichtenden Kapellmeistern und Bamberger Götzen

Das Angebot an Museen in Bamberg ist vielfältig. Die wichtigsten sind auf dem Domberg konzentriert. Im Kapitelhaus und im Domkreuzgang ist das **DIÖZESANMUSEUM** untergebracht, das Reste des Domschatzes und andere kirchliche Gegenstände zur Ausstellung bringt. Hervorzuheben sind vor allem die mittelalterlichen Textilien, darunter die sogenannten Kaisermäntel, Geschenke des Kaiserpaares Heinrich und Kunigunde an den Dom, der Ornat von Papst Clemens II., den man aus seinem Grab im Dom entnommen hat, und das seidene Grabtuch Bischofs Gunther, das etwa 1060 entstanden sein dürfte.

In der alten Hofhaltung befindet sich das **HISTORISCHE MUSEUM**, das allein schon wegen der Räumlichkeiten besuchenswert ist. Die Sammlungen präsentieren die Geschichte der Stadt und des nahen Umlandes von der Vorzeit bis zur Gegenwart. Die sogenannten „Bamberger Götzen" und zahlreiche Keramik- und Schmuckfunde sind Zeugen der Frühzeit. Kunstwerke des Mittelalters, wie das berühmte Gemälde „Apostelabschied", das 1483 entstand, zeigen die damalige Bedeutung der Stadt. In einem großartigen Vogelschauplan zeigt 1602 der Stadtvermesser Petrus Zweidler detailgenau das damalige Aussehen der Stadt. Mit dem Plan könnte man sich heute noch zurechtfinden.

Barock und Rokoko sind in großen Steinfiguren des Ferdinand Tietz vertreten. Bedeutendstes Ausstellungsstück dieser Zeit ist ein Modell der Wallfahrtskirche Vierzehnheiligen von Balthasar Neumann. Uniformen, Waffen, Möbel und Musikalien vertreten die Neuzeit.

In direkter Nachbarschaft finden wir die Neue Residenz mit ihren Schauräumen und Gemäldesammlungen.

In der **ALTDEUTSCHEN GALERIE**, Filialgalerie der Bayerischen Staatsgemäldesammlungen, finden sich bedeutende Werke wie der „Klarenaltar" aus der Zeit um 1465 aus dem Umkreis des Hans Pleydenwurff oder die „Sintflut", 1516 von Hans Baldung Grien, einem Schüler von Al-

Kapitelhaus. In ihm befindet sich das Diözesannmuseum.

brecht Dürer gemalt. Lu-cas Cranach, Hans Süß von Kulmbach und viele andere machen die Altdeutsche Galerie zu einer bedeutenden Sammlung, die leider viel zu wenig beachtet wird. Die sogenannte **„BAROCKGALERIE“** in der Residenz erweitert das Bilderangebot über das Mittelalter hinaus bis in den frühen Klassizismus.

Im ehemaligen Benediktinerkloster St. Michael hat das **BRAUEREIMUSEUM** seinen Platz gefunden, das man 1979 in den historischen Gewölben der alten Braustätte der Mönche einrichtete. Der „Förderverein Fränkisches Brauereimuseum in der Bierstadt Bamberg“ gründete dieses Museum aus Liebe zur alten Tradition des Brauens in unserer Stadt. Der Standort des Klosters bot sich aus historischen Gründen an, denn schon 1122 wird das Michaelsberger Bier erwähnt. Zugleich bot sich hier ausreichend Platz, denn auf ca. 900 qm zeigt man altes Braugerät und Ausstellungsstücke von Mälzerei und Büttnerei. Anschaulich und übersichtlich wird die Herstellung des geschätzten Gerstensaftes aus Hopfen, Malz und Wasser dargestellt. Im Sudhaus kann man sich per Dia oder Film zusätzlich informieren. Noch heute wird die Kunst des Bierbrauens in Bamberg gepflegt. Abgesehen von zahlreichen Braustätten im Umland gibt es allein im Stadtgebiet elf Brauereien.

Wie das Brauereimuseum präsentiert auch das **GÄRTNER- und HÄCKERMUSEUM** volkskundliche Ausstellungsstücke. Es wurde genau wie das Brauereimuseum 1979 eingerichtet. Als Standort wählte man ein typisches Bamberger Gärtnerhaus. Beide Ackerbürgerstände sind vertreten: die Weinbauern, Häcker genannt, und die Gemüsebauern, die Gärtner. Geräte, Möbel, aber auch Zeugnisse der Frömmigkeit vermitteln ein eindrucksvolles Bild des Lebens und der Arbeitswelt um 1900. Im Hausgarten werden zu Schauzwecken traditionsreiche und typische Bamberger Produkte angebaut, darunter das berühmte Süßholz, aus dem man einst Lakritze gewann. Das Museum wurde 2012 vorbildlich modernisiert.

Sehenswert, auch wegen der Räumlichkeiten, ist das **NATURKUNDEMUSEUM** im ehemaligen Jesuitenkolleg. Schon 1793 bis 1795 ließ dort der aufgeklärte Fürstbischof Franz Ludwig von Erthal einen Raum als Naturalienkabinett für die Universität einrichten. Dieser Saal hat seine Struktur und Inneneinrichtung weitgehend bewahrt und zählt zu den schönsten klassizistischen Museumsräumen in Deutschland. 1803 kamen die naturwissenschaftlichen Sammlungen der aufgelösten Klöster Banz und Langheim dazu. Leiter des erweiterten Museums wurde der ehemalige Benediktinerpater aus Banz, Dionysius Lindner. Er stiftete seine Privatsammlung und 5 000 Gulden und gilt als Begründer des heutigen Museums, das inzwischen überregionale Bedeutung erlangt hat. Einzelne Stücke gehen noch auf das 18. Jahrhundert zurück, wie die sogenannten „Würzburger Lügensteine“, Fossilienfälschungen, mit denen 1720 Studenten ihrem Professor einen Streich spielten. 320 000 Einzelobjekte besitzt das Museum. Davon sind nur gut 3 Prozent ausgestellt. Es sind dies Fossilien, Gesteine und Mineralien, heimische und exotische Tierpräparate.

Alte Hofhaltung, Historisches Museum, Innenansicht.

Bescheiden und weniger anspruchsvoll ist das **E.T.A. HOFFMANN-MUSEUM**, das an eine schillernde Persönlichkeit erinnern soll. Der in Königsberg in Preußen geborene Ernst Theodor Amadeus Hoffmann (1776–1822) hatte in den Wirren der napoleonischen Kriege seine Arbeit als Jurist in Warschau verloren und machte in seiner Not sein Hobby zum Beruf. Er wurde Musiker, Maler und Schriftsteller und bewarb sich in Bamberg um den Posten des Musikdirektors am Theater. Am 1. September

1808 trat er die Stelle mit größten Erwartungen an. Sein Debüt jedoch wird zum Reinfall. Er dirigiert die Oper „Aline, Königin von Golkonda“ von Berton. Die Aufführung misslingt. Nicht nur wegen der falschen Einsätze des schwunglosen Orchesters. Das voreingenommene Bamberger Publikum erwartete von einem „verjagten Offiziant“ kein großes Können, der zudem sich an den Flügel setzte und nicht die Violine zur Hand nahm, um unsicheren Sängern durch kräftiges Streichen ein wenig nachzuhelfen. Nach diesem Eklat quittiert Hoffmann seinen Dienst, darf aber für das Theater komponieren. Um sich nebenbei Geld zu verdienen, gibt er Klavier- und Gesangsunterricht und malt Kulissen. Diese unglückliche Zeit, die er als Qual empfindet, findet auch Niederschlag in seinen Erzählungen, so zum Beispiel in „Johannes Kreislers, des Kapellmeisters musikalische Leiden“. Ihm hat Hoffmann, seinem Biograph Safranski zufolge, „nicht nur die eigenen künstlerischen Leiden anvertraut, sondern hat ihm auch die Geschichte seiner unglücklichen Liebe zu Julia Marc, einer Gesangsschülerin, aufgeladen.“

E.T.A. Hoffmann-Museum.

Diese unerfüllte Liebe zu der um 20 Jahre jüngeren schönen Schülerin wird für Hoffmann zu einer verzehrenden Leidenschaft, die ihn fast in den Wahnsinn treibt. Klein gewachsen und ein wenig gekrümmt wird ihm sein Körper „zur Schranke des Begehrens“, der ihn von der Welt seiner Wünsche abtrennt. Schreiben wird für Hoffmann nun die Kompensation nicht gelebter Phantasien. Bamberg taucht in vielen seiner Werke auf. Den sprechenden Hund „Berganza“ soll er im Hain getroffen haben, die „Elixiere des Teufels“ wurden im Bamberger Kapuzinerkloster gebraut, ein Türknauf mit dem Gesicht des „Apfelweibleins“ macht Geschichte im „Goldenen Topf“.

Bis 1813 bewohnte Hoffmann das handtuchbreite Haus am Schillerplatz, in dem man erwähntes Museum untergebracht hat. In der Mansarde das „Poetenstübchen“, in dem die erste romantische Oper „Undine“ entstand, die 1816 in Berlin uraufgeführt wurde.

E.T.A. Hoffmanns Jahre in Bamberg zählen zu den entscheidenden seines Lebens, auch weil die in dieser Stadt erfahrenen Leiden seine dichterischen Fähigkeiten endgültig freisetzten. „Meine Lehr- und Marterjahre sind nun in Bamberg abgebüßt“ schreibt Hoffmann am Tag seiner Abreise, dem 21. April 1813.

Jüngstes Mitglied im Reigen der Bamberger Museen ist die **SAMMLUNG LUDWIG – GLANZ DES BAROCK** im Alten Rathaus. Der Schokoladenfabrikant Ludwig, begeisterter und international anerkannter Sammler, stellte 1995 der Stadt Bamberg seine bedeutenden barocken Porzellane als Dauerleihgabe zur Verfügung. Dabei handelt es sich einerseits um die größte Privatsammlung Straßburger Fayencen außerhalb Frankreichs, andererseits vermittelt die Ausstellung einen Überblick über die bedeutendsten Manufakturen des 18. Jahrhunderts. Besonders Nymphenburg und Meissen sind breit vertreten. Namen wie Böttger, Bustelli oder Kaendler sind Markenzeichen für diese Porzellane. Der Besuch der Ausstellung schließt die Besichtigung des Rokokosaals im Alten Rathaus mit ein, ebenso die Besichtigung der barocken Großkrippe mit mehr als 400 Figuren im Untergeschoss des Gebäudes.

Nicht immer reichen Bedeutung, Thema oder Persönlichkeit aus, um ein Museum einzurichten. Manchem gedenkt man nur durch eine Steintafel an Hauswänden, manches scheint jedoch auch völlig vergessen.

Da wäre MARSCHALL BERTHIER zu nennen, der durch den „Bamberger Fenstersturz“ bekannt wurde. Alexandre Berthier, Fürst von Neuchâtel und Wagram wurde am 30. Dezember 1753 als Bürgerlicher in Paris geboren, wuchs aber in Versailles auf, wo sein Vater eine angesehene Stelle bei Hofe hatte. Nach einer bedeutenden militärischen Laufbahn, unter anderem mit Lafayette in Amerika, wird er 1804 von Napoleon zum Marschall von Frankreich ernannt. 1808 heiratet er die Tochter von Herzog Wilhelm zu Bayern, 1809 erfolgt die Erhebung in den Fürstenstand. Als Günstling Kaiser Napoleons verlor Berthier jedoch nach dessen Sturz fast alle Würden und seine Besitzungen. 1815 zog er in die Residenz Bamberg zur Familie seiner Frau und verlor am 1. Juni desselben Jahres durch einen Sturz aus dem dritten Stockwerk sein Leben. Eine Gedenktafel erinnert an dieses Geschehen.

Auch an den Philosophen, Schriftsteller und Journalisten GEORG FRIEDRICH WILHELM HEGEL (1770–1831) erinnert eine Gedenktafel. Anfang des 19. Jahrhunderts verschlug es ihn nach Bamberg. Durch die napoleonischen Kriege hatte er durch die Schließung der Universität Jena seine Arbeit verloren. In Bamberg bot sich ihm die Stelle als Redakteur der „Bamberger Zeitung“, die er zu reformieren gedachte und die Möglichkeit, sein erstes großes Werk, „Die Phänomenologie des Geistes“ in Ruhe zu vollenden. Doch weder seine Person, noch sein kritischer Journalismus nach französischem Vorbild waren in Bamberg erwünscht. Er begann seine Arbeit am 1. März 1807 und brachte der Zeitung kurze Zeit überregionale Bedeutung. Die Bayerische Zensurbehörde verfolgte Hegels Arbeit jedoch mit zunehmendem Missfallen, und nach kaum zwei Jahren verließ er die Stadt. Er hatte dem Druck der Behörden nachgegeben und eine Stelle als Gymnasialprofessor in Nürnberg angenommen. Nach seinem Weggang veröffentlichte die „Bamberger Zeitung“ weiterhin von Hegel verfasste Artikel, was zum Verbot des Blattes führte. Die Gedenktafel für den ungeliebten Bürger Bambergs hängt am Haus Pfahlplätzchen 1, in dem Hegel

auch sein Werk „Wissenschaft der Logik“ begann, das er in Nürnberg vollendete. 1990 gedachte man erstmals seines kurzen Aufenthalts in Bamberg durch die sogenannten „Hegelwochen“, veranstaltet von der Universität, der Stadt und der Bamberger Zeitung „Fränkischer Tag“, philosophische Vorträge und Streitgespräche, die seither jährlich stattfinden.

Eine Gedenktafel verdient hat ohne Zweifel CLAUS GRAF SCHENK VON STAUFFENBERG (1907–1944). Sie wurde im Torbogen des Alten Rathauses angebracht.

Die Familie gehört zum altehrwürdigen Hochadel in Franken und stellte im 17. Jahrhundert sogar einen Bamberger Fürstbischof. Diesem verdanken wir Schloss Seehof bei Bamberg, das nach seinem Erbauer Marquard Sebastian Schenk von Stauffenberg auch „Marquardsburg“ genannt wurde. Claus Graf Schenk von Stauffenberg war Mitglied des in Bamberg stationierten 17. Reiterregiments, lernte hier seine Frau Nina Gräfin von Lerchenfeld kennen und bezog mit ihr das Familienanwesen in der Amalienstraße. Claus bekannte sich seit 1943 zur gewaltsamen Beseitigung Hitlers. Er war maßgeblich an der Ausarbeitung des Plans beteiligt und führte das Attentat auf Hitler am 20. Juli 1944 selbst aus. Er legte die Bombe im Hauptquartier in Rastenburg in Ostpreußen. Nachdem Hitler das Attentat nur leicht verletzt überlebte, misslang auch die geplante Ablösung des Regimes. Graf Stauffenberg wurde von einem Standgericht zum Tode verurteilt und noch am Tage des Attentats in Berlin erschossen. Nina von Stauffenberg lebte fast bis zu ihrem Tod 2006 in Bamberg. Sie hat nicht wieder geheiratet.

Die Krippenstadt Bamberg

Alljährlich zur Weihnachtszeit

Krippen haben in Bamberg eine lange Tradition und sind doch wenig bekannt. Das liegt sicher auch daran, dass sie nur zur Advents- und Weihnachtszeit zu sehen sind. Nur einige können noch nach dem Dreikönigstag am 6. Januar besichtigt werden.

Der Begriff Krippe bezog sich früher nur auf das legendäre Bettchen Jesu, die Futterkrippe für Ochs und Esel im Stall zu Bethlehem. Erst später übertrug man den Namen auf die Gesamtdarstellung der heiligen Familie und ihre Umgebung. Bald wurden weitere Themen, wie die Verkündigung, die Herbergssuche und die Anbetung in die Krippengestaltung aufgenommen.

Zu den Kennzeichen einer Krippe gehört, dass Figuren und Ausstattungsstücke versetzbar sind und während der Festzeit Veränderungen vorgenommen werden. Als eigenständige Darstellungsform ist die Krippe seit Mitte des 16. Jahrhunderts bekannt. Sie war zuerst in Italien verbreitet, kam aber bald durch die Jesuiten auch nach Deutschland. 1601 stellen sie in Altötting die erste Weihnachtsdarstellung auf und bereits 1628 ist in Bamberg eine Krippe nachweisbar. Aus den Kirchen kamen die Krippen rasch ins bürgerliche, dann ins bäuerliche Haus.

Zur allgemeinen biblischen Darstellung gesellten sich alsbald Nebenszenen, die den ursprünglichen inneren religiösen Kern zu überdecken drohten. So kam es 1803 in Franken zur Anweisung, *„Die Aufstellung der Krippen in den Kirchen ... nicht mehr zu gestatten."* Doch Volksfrömmigkeit ist nicht zu unterschätzen. Unbeirrbar wurde die Tradition weiter gepflegt, insbesondere in Bamberg. Auf Drängen Bamberger Bürger und des Erzbischofs wurde 1825 das Verbot durch den Bayernkönig Ludwig I. wieder aufgehoben. 1902 lesen wir dann in dem von Konservator am Bayerischen Nationalmuseum Georg Hager verfassten Buch „Die Weihnachtskrippe": *„In Bamberg hat sich die Krippe so reich entwickelt, wie vielleicht sonst nirgends in Deutschland."*

Alle Arten von Krippen sind in den Bamberger Kirchen vertreten: Die Heimatkrippe in der Oberen Pfarre, die orientalische Krippe in St. Martin, wie auch die zeitgenössische Symbolkrippe in St. Stephan. Besonders schön und typisch sind die Heimatkrippen. Sie entstehen aus dem Gedanken heraus, dass Bethlehem überall ist. An allen Orten kann Christus geboren sein. Und so verlegt man die heilige Geschichte in die fränkische Heimat oder sogar in die Stadt Bamberg selbst. Die Geburt findet in einem Fachwerkhaus zu Füßen des Domes statt oder in der alten Hofhaltung. Viele reizvolle Beispiele dieser Art werden Sie auf einem Krippenrundgang in Bamberg entdecken, besonders in der Krippenausstellung in der Maternkapelle oder im Historischen Museum.

Im Winter 1984/85 wurde in Bamberg ein vorweihnachtlicher Spaziergang unter dem Motto „Von Krippe zu Krippe" ins Leben gerufen. Alljährlich erscheint ein Faltprospekt, in dem die wichtigsten Informationen zu den öffentlich zugänglichen Krippen vorgestellt werden. Der Krippenrundgang führt nicht nur Gäste, sondern auch den Bambergern die Vielfalt vor Augen und erfreut sich zunehmenden Interesses, zumal in den letzten Jahren ein schöner Weihnachtsmarkt die Attraktivität erhöht.

Die Pflege und Förderung der Krippe ist dem „Verein der Bamberger Krippenfreunde" zu verdanken, dem seit 1930 vom Erzbischöflichen Ordinariat die Maternkapelle in der Sutte für Ausstellungen überlassen ist. Hier zeigen Mitglieder ihre Arbeiten, denn 1977 gründete der Verein eine eigene Krippenbauschule, die in ihrer Art einzig in Deutschland ist. Jedermann kann hier unter fachmännischer Anleitung gegen ein geringes Entgeld Krippen bauen. Acht bis zwölf Teilnehmer basteln an 12 Abenden nach ganz persönlichem Geschmack ihre eigene Krippe. Die 4 bis 5 Jahreskurse sind ständig belegt. In der Maternkapelle kann dann das Ergebnis solcher Bastelei betrachtet werden.

Die reizvollste Krippe in Bamberg ist die in der Oberen Pfarre am Kaulberg, die mit ihren 180 stoffbekleideten Figuren gleichzeitig eine der größten Süddeutschlands ist. Die einzelnen Figuren, auch die Ausstattung der einzelnen Szenen, sind in Form, Material und Größe ziemlich ungleich. Das beruht darauf, dass die Barockkrippe der Oberen Pfarre nach 1826 um die reiche Krippe des 1803 aufgelösten Franziskanerklosters erweitert wurde. Der Bestand der Figuren wurde seither laufend vermehrt, und die alten Figuren werden ständig überarbeitet. Mit viel Liebe wird diese Krippe alljährlich vom Messner aufgestellt und oft verändert. Sie steht bis in den März und als letzte Bilder werden die „Hochzeit zu Kanaa“ und die „Klugen und Törichten Jungfrauen“ gezeigt, also das erste Wunder und das erste Gleichnis Jesu. Die Verbindung der Bamberger mit ihrer Krippe ist so eng, dass manche Figuren liebevolle Namen, wie „Vizeknorz“ und „Kreenhannes“ bekommen haben. Alljährlich zieht diese Krippe Tausende von Besuchern aus dem ganzen Umland an.

Auch St. Martin in der Fußgängerzone besitzt eine große, sehr schöne Krippe, nicht barock, wie in der Oberen Pfarre, aber immerhin 19. Jahrhundert. Durch ständigen Neuerwerb hat es die Krippe heute auf die stattliche Zahl von ca. 200 Figuren gebracht. Sie sind kleiner als in der Oberen Pfarre und so auch leichter Diebstahl ausgesetzt. Das führte dazu, dass 1995 erstmals ein schweres, störendes Panzerglas die Krippe vor den Besuchern abschirmt. St. Martin stellt uns im Gegensatz zur Heimatkrippe in der Oberen Pfarre eine orientalische Krippe vor: Hier spielt sich die Weihnachtsgeschichte am Originalschauplatz in Palästina ab.

Der Krippenweg bietet inzwischen mehr als 30 Stationen. Jüngstes Mitglied im Reigen ist eine barocke Sammelkrippe mit ca. 400 Figuren, eine Dauerleihgabe der Fabrikantenfamilie Ludwig, der Bamberg auch die Porzellansammlung im Alten Rathaus verdankt. Hier hat nun auch die Krippe ihren Aufstellungsort gefunden.

Lassen Sie sich also zu einem vorweihnachtlichen Besuch in Bamberg verleiten. Die liebevollen Darstellungen des Weihnachtsgeschehens werden Sie begeistern.

Die Hauskrippe des Bamberger Krippenmuseums.

Das

Bamberger Umland

Das obere Maintal

Der Norden von Bamberg

Der Norden wie auch der Osten von Bamberg werden, erdgeschichtlich gesehen, als Schichtstufenland bezeichnet. In vorgeschichtlicher Zeit lagerten sich im Jurameer, welches das Land früher bedeckte, horizontale Kalkschichten aufeinander, die beim Einsturz des Rheingrabens nach Osten abkippten. Seitdem zeigt sich eine treppenartige Stufung nach Westen und ein flaches, sanftes Abfallen der Landschaft nach Osten. Diese Kante kann man vom Staffelberg bei Lichtenfels bis zum „Walberla" bei Forchheim erkennen. Die Kalkschichten selbst sind in viele Schollen zerbrochen, daher auch der Name Bruchschollenland. Abgeschlossen wird dieses oberfränkische Bruchschollenland im Westen durch das obere Maintal und die Coburger Region. Der besondere Reiz liegt in der klaren Gliederung. Es wechseln Plateau-, Becken- und Tallandschaften, deren Schönheit nicht zuletzt auch die fast kulissenartige Anordnung von Nadel- und Laubwäldern und der Wechsel von Acker- und Wiesenkulturen ausmacht.

Die Wirtschaftsstruktur im nördlichen Oberfranken ist landwirtschaftlich geprägt. Dazu kommen Klein- und Mittelbetriebe, deren Schwerpunkte die Herstellung von Möbeln, Spielwaren, Christbaumschmuck, Keramik und Porzellan, sowie Korbflechterei sind. Ein zunehmend wichtiges wirtschaftliches Standbein, zumal nach der Öffnung der innerdeutschen Grenze, ist der Tourismus. Besonders die Klosteranlage von Banz und die Wallfahrtskirche Vierzehnheiligen, aber auch die seit 1985 als Heilbad genutzte Thermalquelle in Bad Staffelstein sind attraktive Anziehungspunkte. Und so halten es inzwischen viele Gäste wie Viktor von Scheffel, der in einem seiner bekanntesten Lieder davon schwärmt, ins Land der Franken zu fahren.

Will man von Bamberg nach Bad Staffelstein gelangen, so kann man den direkten Weg über die Autobahn wählen. Es empfehlen sich jedoch einige lohnenswerte Abstecher, die im folgenden in der Art einer zusammenhängenden Rundfahrt erläutert werden.

Schloss Seehof

Sie erreichen Schloss Seehof im Nordosten von Bamberg über den Vorort Lichteneiche Fahrtrichtung Memmelsdorf – Scheßlitz. Ein Parkplatz befindet sich direkt am Schlosspark. Die Zufahrt erfolgt in Richtung Pödeldorf und ist beschildert.

Dieses wasser- und wildreiche Gebiet gehörte den Freiherren von Rotenhan, die es zum Fischfang und zur Jagd nutzten und zu diesem Zwecke an der Stelle des heutigen Schlosses ein Ökonomiehaus errichten ließen. Dieses sogenannte „Seehaus" wird 1426 vom Bamberger Fürstbischof Friedrich III. Groß von Trockau gekauft. 1560 wird es durch einen „Fürstenbau" erweitert, beides jedoch 1577 abgerissen und nun durch einen stattlichen Neubau ersetzt. Den Auftrag erteilte der kränkelnde Fürstbischof

Schloss Seehof.

Johann Georg Zobel von Giebelstadt, der sich nicht gerne in der Stadt aufhielt, sondern die Ruhe und gesunde Luft des Landes vorzog. Die Anlage wurde auf seine Anordnung mit einem schönen Garten umgeben, der Brunnen und eine Wassergrotte aufwies.

Im Dreißigjährigen Krieg wurde das Schlösschen schwer beschädigt, doch als man sich von den Schrecken dieses Krieges erholt hatte und nachdem auch die Finanzlage im Bistum wieder stabil war, erinnerte sich der nun regierende Fürstbischof Marquard Sebastian Schenk von Stauffenberg an die lustvollen Vorkriegsvergnügungen und an den schönen Grundbesitz nahe der Stadt. So beauftragte er den Würzburger Hofarchitekt, den Trientiner Antonio Petrini, mit einem völligen Neubau. Vermutlich unter beratender Mitwirkung von Georg Dientzenhofer entstand so 1687 bis 1696 das heutige prächtige Barockschloss.

Es handelt sich um eine geschlossene Vierflügelanlage um einen Innenhof, für die ohne Zweifel das Schloss Johannisburg in Aschaffenburg Pate stand. Ob der auftraggebende Fürstbischof dieses Schloss aus eigener Anschauung, oder nur aus Stichen kannte, sei dahingestellt. Für die Entstehungszeit von Schloss Seehof war jedoch ein solcher Grundriss bereits völlig überholt. Lange war man schon vom Burgcharakter der Fürstensitze abgekommen und hatte die Schlossanlagen in nur drei Flügeln geöffnet. Der Name, den man dem Schloss nach seinem Erbauer gab, fasst die altmodische Bauweise in Worte. Nicht „Schloss Stauffenberg“ , sondern „Marquardsburg“ wurde es genannt.

In Franken gehörte aber offenbar die geschlossene Schlossform mit betonenden Ecktürmen noch zu den gängigen Bauformen. Als weiteres Beispiel sei das nur 10 Jahre vor Seehof in Unterfranken entstandene Schloss Sternberg genannt. Hinzu kommt, dass Petrini beim Entwurf des Schlosses bereits 60 Jahre alt war, seine Ausbildung viele Jahre zurücklag und er obendrein seine Laufbahn als Festungsbaumeister begann.

So überragt die Marquardsburg tatsächlich festungsartig auf einer künstlich angelegten Terrasse die Seeniederung und den umgebenden

Garten. Der gedrungene Gesamtcharakter wird durch die Zusammenfassung der Fensterverdachungen zu horizontalen Bändern noch verstärkt. Eigentümlich wirkt dabei die unmittelbare Verbindung zu den Ecktürmen, wo es zu architektonischen Unstimmigkeiten kommt. Das Schloss hat keine Schauseite, die besonders hervorgehoben ist. Eine betonte West-Ost-Ausrichtung der Park- und Schlossanlage erfolgt lediglich durch den Bau der Fasanerie, der Torhäuser, durch die Anlage der Zufahrtsallee, die in die Westeinfahrt des Schlosses mündet, durch den Hof zur Ostausfahrt führt und im Osten mit der Meierei endet.

Erstaunlich, dass gerade die Südfront kein Portal besitzt, denn hier befinden sich die anspruchvollsten Teile des Gartens mit der großen Kaskade und den Figurenweihern. Dies ist auch die zur Stadt gewandte Seite. Und obwohl dem Garten die besondere Liebe der nachfolgenden Bamberger Bischöfe galt, wurde die Grundanlage des Schlosses nie geändert. Durch die Ausbildung als Vierflügelanlage mit nahezu gleichwertigen Achsen ergeben sich auch im Inneren Schwierigkeiten, denn es ist quasi unmöglich, eine Steigerung der Raumabfolge zu einem Zentrum hin zu erreichen.

Figurengruppe im Garten von Schloss Seehof.

Seehof entsprach in keinster Weise den modernen Anforderungen einer suburbanen Sommeresidenz und entfernte sich aus diesem Grund dem Interesse der nachfolgenden Fürstbischöfe. Dies wird wohl der Grund gewesen sein, dass es nicht zu großen Überformungen kam. Lothar Franz und Friedrich Karl von Schönborn, die von 1693–1746 die Geschicke des Bistums Bamberg leiteten, hielten sich lieber in den ebenfalls ihnen unterstellten Bistümern Mainz bzw. Würzburg auf. Ihr Eifer galt dortigen Bauvorhaben, wenn sie nicht mit dem Ausbau der Familienresidenz Gaibach oder von Schloss Weißenstein in Pommersfelden beschäftigt waren.

So wurde in Schloss Seehof lediglich die Innenausstattung fertiggestellt, wobei man weniger an besonderer Prunkentfaltung, denn an reiner Nutzbarmachung interessiert war. Der Hofstukkateur Johann Jakob Vogel versah die Räume mit einfachen Rahmenornamenten.

Erst im Rokoko kam es in Seehof wieder zu umfangreicheren Aktivitäten. Fürstbischof Johann Philipp Anton von Franckenstein beauftragt den kurmainzischen Maler Giuseppe Appiani 1751 mit der Ausmalung des Weißen Saals im Westflügel des Schlosses. Die Bilder nehmen Bezug auf die Jagd und den Fischfang und sind bis auf den heutigen Tag in den Originalfarben hervorragend erhalten. Die Wände des Saales wurden in der Art Delfter Kacheln bemalt und mit porzellanartig wirkenden Stuckreliefs über den Türen verziert.

Die glänzendste Zeit erlebte Seehof unter Adam Friedrich von Seinsheim (1757–1779), zugleich Bischof von Würzburg. Drei Monate jeden Jahres, meist im Frühsommer, residierte er in Bamberg, die meiste Zeit davon in Seehof. Wie schon seine Amtsvorgänger empfand er das Leben in der Stadtresidenz wie einen „goldenen Kerker“. Er richtete das Schloss mit hochwertigen Möbeln ein, engagierte sich aber – wie seine Vorgänger – besonders für die Gartenanlage.

Als eigentlicher Schöpfer der Gartenanlage muss man Lothar Franz von Schönborn sehen. Als großer Liebhaber exotischer Pflanzen und gepflegter Gärten legte er die Grundstruktur der Seehofer Anlage fest. Entwerfer des Gartenplans war wohl der Mainzer Hofarchitekt Maximilian von Welsch, der sowohl die Gärten der Mainzer Favorite als auch der Schlösser Gaibach und Pommersfelden entwarf. Über Heckentheater und Blumenparterre bis hin zum Labyrinth besaß der Park alle Elemente eines repräsentativen Barockgartens. Ab 1748 schuf der in Böhmen geborene Hofkünstler Ferdinand Tietz die Figurenausstattung. Mit einer kurzen Unterbrechung von 7 Jahren fertigt Tietz bis zu seinem Tod 1777 im Auftrag oben genannten Fürstbischofs von Seinsheim über 400 Plastiken. Schwerpunkt dieser Arbeiten ist die große Kaskade, sowie die beiden künstlichen Inseln in den Weihern.

Fürstbischof Adam Friedrich von Seinsheim hinterließ nach seinem Tod einen Fond von über 100 000 Gulden zur Erhaltung des Parks. Doch schon sein Nachfolger Franz Ludwig von Erthal, ein sozial und aufklärerisch eingestellter Mann, ließ über 200 Figuren aus dem Park entfernen. Die Vernachlässigung Seehofs begann und erreichte ihren Höhepunkt nach der Säkularisation von 1803. Schloss und Park wurden an Privatleute veräußert und es begann ein systematischer Ausverkauf, der erst 1975 gestoppt werden konnte. Der Freistaat Bayern erwarb die Anlage, brachte hier das Landesamt für Denkmalpflege unter und seither wird an der Wiederherstellung gearbeitet. Die Fortschritte sind enorm. West- und Südflügel wurden nach alten Fotos rekonstruiert und sind im Rahmen von Führungen zu besichtigen. Im Park wurden alte Blickbeziehungen wieder hergestellt und Figuren aus aller Welt zurückgekauft. Die verfallenen Gartenarchitekturen sind inzwischen vorbildlich restauriert, das Schloss neu verputzt und nach Originalbefund gestrichen, die Dächer wurden neu gedeckt. Besonders aufwendig war die Instandsetzung der großen Kaskade. Von März bis Oktober immer zur vollen Stunde können sich Besucher jetzt an den Wasserspielen erfreuen. So ist Schloss Seehof mit seinem Park heute wieder ein Schmuckstück und allemal eine Besichtigung wert.

Memmelsdorf

Für die Weiterfahrt nach Scheßlitz fährt man durch Memmelsdorf. Direkt an der Durchfahrtsstraße steht die schöne Pfarrkirche Mariae Himmelfahrt. Ihre reiche Ausstattung, besonders am Außenbau und auf der umlaufenden Friedhofsmauer, steht im Zusammenhang mit dem Bau von Schloss Seehof. Der Künstler Ferdinand Tietz entwarf die Figurenplastik, die 1772–1773 durch den Memmelsdorfer Steinmetz Johann Baumgärtner geschaffen wurden. Die Figuren zeigen am Portal Michael, Petrus, Paulus und einen Schutzengel, auf der Mauer die Heiligen Martin und Franz, den Weltheiland, die Unbefleckte Empfängnis, Joseph, Johannes d. T., Wendelin und Otto. Es handelt sich heute um Kopien. Die Originale sind im neu eingerichteten Ferdinand-Tietz-Museum in der Orangerie von Schloss Seehof zu sehen.

An der südlichen Kirchenmauer befindet sich die Grabplatte des Künstlers Tietz, der auf dem Memmelsdorfer Friedhof seine letzte Ruhe fand.

Die Kirche selbst zeigt einen Chorturm aus dem frühen 14. Jahrhundert mit dem für Oberfranken so typischen Helm, der mit seinen so-

Pfarrkirche von Memmelsdorf.

genannten Scharwachttürmchen 1609 aufgesetzt wurde. Da nur Städte Befestigungsrecht besaßen, mussten sich kleine Dörfer eine andere Art des Schutzes vor Angreifern ausdenken. Weil die Friedhöfe zumeist sowieso ein ummauerter Bereich waren, verstärkte man diese Ummauerung und verwandelte den Gottesacker in eine Kirchenburg. Als Wachturm dieser „Burgen" verwendete man die Kirchtürme, die mit Spähposten besetzt wurden. In alle Himmelsrichtungen wachte eine Schar Männer über das Schicksal des Dorfes, daher der Name „Scharwachttürmchen", die im Volksmund auch den Spitznamen „Pfefferbüchse" erhielten.

Das alte Langhaus der Kirche wurde 1707 nach Plänen von Leonhard Dientzenhofer verlängert und umgebaut. Der plastische Schmuck der neuen Fassade stammt von Caspar Metzner und zeigt mittig eine mächtige Kreuzigungsgruppe, darüber das Wappen des Auftraggebers, Fürstbischof Lothar Franz von Schönborn, außerdem eine Vespergruppe, Michael, Petrus und eine Muttergottes. Das Kirchenportal wird von einer Ölberg- und einer Grablegungsgruppe flankiert, die beide 1719 durch den bedeutenden Bamberger Künstler Leonhard Gollwitzer geschaffen wurden.

Das Innere der Kirche wurde vom Hofstuckateur Johann Jakob Vogel mit reichem Schmuck ausgestattet. Die prachtvollen Seitenaltäre fügen sich großartig in das Gesamtbild ein. Die Schnitzarbeiten dieser vorzüglichen Werke entstanden 1762 durch den Künstler Georg Reuß, der durch den Meister van der Auwera beim Bau der Würzburger Residenz ausgebildet wurde. Das Gemälde des rechten Seitenaltares (1755) mit der Verabschiedung von Petrus und Paulus stammt von Johann Anwander. Der schwäbische Künstler schuf u.a. die Fresken am Inselrathaus in Bamberg. Aus seiner Hand stammen in Memmelsdorf auch die Kreuzwegstationen.

Eine Besonderheit stellt die sogenannte „Heilige Kümmernis" neben dem rechten Seitenaltar dar. Diese Heilige, die 1583 auf Veranlassung von Papst Gregor XIII. unter den Namen „Wilgefortis", bzw. „Liberata" in das offizielle römische Martyriologium aufgenommen, hat nie existiert. Ihre Geschichte ist auf ein Missverständnis zurückzuführen und hängt mit dem berühmten Gnadenbild „Volto santo" in Lucca zusammen. Dort verehrte man seit dem 8. Jahrhundert einen gekreuzigten Christus, der als „Christkönig" mit einem langen Mantel bekleidet war. An bestimmten Festtagen wurde er sogar mit einem echten, sehr teuren Brokatmantel geschmückt, den die Luccheser Tuchhändler gestiftet hatten. Lucca war eine bedeutende Herzogstadt und lag an der „Strada Francorum", der Reichsstraße, auf der die Kaiser nach Rom zogen. Sie wurde auch als Pilgerstraße benutzt und so lernten die durchreisenden Nordeuropäer das eigentümliche Gnadenbild kennen. Ein bekleideter Christus war ihnen jedoch unbekannt und man erfand eine neue Heilige: Ein heidnischer König in Sizilien wollte seine schöne Tochter Khumeria, die eine glühende Marienvereherin war, mit dem ebenfalls heidnischen König von Portugal vermählen. Da Khumeria jedoch Keuschheit bis in den Tod gelobt hatte, rief sie Maria an und bat, sie möge ihr ein Aussehen verleihen, dass kein Mann sie mehr begehre, aber doch Gott Gefallen an ihr habe. Maria versprach Hilfe. Die Prinzessin verweigerte daraufhin die Ehe und der Vater ließ sie einkerkern und foltern. Im Kerker wuchs ihr ein Bart und sie sah aus wie Gottes Sohn, woraufhin der Vater beschloss, dass seine Tochter nun auch sterben solle wie Gottes Sohn und sie wurde ans Kreuz genagelt.

Unverstand, Aberglaube und ein bißchen falsche Gelehrsamkeit ließen einen neuen Heiligenkult entstehen, der erstmals für das frühe 15. Jahrhundert nachweisbar ist und alsbald, besonders in Holland (dort soll sie 689 n. Chr. bestattet worden sein) und Bayern, weite Verbreitung fand. Sowohl Bamberg, als auch die Umgebung ist reich an Darstellungen der hl. Kümmernis.

Scheßlitz

Scheßlitz gehört zu den ältesten Siedlungen im Bamberger Umland und die -itz-Endung des Namens lässt auf slawischen Ursprung schließen. 805 wird der Ort erstmals urkundlich erwähnt und zu dieser Zeit entsteht vermutlich die Urkirche, die eine der sogenannten Slawenkirchen ist, von denen Karl der Große vierzehn zur

Missionierung der Slawen bauen ließ. Scheßlitz gehörte damals zum Bistum Würzburg und so wurde die Kirche dem hl. Kilian geweiht. Noch bis ins 15. Jahrhundert hinein ernannte Würzburg den jeweiligen Pfarrer, obwohl Scheßlitz schon im 14. Jahrhundert von den Bamberger Fürstbischöfen erworben wurde. Fürstbischof Lambert von Brunn verleiht Scheßlitz das Stadtrecht und stiftet 1395 das Elisabethenspital. Ursprünglich lag das Spital außerhalb der neu entstandenen Stadtbefestigung. Die Stadtbefestigung existiert nicht mehr und der Ort ist inzwischen gewachsen, so dass das Spital heute mitten im Ort an der Durchfahrtsstraße links liegt. Von den alten Gebäuden ist nichts geblieben. Sie wurden 1765–1769 durch Neubauten ersetzt, die der Bamberger Hofarchitekt Johann Michael Küchel entwarf. Aus seiner Feder stammt auch die bedeutende Spitalkirche, die ihre Fassade der Straße zuwendet. Den Außenschmuck, sowie die Innenausstattung, schuf der Bamberger Hofbildhauer Franz Martin Mutschele.

Fast gegenüber der Pfarrkirche befindet sich links an der Hauptstraße das ehemalige Zunfthaus der Brauer und Büttner (Nr. 33). Es entstand 1692 durch den Zimmermeister und Schnitzer Jörg Hoffmann aus Zeil. War man in der Residenzstadt Bamberg in Adelskreisen längst dazu übergegangen, repräsentative Steinhäuser zu bauen, so wurden die meisten kleinbürgerlichen und ländlichen Häuser weiterhin in Fachwerk errichtet. Bei entsprechendem Wohlstand konnte dieses Fachwerk jedoch sehr prächtig ausfallen, wie in diesem Fall, wobei man jedoch bewusst Elemente aus der Steinbaukunst übernimmt und in Holz überträgt.

Der Ort wird bestimmt von der Pfarrkirche St. Kilian, die eine der stattlichsten Landkirchen in Oberfranken ist. Ihre Weihe fand 1413 statt. Es handelt sich um eine sogenannte „Staffelhalle“, bzw. „Pseudobasilika“ mit nur leicht überhöhtem, fensterlosen Mittelschiff, was ein mächtiges Dach erfordert.

Das Innere wird auf den ersten Blick durch die barocke Ausstattung bestimmt. Von besonderer Schönheit ist die Kanzel, die um 1780 durch den Bamberger Hofbildhauer Bernhard Kamm geschaffen wurde, der auch für den Hochaltar verantwortlich zeichnet. Die Kanzel zeigt eine Mischung zwischen Spätrokoko und Frühklassizismus und wurde mit dem seltenen Thema „Gleichnis vom Sähmann“ verziert. Flankiert wird dieses Relief von Szenen der Saat und Ernte. Die vier großen Frauenfiguren sollen Gebet, Wissenschaft, Reichtum und Frömmigkeit symbolisieren. Zum Glück haben sich trotz der Barockisierung auch einige bedeutende mittelalterliche Kunstwerke erhalten. An der rechten Chorwand finden wir das älteste Ausstattungsstück der Kirche, das Epitaph eines Grafen von Truhendingen mit seiner Frau aus dem 14. Jahrhundert. Die Zuschreibung an die Werkstatt des sogenannten „Wolfskeelmeisters“, der im ganzen oberfränkischen Raum bedeutende Kunstwerke schuf, ist nicht unumstritten.

Weiterhin wäre noch das Epitaph des Wolf Dietrich von Wiesenthau und seiner Gemahlin zu beachten, das sich im rechten Teil der Kirche an der Westwand der Beichtkapelle befindet. Der gut verdienende bambergische Hofmeister und Pfleger in Giech starb 1575 und die Familie von Wiesenthau konnte sich einen der besten Bildhauer, Hans Werner, leisten.

Das ehemalige Zunfthaus der Brauer und Büttner in Scheßlitz.

Auch außen an der Kirche findet man am Südportal noch ältere Kunstwerke, die von der Vorgängerkirche stammen. Einmal sieht man eine sehr ausdrucksstarke Christuskonsole, ferner ein frühgotisches Steinrelief mit drei schlafenden Jüngern, wohl von einem ehemaligen Ölberg stammend. Besonders schön aber die „Deesis" an der rechten Wand der Südvorhalle. Als Deesis bezeichnet man eine Darstellung des Jüngsten Gerichts, wobei wir hier die sogenannte „kleine Deesis" sehen, die nur den thronenden Weltenrichter mit Johannes und Maria zeigt. Selten die Darstellung der zwei Schwerter, die aus dem Munde Christi ragen. Sie sind Symbol für die Schärfe seines Richtspruchs, der sein wird wie ein zweischneidiges Schwert. So berichtet Johannes in der „Geheimen Offenbarung".

Giechburg

Wir erreichen die Giechburg, wenn wir in Scheßlitz vor der Kirche rechts Richtung Zeckendorf/Ludwag abbiegen und dann den Wegweisern folgen. Man kann die Burg mit dem PKW anfahren. Buszufahrt ist ebenfalls bis vor die Burgmauer (Parkplatz links der Burg) möglich. Die Giechburg ist bewirtschaftet.

Die imposante Ruine liegt auf den Ausläufern des fränkischen Jura und bietet einen großartigen Panoramablick über die Landschaft bis nach Bamberg. Die Burg war vielleicht entstanden als Feste zwischen den fränkischen Königshöfen Hallstadt und Königsfeld. 1130 gelangt die Anlage durch die Erbtochter Kuniza von Giech an den Grafen Poppo von Andechs, der sie auch nach der Ehescheidung 1142 behielt. Nach Aussterben der Andechser kam die Burg an die Truhendinger und 1390 endgültig an das Bistum Bamberg. Die Giech wurde durch die Hussiten, später im Markgrafenkrieg ein zweites mal gebrandschatzt. Sie erfuhr ab 1599 eine umfassende Erneuerung unter Fürstbischof Johann von Gebsattel und überstand so den Dreißigjährigen Krieg. Nach der Säkularisation von 1803 kam die Burg in Privatbesitz und der Niedergang begann. Heute befindet sich die Ruine im Besitz des Landkreises und wird vor weiterem Verfall bewahrt.

Luftaufnahme der Giechburg.

Gügel

Nicht einmal 1 km südöstlich der Giechburg liegt der Gügel, der ebenfalls mit dem PKW erreicht werden kann. Sie fahren auf der Landstraße Richtung Ludwag und müssen nach dem Wald vor einem Steinbruch der Beschilderung folgend rechts abbiegen. Der Parkplatz befindet sich – wie auch ein einfaches Wirtshaus – direkt neben der Kirche.

Auf einer hohen Felskuppe des Jura steht die Wallfahrtskapelle St. Pankratius, auch Gügelkapelle genannt. Erstmals wird 1384 eine „Sant Pangratzen Capellen an der ecken in der burg" erwähnt. Die erwähnte Burg, die damals offenbar schon in Verfall war, wird 1390 vom Hochstift Bamberg erworben und niedergerissen. An der Stelle der alten Burgkapelle errichtete man eine kleine Wallfahrtskirche, die 1439 erweitert wurde. Durch ihre exponierte Lage war diese Kirche immer in besonderem Maße Stürmen und

Gügel, Wallfahrtskirche St. Pankratius.

Blitzschlag ausgesetzt. Auch die Hussitenkriege, die Reformation und die damit zusammenhängenden Unruhen durch die Bauern gingen nicht spurlos an der Kapelle vorbei. Trotzdem wurde sie immer wieder durch die Bamberger Fürstbischöfe instand gesetzt, was die besondere Bedeutung der Kapelle zeigt. 1610–1618 gibt Fürstbischof Gottfried von Aschhausen, ein bedeutender Gegenreformator, letztlich den Auftrag, einen weitgehenden Neubau zu erstellen. Der Architekt Lazaro Agostino errichtet die neue Kapelle in nachgotischen Formen und wohl jeder, der hierher kommt, fühlt sich von der Kirche angezogen.

Sie steht zweigeschossig auf einem hohen Mauersockel. In die obere Hauptkirche gelangt man über eine brückenartige Treppe, doch ist dieser Eingang selten offen. Man kann die Kirche aber auch durch das Untergeschoss im Süden betreten. Man gelangt zunächst in einen hohen Kapellenraum, in dem im Westen aus dem Fels eine Empore herausgehauen ist, die man über eine enge Wendeltreppe erreicht. Von dort geht man durch einen schmalen Felsengang zu einer weiteren Wendeltreppe, über die man in die Oberkirche gelangt. Dabei kommt man an einem Heiligen Grab vorbei, das in der Enge des Ganges überrascht, da man es nicht erwartet. Eine Reliquie vom Grab des Herrn ist schon im frühen 15. Jahrhundert für den Gügel erwähnt. Nach Ansicht des mittelalterlichen Menschen war in der Reliquie das Grab des Herrn Realität. So konnte man sich mit der Wallfahrt zum Gügel die gefährliche Pilgerreise nach Jerusalem ersparen und das Grab Christi in der eigenen Heimat verehren. Deshalb schuf man im 18. Jahrhundert die Nachbildung im Felsengang.

Die Pankratiuskapelle besaß außer dem Partikel vom Heiligen Grab noch Reliqiuen von Pankratius, Georg, Laurentius, Nikolaus, Otto, Heinrich und Kunigunde, Katharina und und und ... Welche Anziehungskraft die Kirche durch diesen Reliqiuenschatz ausübte, können wir uns heute kaum noch vorstellen. Bis heute ist die Wallfahrt lebendig.

Im Zuge des Neubaus erhielt die Oberkirche einen bedeutenden Altar, der durch die kürzlich stattgefundene Restaurierung noch gewonnen hat. In einem seltenen Spätrenaissanceaufbau sieht man eine „Maria Himmelfahrt“, die sich eng an Tizians venezianische „Assunta“ anlehnt. Der Bamberger Hofmaler Wolf Fugher wählt als Hintergrund die heimische Ansicht der Gügelkapelle und die Stadtansicht Bambergs.

Die klassizistische Kanzel stand bis 1836 im Bamberger Dom und wurde im Zuge der Purifizierung der Kathedrale für die Kapelle ersteigert. So zeigt sie denn auch ein Relief des Dompatrons Georg.

Der linke Seitenaltar zeigt uns eine schon bekannte Nachbildung des „Volto Santo“ aus Lucca, des bekleideten Christkönig, den man in Franken oft zur hl. Kümmernis umwandelte. Die Plastik stammt aus dem 18. Jahrhundert.

Wer zum Gügel hinaufsteigt, der findet hier oben noch ein bißchen Ruhe und innere Einkehr im Einklang mit der Natur.

TIPP

Von der Giechburg zum Gügel verläuft ein traumhaft schöner Wanderweg!

Unterleiterbach

Vom Gügel fahren wir zurück nach Scheßlitz und über Windischletten Richtung Nord-Westen nach Zapfendorf. In der Ortsmitte von Zapfendorf gelangen wir auf die alte Bundesstraße Bamberg – Lichtenfels, in die wir nach Unterleiterbach Richtung Norden einbiegen.

Direkt an der Hauptstraße in Unterleiterbach liegt rechts das Schloss, das 1737–1739 durch den Sohn des Hofbaumeisters Johann Dientzenhofer, Justus Heinrich Dientzenhofer, erbaut wurde. Leider ist es nicht zu besichtigen.

Über den Schlossplatz rechts erreichen wir die stattliche Dorfkirche St. Maria Magdalena mit dem klassischen Turmhelm. Die Ausstattung ist bemerkenswert und stammt im wesentlichen aus der Barockzeit. Besonders zu erwähnen ist aber auch die kleine Steinkanzel von 1590 und ein von 1520 stammender kleiner Flügelaltar mit der Muttergottes und den Heiligen Dorothea und Katharina. Hervorzuheben ist das Grab des Johann Ludwig von Schaumberg und seiner Frau Amalie, eine geborene von Wiesenthau. Es befindet sich in der Sakristei und zeigt die Familie vor dem Gekreuzigten. Im oberen Auszug, wie allgemein üblich, die Auferstehung und das Familienwappen. Das Grab stammt aus der Hand des hochbegabten Künstlers Hans Werner, der damals fast alle Adelsgrabmale der Gegend schuf. Hans Werner hat das Grab signiert und mit 1588 datiert.

Die eigentliche Attraktion in Unterleiterbach ist jedoch die Valentinskapelle, die wir am Ortsausgang Richtung Norden linker Hand der Hauptstraße finden. Sie entstand in exponierter Lage 1738–1739 durch den Bamberger Hofarchitekt Johann Michael Küchel, der damit eine kleine Holzkapelle von 1505 ersetzte. Es war *„hochfürstlichste Intention ... nächst der Strassen ... etwas rechts sauberes herzustellen“*. Die Kapelle zeigt sich als Zentralbau mit kleinen seitlichen Anbauten. Über dem Zeltdach ein luftiger Dachreiter. Im wesentlichen ist das Kirchlein ein Reduktion von Küchels Plan für Vierzehnheiligen. Der Bamberger Hofkünstler war an der Planung der großen Wallfahrtskirche mitbeteiligt, doch Balthasar Neumanns Entwurf wurde dem seinen vorgezogen. So erhielt er den Auftrag, die Valentinskapelle zu erstellen und verwendet im kleinen hier seinen abgewiesenen Entwurf.

Das Innere wurde 1740 durch den Italiener Marchini vollständig mit illusionistischer Scheinmalerei ausgestattet. Die Entwürfe dafür stammen ebenfalls von Küchel. Leider ist die Kapelle nur am Sonntag geöffnet.

Unterleiterbach, Valentinskapelle.

Bad Staffelstein

Von Unterleiterbach in Richtung Norden fahrend kommen wir nach Bad Staffelstein.

Staffelstein, der Geburtsort von Adam Riese, heißt jetzt „Bad Staffelstein“, denn im Jahr 1975 erbohrte man in 1600 m Tiefe eine Thermalsolquelle. Mit 47–52° C Auslauftemperatur ist sie die heißeste eisen- und kohlensäurehaltige Thermalsole Bayerns. Sie wird mit 20–30°C warmen Süßwasser versetzt und somit beträgt die Badetemperatur 34–36 °C. Die erforderliche Infrastruktur eines Bades wurde in den letzten Jahren geschaffen.

Kurpark, Bad Staffelstein.

1684 wurde Staffelstein von einem verheerenden Stadtbrand heimgesucht. Dieses Ereignis bedeutete beinahe das Ende des Ortes. 300 Gebäude wurden ein Raub der Flammen. Der Bürgergeist war jedoch ungebrochen und so beeindruckt das Zentrum Staffelsteins heute durch einen hervorragenden Bestand an Fachwerkhäusern des Wiederaufbaus. Herausragend das Rathaus, das bereits drei Jahre nach der Katastrophe entstand und zu den bedeutendsten Rathäusern Frankens gehört.

TIPP

Bad Staffelstein liegt zu Füßen des Staffelbergs. Dieser Tafel- bzw. Zeugenberg war früher Standort eines bedeutenden keltischen Oppidums, das bereits 140 n. Chr. von dem griechischen Geographen Claudius Ptolemäus als „Menosgada" (= Mainstadt) genannt wird. Heute findet sich auf dem Bergsporn eine Adelgundiskapelle. Von einem großen Parkplatz, den Sie über Romansthal erreichen, kann man einen schönen Spaziergang auf den Berg unternehmen. Der Blick, der sich von oben bietet, ist einmalig und wurde von Victor von Scheffel in seinem bekannten „Frankenlied" besungen. Es war der Wunsch in ihm wach geworden, Flügel zu besitzen, was man gut nachempfindet, wenn man den Blick kilometerweit über das Land schweifen lassen kann. Wie Nietzsche in seinem „Zarathustra" geschrieben hat: *„Wer auf den höchsten Berg steigt, der lacht über alle Trauer-Spiele und Trauer-Ernste. ... Man erlebt endlich nur sich selbst."*

Banz

Am Marktplatz in Bad Staffelstein biegen wir links vor dem Rathaus nach Banz ab (beschildert), kommen zum Bahnhof und danach zu einer Bahnunterführung. Links sehen wir die Thermalanlagen. Nachdem wir den Ort verlassen haben, überqueren wir den Roten Main und folgen nach Unnersdorf den Wegweisern nach rechts. Eine steile Auffahrt bringt uns zur Klosteranlage. Vor dem Tor links liegt ein großer, zeitweise gebührenpflichtiger Parkplatz.

Benedikt von Nursia, Ordensvater der Benediktiner, hatte 529 auf dem Monte Cassino das erste Kloster dieser Glaubensgemeinschaft gegründet. Er schuf damit den Prototyp aller Nachfolgeklöster, die sich in der Regel auf Bergen ansiedelten. Als „geistliche Stadt" auf dem Berg präsentiert sich das Kloster Banz quasi als Idealbild einer Benediktinerabtei.

An ihrer Stelle stand zunächst eine mächtige Burg der Schweinfurter Markgrafen, ein ungeliebtes Adelsgeschlecht, das 1057 in der männlichen Linie ausstarb. Die Erbtochter Alberada stiftete gemeinsam mit ihrem Gatten Hermann von Habsberg-Sulzbach in ihrer Burg ein Kloster, d.h. sie nahmen Konventsmitglieder in ihren Mauern auf. Das Stiftungsjahr war 1071, wobei die Stiftungsursache ein Unfall war. Die Legende erzählt, der Sohn Alberadas, der junge Erbgraf Heinrich sei bei der winterlichen Entenjagd im Eis des Mains eingebrochen und ertrunken. Der Leichnam war bis nach Heidenfeld bei Schweinfurt getrieben worden, wo Alberada an der Stelle der Auffindung ebenfalls ein Kloster stiftete. Der Grund des ganzen Aufwandes war die Absicht, für den Sohn, der ungetauft war, ein „Seelgerät" zu schaffen, d. h. ihm einen Platz im Himmel zu sichern.

1078 beteiligt sich Alberadas Mann in Würzburg an einem Turnier mit verbotenen scharfen Waffen und kam dabei ums Leben. Durch die Beteiligung an diesem Turnier verfiel er in Kirchenbann. Um eine standesgemäße Bestattung zu sichern, verzichtet Alberada nun

Blick auf das ehemaligen Benediktinerkloster Banz. Im Hintergrund die Basilika Vierzehnheiligen.

völlig auf ihre Burg, die vollständig in ein Kloster umgewandelt wird. Sie selbst lebt fortan zurückgezogen als Conversa auf dem nahen Ägidienberg. Die Stiftung Alberadas war weitgehend Streubesitz und es kam zu einem raschen Verfall. So sieht sich Bischof Otto I. von Bamberg 1114 veranlasst, das Kloster nach der Hirsauer Reform zu erneuern, dennoch kam es nie zu sonderlicher Blüte. Als die Gebäude im Bauernaufstand des 16. Jahrhunderts in Flammen aufgingen, ragten jahrelang die Brandruinen in den Himmel, weil das Geld selbst für die nötigsten Instandsetzungsarbeiten fehlte. Nach mühseligen Neuanfängen kommen 1632–1633 mit den plündernden Schweden die schlimmsten Jahre für das Kloster. Der Konvent zerstreut sich, die Mönche fliehen auf den Michaelsberg nach Bamberg.

Der zaghafte Neubeginn erhält 1664 ungeahnten Aufschwung durch die Wahl von Otto de la Bourde zum neuen Abt. Er stammte aus spanischer Adelsfamilie und hatte derart diplomatisches Geschick, dass Kaiser Leopold I. auf ihn aufmerksam wird, ihn 1677 als Kaiserlichen Rat nach Wien beruft und 1696 zum Fürstbischof von Gurk in Kärnten erhebt. Otto de la Bourde hinterlässt seinem geliebten Heimatkloster die stattliche Summe von fast 45 000 Gulden und begründet damit die erste Hochblüte des Klosters, die im Neubau der gesamten Klostergebäude gipfelt.

Als Architekten verpflichtet man zunächst Leonhard Dientzenhofer und nach dessen Tod 1707 und einer kurzen Bauunterbrechung seinen jüngeren, sicher begabteren Bruder Johann Dientzenhofer. Seiner Genialität verdanken wir vor allem den Kirchenbau, der 1710–1719 entsteht. Ganz unter dem Einfluss böhmischer Barockarchitektur, die ihm durch seinen Bruder Christoph, der sich in Prag niedergelassen hatte, vermittelt wurde, entwickelt Johann Baugedanken des italienischen Barock weiter. Architekturen von Borromini oder Guarini standen Pate und unterstützten den Mut zum Wagnis. Windschiefe Gewölbegurte bringen die Decke in Schwingung, eine Schwingung, die sich bis in die Wände fortsetzt. Die Kirche von Banz gehört zu den großen Würfen fränkischer Barockarchitektur. Die Ausstattung vervollkommnet das Gesamtbild. Noch heute kann man in Banz eine originale Seuffert-Orgel hören, die erst vor wenigen Jahren renoviert wurde. Oft ertönen hier die berühmten „Pastorellen" des Banzer Mönches Valentin Rathgeber.

Die Deckenmalerei hat sich in den Originalfarben erhalten. Sie stammen von Melchior Steidl, der in der Bamberger Residenz auch den Kaisersaal austattete. Der mystische Weg der

Gottesvereinigung nach den Visionen der hl. Theresia von Avila sollte nach dem Wunsch des Konvents das Thema sein. So sehen wir über der Orgel zunächst die Reinigung (via purgativa), dargestellt durch die Bekehrung des Saulus zum Paulus. Im nächsten Gewölbefeld zeigt der Maler die Erleuchtung (via illuminativa) durch die Ausgießung des Hl. Geistes. Das letzte Bild vor dem Hochaltar zeigt die Vereinigung mit Gott (via unitiva) im Abendmahl.

Der Hochaltar ist ein Meisterwerk für sich. Es ist ein Säulenaufbau, der von Johann Dientzenhofer in Form eines römischen Triumphbogens gestaltet wird und den Blick auf das etliche Meter dahinterliegende Bild mit dem Kirchenpatron Dionysius freigibt. Darüber in einer mächtigen Gloriole die Verehrung des Mönchsvaters Benedikt. Frei zwischen den Säulen stehend die Apostelfürsten Petrus und Paulus als Beobachter des „Theatrum sacrum", symbolisch selbst Säulen der Kirche.

Der Seitenaltar links zeigt uns die Anbetung des Kindes durch die drei Könige. Der rechte Altar wurde durch den Augsburger Akademieprofessor Johann Georg Bergmüller 1740 geschaffen und ist mit der Darstellung der 14 Heiligen eine Hommage an die auf dem nächsten Berg gelegene Wallfahrtskirche.

Sechs überlebensgroße Bischofsfiguren schmücken die Pfeilernischen. Sie wurden 1713 durch Balthasar Esterbauer gearbeitet. Sie zeigen uns vom Kirchenraum aus gesehen links neben der Orgel den hl. Wolfgang aus Regensburg als Hinweis auf die Berufung von Mönchen aus dem Prüfeninger Reformkloster im Zuge der Neuordnung durch Bischof Otto I. im frühen 12. Jahrhundert. Rechts neben der Orgel steht der hl. Ildefons, Benediktiner und Bischof von Toledo, ein großer Marienverehrer. Über der Kanzel sehen wir den hl. Bonifatius, Missionar und Organisator des frühen Christentums in Deutschland. Über dem Dreikönigsaltar steht Papst Gregor d. Gr., dem der hl. Geist die gregorianischen Gesänge ins Ohr zwitschert. Gegenüber steht der hl. Otto von Bamberg, der als zweiter Gründer von Banz gefeiert wird und deshalb den Bischofsstab von Bamberg, aber zugleich den Abtsstab von Banz hält, dazu das barocke Kirchenmodell. Gegenüber der Kanzel steht der hl. Kilian von Würzburg als Hinweis, dass das Hochstift Würzburg in geistlichen Dingen über Banz zu bestimmen hatte, denn nur weltliche Angelegenheiten unterlagen Bamberger Oberhoheit, eine missliche und häufig sehr hinderliche Situation für das Kloster.

Hinter dem Hochaltar verbirgt sich der Mönchschor mit seinem unvergleichlichen Chorgestühl, das 1749–1750 durch den Hofschreiner der Grafen von Schönborn aus Wiesentheid, Georg Nestfell gearbeitet wurde. Es zeigt in 34 Intarsienbildern das Leben des hl. Benedikt. Dieses Gestühl ist nur im Rahmen einer Kirchenführung zu besichtigen.

1803 wurde im Zuge der Säkularisation das Kloster aufgelöst und man begann mit einem teilweisen Abbruch. Die wertvollen Kunstschätze wurden verschleudert, ja selbst die Abteikirche war in akuter Gefahr. Die Rettung kam durch Zufall, denn auf der Rückreise von einem Kongress in Erfurt machte Herzog Wilhelm in Bayern aus einer Nebenlinie des regierenden Königshauses Wittelsbach Station in Banz, verliebte sich in die Anlage und lässt ab 1814 das Kloster in ein Jagd- und Sommerschloss umwandeln. Seither trägt das ehemalige Kloster den Namen „Schloss Banz".

Nach dem Ende des ersten Weltkrieges nimmt das höfische Leben ein rasches Ende. 1933 erwirbt Xaver Geyer die Gebäude von den Wittelsbachern und gründet hier das „Angelicum Banz", die Gemeinschaft von den heiligen Engel, ein hoffnungsvoller Missionarsorden mit dem Ziel der Auslandsdeutschenseelsorge. Die Erhaltung von Banz überstieg bei weitem die Finanzkraft des Ordens, so dass die Anlage zusehends verkam. Rettung kam 1978 nach der Übernahme durch die Hanns-Seidel-Stiftung, die mit hohen Investitionen das Kloster zu einem Tagungs- und politischen Fortbildungszentrum machten. Das Haus verfügt über rund 165 Betten und 12 Seminarräume, die jährlich von rund 20 000 Teilnehmern bei ca. 400 Veranstaltungen genutzt werden.

Die erhaltenen historischen Räume im Kloster, wie z. B. den Kaisersaal, können mit Gruppen nur in Ausnahmefällen mit Voranmeldung besichtigt werden. Einzelpersonen haben keinen Zutritt. Im Kloster befindet sich außerdem eine Gaststätte und ein Petrefaktenmuseum (hauptsächlich Versteinerungen).

Kloster Langheim

Wir verlassen den Banzer Klosterberg Richtung Norden und gelangen über Weingarten und Kösten nach Lichtenfels. In Lichtenfels fahren wir bis zur Ortsmitte (Marktplatz) und dann Richtung Mistelfeld – Klosterlangheim.

Langheim war bis 1803 Zisterzienserkloster und gemäß der Ordensregel siedelten sich die Mönche im Tal an, der genaue Gegensatz zu den Benediktiner. Das Kloster wurde auf Veranlassung von Bischof Otto I. von Bamberg 1132 gegründet. Er wollte wohl einen Gegenpol zu Banz schaffen, das ja in geistlichen Dingen stets Würzburg unterstand. Doch diese Abhängigkeit vom Bamberger Bischof führte zu ständigen Reibereien und den Bemühungen des Klosters um Reichsunmittelbarkeit, was mit Erfolg vom Hochstift verhindert werden konnte. Mehrmals wurde aus diesem Grund das Kloster mit bambergerischen Soldaten besetzt und Äbte inhaftiert, bis sie die alleinige Herrschaft des Bischofs als Landesherren durch schriftliche Unterwerfung anerkannten.

Das Kloster wurde im Dreißigjährigen Krieg weitgehend zerstört. Ein barocker Wiederaufbau nach Plänen von Leonhard Dientzenhofer begann 1689. Ab 1735 leitet der sachsen-weimarische Landbaumeister Krohne die Bauarbeiten. Von ihm stammt der z. T. noch erhaltene westliche Teil des Konventbaus (sog. Krohnepavillon). Allerdings musste er sich eine Überarbeitung seiner Pläne durch Balthasar Neumann gefallen lassen, was die Freundschaft zwischen den beiden konkurrierenden Architekten nicht förderte. Neumann wurde denn auch beauftragt, eine neue Kirche zu entwerfen. Der gigantische Plan kam nicht zur Ausführung. Ein Grund war die angespannte Finanzsituation des Klosters, das zur gleichen Zeit den teuren Neubau der Wallfahrtskirche Vierzehnheiligen aufbringen musste.

1802 beschädigt ein Großbrand, entstanden wohl durch Brandstiftung, die Klostergebäude und die alte Kirche. Die sofort einsetzenden Aufbauarbeiten wurden infolge der Säkularisation abgebrochen. Anschließend wurden die Ruinen der Kirche und Klostergebäude weitgehend abgetragen. Der verbliebene Rest ist jedoch noch immer imposant. Wir fahren auf dem beschriebenen Weg von Westen zunächst zwischen barocken Torhaus und romanischer Katharinenkapelle (heute Scheune) hindurch und gelangen so in den inneren Klosterbereich. Dort hat sich die große Ökonomie, die 1740 durch Krohne entstand und später vom Bamberger Hofarchitekten Lorenz Fink umgestaltet wurde, erhalten. Wagenremise, Ochsenmühle und Backhaus sind zwar ebenfalls erhalten, werden aber als Wohnhäuser genutzt. Erhalten blieb auch die ehemalige Friedhofskapelle der Mönche aus dem 17. Jahrhundert, neben der die abgerissene Klosterkirche stand. Anschließend sieht man die Reste der barocken Konventsgebäude.

Langheim war eines der großen Klöster des Ordens der Zisterzienser und ein bedeutendes in Franken obendrein. Die Klöster wetteiferten in der Barockzeit miteinander und wollten sich gegenseitig an Pracht übertreffen. Diese einstige Pracht ist heute nur noch zu ahnen, doch deutlich wird bis heute die Struktur dieser „Gottesstadt“. Alle wichtigen Bauwerke, auch die Ökonomie, waren innerhalb der Klostermauern untergebracht, wobei die Kirche mit dem Kreuzgang und den dazugehöri-

Kloster Langheim, Konventbau.

gen Konventgebäuden die sogenannte innere Klausur darstellten, die von den Vollmönchen nie verlassen wurde. Die Arbeit auf den zisterziensischen Gütern leisteten die Konversen und Halbmönche, „idiotae et illiterati", wie sie von den Herrenmönchen abschätzig genannt wurden.

Zu einem vollständigen Zisterzienserkloster gehören aufgrund der Ernährungsvorschriften auch Fischweiher, die wir sehen, wenn wir die Klosteranlage Richtung Oberlangheim südwestlich verlassen. Diese Seen wurden künstlich angelegt und zeigen das Geschick der Mönche im Wasserbau, denn oft wurden auch künstliche Bäche durch Klöster angelegt, ja ganze Sümpfe drainiert.

Vierzehnheiligen

Wir erreichen die Wallfahrtskirche Vierzehnheiligen nicht über den üblichen Weg von Westen, sondern über Oberlangheim durch einen schönen Wald. So kommen wir von oben an die Kirche, ein Weg, der nur mit dem PKW passierbar ist. Sie müssen an der Kirche vorbei bergab bis zum großen Parkplatz fahren, falls sie nicht das seltene Glück haben, einen der wenigen Plätze an der Kirche zu ergattern. Das dürfte nur im Winter und nur an Wochentagen denkbar sein, denn die Kirche ist Anziehungspunkt für Gläubige und Kunstgenießer. An Wochenenden und bei großen Wallfahrten ist die direkte Zufahrt zur Kirche gesperrt. Zwei Gasthäuser direkt neben dem Gotteshaus sorgen für leibliches Wohl.

Der Nothelferkult ist, wie frühe schriftliche Quellen belegen, um 1400 in Regensburg entstanden. Es war die Zeit von Hungersnöten, Seuchen und Kriegen und das verstärkte die Suche nach „Helfern in aller Not". 1408 wird in einem Gebetskodex erstmals die Reihung der Namen überliefert: Georg, Blasius, Erasmus, Pantaleon, Veit, Christopherus, Dionysius, Cyriacus, Achatius, Eustachius, Ägidius, Marghareta, Katharina und Barbara. In dieser sogenannten „Regensburger Normalreihe" wurden die Heiligen besonders im süddeutschen Raum verehrt.

Bei Entstehung des Nothelferkultes gab es keinen zentralen Ort der Verehrung. Hochwillkommen war deshalb die Erscheinung aller Heiligen auf einer Wiese nahe Banz, die nun zu einer „Verortung" des Kultes führte. Der Schäfer von Langheim hütete auf der zum Kloster gehörigen Weide seine Schafe und hatte dort viermal Visionen, die kalendarisch genau zu bestimmen sind.

Die beiden ersten Erscheinungen sah er am 17. September 1445. Er bemerkte ein Kind auf der Wiese sitzen, das verschwand, als er es aufheben wollte. Als er sich nach ein paar Schritten noch einmal umsah, war es wieder da und saß nun zwischen zwei brennenden Kerzen. Die dritte Erscheinung war die wichtigste. Sie war am 28. Juni 1446. Wieder sah der Schäfer das Kind, nun umstanden von 14 weiteren Kindern. Der Schäfer beschwor den mit einem roten Kreuz auf der Brust gekennzeichneten Knaben in der Mitte zu sagen, wer es sei und was es wolle und nun erfolgte eine klare Anweisung: *„Wir sein die viertzehen nothelffer und wöllen ein capellen haben, auch gnediglich hie rasten, unnd bißt unser diner, so wollen wir dein diner wieder seyn."* In einer 4. Erscheinung am 2. Juli senkten sich zwei brennende Kerzen auf die Stelle, wo das Kind gesessen hatte. Diese Erscheinung fand unter den Augen einer Zeugin statt, dennoch waren Abt und Konvent von Kloster Langheim nicht vom Wahrheitsgehalt zu überzeugen. Erst als am 20. Juli eine Magd des Klosters wie tot zu Boden gefallen war und sie wieder erwachte, als man sie zu den vierzehn Nothelfern gelobt hatte, setzte man an die Erscheinungsstelle ein Kreuz, um damit nach mittelalterlicher Gepflogenheit anzuzeigen, dass der aufgetragene Kirchenbau ausgeführt wird. Der Altar wurde direkt über dem heiligen Flecken Erde errichtet, der so von Anbeginn bis heute bewahrt blieb. So wurde der Ort ohne Heiligengrab, ohne Heiltumsschatz und ohne Gnadenbild zu einer der größten Wallfahrtsstätten Deutschlands. Die Seelsorge übten die Langheimer Mönche aus, für die 1466 neben der Kirche eine Propstei errichtet wurde. Die prominentesten Pilger waren u.a. der Markgraf Albrecht von Brandenburg, Kaiser Friedrich III. und nach eigenem Bekunden Albrecht Dürer, der sich mit seiner Frau Agnes auf einer Reise in die Niederlande befand. 1553 wird von *„fast stündlich vorkommenden Wundern und Heilungen an Menschen und Tieren“* berichtet, so dass sogar *„Akatholiken ... aus freiem Antrieb ihrem Irrtum entsagten und zum katholischen Glauben sich hinwandten.“*

Im frühen 18. Jahrhundert traten an der alten Kirche ernsthafte Schäden auf. Der damalige Abt von Kloster Langheim, Stephan Mösinger konnte 1735 den Bamberger Fürstbischof Friedrich Karl von Schönborn mit schlagenden Argumenten für einen Neubau gewinnen: „*... auch die ehr Gottes und der heiligen bei denen frommen christglaubigen ... sehr gering fallend opfer nur allzu klar erhellet – merklich zu unterbleiben anfange, nur und allein weilen die Zierdte des Gotteshauses wenig befördert zu sein scheinet.*“ Mit zunehmender Baufälligkeit, so macht er klar, verringern sich die Wallfahrtseinnahmen, was auch dem Fürstbischof einsichtig war. Er war allerdings nicht der Meinung, dass sich das Hochstift Bamberg, obwohl es an den Einnahmen partiziperte, an den Baukosten beteiligen sollte. Man kam im sogenannten „Opfervertrag“ überein, dass die Ausgaben für den Neubau durch das Kloster getragen würden, der Fürstbischof den Entwurfsplan bestimmen dürfe, dafür aber alle künftigen Wallfahrtseinnahmen ausschließlich dem Kloster zufließen würden.

Wallfahrtsbasilika Vierzehnheiligen.

Pläne des Klosterbaumeisters Gottfried Heinrich Krohne von 1739 und von Johann Michael Küchel von 1742 wurden vom Fürstbischof verworfen, der nun seinen Hofbauarchitekt Balthasar Neumann mit Entwürfen beauftragte. Neumann entwickelte einen vom Grundsatz her einfallslosen Entwurf einer Basilika, die axial auf Banz ausgerichtet ist. Der Gnadenaltar war in der Vierung, d. h. im Kreuzungsbereich zwischen Lang- und Querhaus, vorgesehen. Dort hätten die Pilger genügend Platz gefunden, die Gnadenstätte zu umrunden.

Balthasar Neumann war ein sehr beschäftigter Mann und konnte nicht einmal bei der Grundsteinlegung am 23. April 1743 anwesend sein. Die örtliche Bauleitung hatte man dem abgewiesenen Konkurrenten Krohne übertragen, der nun nach eigenem Gutdünken den Kirchenbau um etliche Meter nach Osten verschob. Dadurch lag das heilige Fleckchen Erde nicht mehr unter der Vierung, sondern im Langhaus der geplanten Kirche. Neumann führte nach einer Visitation der Baustelle heftige Beschwerde, drohte sogar mit Niederlegung der Arbeit: er *„wolle förderhin mit diesem kirchenbau nichts mehr zu thun“* haben. Fürstbischof Friedrich Karl veranlasste ihn jedoch, ein neues Modell zu entwerfen, bei dem die von Krohne ausgeführten Mauern verwendet werden konnten. Und welch ein Kirchenraum ist aus dieser Sabotage entstanden! Die Außenansicht verrät nichts Ungewöhnliches, das Innere ordnet sich jedoch keiner bislang dagewesenen Raumkonzeption unter. Dientzenhofers Raumschöpfung in Banz erscheint dagegen schüchtern, denn hier kommt die Gerade nur dort vor, wo sie statisch unvermeidlich ist, nämlich als Senkrechte in Pfeilern und Säulen. Das Problem, in dem eigentlich engen Langhaus Raum für die Prozessionen um den Gnadenaltar zu schaffen, löst Neumann, indem er die Säulenreihen elliptisch

Der Gnadenaltar von Vierzehnheiligen.

anordnet. Der Gnadenaltar wird somit zum Zentrum der Kirche, um den sich alles bewegt. Die geniale Lichtführung unterstreicht die Leichtigkeit der Baumasse. Vierzehnheiligen ist das letzte große Manifest der Barockarchitektur und man muss nicht Lokalpatriot sein, um sie als eine der schönsten Kirchen Deutschlands zu bezeichnen.

Der Gnadenaltar wurde 1767 durch den Stuckateur Johann Michael Feichtmayr entworfen und unter Mithilfe des Bildhauers Georg Üblher ausgeführt. Er gewährt Einblick in die Erscheinungsstelle, die durch einen prächtigen Stuckmarmorbaldachin überwölbt wird. Rund um und auf diesem Baldachin haben sich die vierzehn Nothelfer versammelt, allesamt der damaligen Mode entsprechend in Polierweiß über Holzkern gestaltet. Sie sollten wie Porzellan wirken, ein Material, das seit Böttgers Entdeckung des „weißen Goldes von Meißen" zu großer Beliebtheit gelangte.

Hoch oben auf dem Baldachin steht das Christuskind mit dem roten Kreuz auf der Brust, wie es dem Schäfer erschienen war. Wunderbar ist die Achsbeziehung zu Banz, denn wenn die Kirchentür von Vierzehnheiligen geöffnet ist und man im Chor steht, so sieht man die gegenüberliegende Klosterkirche genau zwischen den Voluten des Baldachins eingerahmt von den Nothelfern.

Die Deckenmalerei wurde durch den Italiener Giuseppe Appiani erstellt und zeigt an der Decke drei bedeutende Erscheinungen: Über der Orgel die Erscheinung des Sterns nach der Geburt Christi, im Hauptfeld über dem Gnadenaltar das Wunder von Vierzehnheiligen. Die Nothelfer sind um die Gottesmutter versammelt, die man als *„allermächtigste und stärkste Nothelferin"* ansah. Über dem Chor sieht man die Erscheinung des Engels, als er den Hirten die Geburt des Herrn verkündet. Leider wurden die Bilder in ihrer Wirkung durch einen Brand und dadurch eindringendes Löschwasser 1835 in ihrer Wirkung stark beeinträchtigt und waren auch durch die erst kürzlich abgeschlossenen Renovierung nicht zu verbessern.

Die Kanzel ist das einzige Ausstattungsstück, das es mit dem Gnadenaltar an Schönheit und Eleganz aufnehmen kann. Auch sie stammt von Feichtmayr und zeigt am Kanzelkorb die Reliefs der vier Evangelisten, sowie Büsten, die die vier Erdteile darstellen.

1803 wurde Kloster Langheim säkularisiert und die Wallfahrt war ohne Betreuung. 1839 werden deshalb vom Bayernkönig Ludwig I. Franziskaner berufen. 1890 wird Vierzehnheiligen von Papst Leo XIII. zur Basilika erhoben und im gleichen Jahr durch ihn das Vierzehnheiligenfest eingeführt, das auf den vierten Sonntag nach Ostern festgelegt wird. Dadurch erlebte die Wallfahrt einen neuen Höhepunkt und viele Pilger verbrachten nächtelang „ohne ein Logis aufzusuchen" in der Kirche. So entstand ein Franziskanerinnenhospiz, das heutige Diözesanhaus, das bis jetzt zahlreiche Wallfahrer aufnimmt.

Die Wallfahrt zu den Vierzehn Nothelfern ist bis auf den heutigen Tag lebendig. Davon zeugen die Votivkammer im linken und die Wachskammer im rechten Turmuntergeschoss, aber auch die zahlreichen Devotionalienstände neben dem Gotteshaus.

Von Vierzehnheiligen gelangen wir ohne Probleme Richtung Bad Staffelstein fahrend auf die Autobahn nach Bamberg. Die Rückfahrtzeit beträgt etwa 35 Minuten.

Die Fränkische Schweiz

Der Osten von Bamberg

In vorgeschichtlicher Zeit befand sich hier ein eiszeitliches Meer, das sich vor circa 70 Millionen Jahren auf 25–30° C erwärmte. Es kam zu einer explosionsartigen Vermehrung der Meerestiere, deren Schalen und Skelette sich am Boden ablagerten und zu Kalkstein verfestigten. Dazwischen wuchsen Schwamm- und Korallenriffe. Durch chemische Prozesse, besonders durch Einlagerung von Magnesium verhärteten diese Riffe zu sogen. Dolomit, einem grauen Gestein, das wesentlich härter ist als der umgebende Kalkstein. Durch jahrtausendelange Erosion witterten die Riffe aus dem Kalkstein heraus und das Ergebnis sind die beeindruckenden Felsbastionen, die das typische Landschaftsbild der Fränkischen Schweiz prägen.

Durch Sickerwasser entstanden außerdem in den verbliebenen Kalksteinen Hohlräume, von denen manche eingebrochen sind. Man nennt sie Versturzhöhlen oder Dolinen. Über 800 Höhlen sind jedoch unter der Erde zu vermuten. Mehr als 350 sind begehbar und zum Teil erforscht. Drei große Schauhöhlen sind für das Publikum geöffnet (Bing-, Teufels- und Sophienhöhle). Die Fränkische Schweiz ist damit das größte zusammenhängende Höhlengebiet Deutschlands. Besonders imposant sind die Tropfsteinbildungen. Durch eindringendes Sickerwasser wachsen Stalagmiten von unten und Stalaktiten von oben zwischen 1 mm und maximal 2 cm pro Jahr.

Die Höhlen dienten in früheren Zeiten als Wohn-, Kult- und Begräbnisstätten, letztere für Pesttote sogar bis ins Mittelalter. Heute bewahren sie z. T. vom Aussterben bedrohte Tierarten wie den Strudelwurm und den Höhlenfloh. Als

Charakteristische Kalkfelsen im Wiesenttal.

Schutzgebiet für Fledermäuse werden viele Höhlen im Winter gesperrt.

1776 entdeckten Forscher des Markgrafen Alexander von Hohenzollern in der Binghöhle Knochenreste eiszeitlicher Höhlenbären. In einer Kiste verpackt wurden sie nach London zur Untersuchung an den Arzt John Hunter versandt. Auf der Suche nach weiteren fossilen Knochenfunden begann danach eine systematische Erschließung der Höhlen. Damit rückte die Fränkische Schweiz ins Licht der Weltöffentlichkeit. 1793 unternehmen die romantischen Dichter Wackenroder und Tieck ihre „Pfingstreise" von ihrem Studienort Erlangen bis nach Bayreuth, andere Romantiker, wie Ernst Moritz Arndt, Victor von Scheffel oder Richard Wagner folgen. 1829 wird dann durch den Heimatforscher Joseph Heller dem ehemaligen „Muggendorfer Gebürg" mit folgender Begründung sein heutiger Name gegeben: *„Was die Schweiz im großen gibt, findet man hier in verjüngtem Maßstab, indem man es überschauen und als Bild auffassen kann, statt dass in der Schweiz der winzige Mensch die Größe der Natur nicht zu sehen vermag und von den ungeheuren Felsmassen gleichsam erdrückt wird."*

Angesichts der „Schweizmode", die sich in Namen wie Ruppiner, Sächsische, Mecklenburger, Hersbrucker oder auch Fränkischer Schweiz ausdrückte, spottete Fontane: *„Die Schweizen werden immer kleiner."*

Eine Reiseregel aus dem Jahr 1856 schreibt: *„Da die Reise in die Fränkische Schweiz eine Fußtour ist, so darf man keine großen Bedürfnisse und Ansprüche haben. Leichte, bequeme Kleidung, gute, für die Füße genau passende Bundschuhe, nur die nöthigste Leibwäsche, die an jedem Ort schnell gewaschen wird, um die Reisetasche nicht zu beschweren. Messer, Schere, Nadel und Faden, um sich losgerissene Knöpfe und ähnliches selbst anzunähen ... einige Hausmittel im Falle des Befallenwerden von Unwohlsein, als da sind etwas Rhabarberpulver, gedörrte Orangenblüten, Hoffmännische Tropfen, nicht zu vergessen ein Stück Hirschhornunschlitt, um die Füße vor dem Schlafengehen nach dem Einreiben von Fruchtbranntwein damit einzutalgen und am anderen Morgen wieder sorgfältig davon zu reinigen. Ein fester Reisestock darf auf keinen Fall fehlen, und nun wollen wir noch das nöthigste Requisit auf einer Reise, das Geld nennen ."*

Burg Rabenstein wird heute als Hotel genutzt.

Als am Ende des 19. Jahrhunderts die Fränkische Schweiz durch die Eisenbahn erschlossen wurde, begann das Ende der romantischen Wanderungen. Heute durchqueren wir die Landschaft in einer Stunde mit dem PKW oder Bus und fragen uns am Ende, wo sie denn nun gewesen ist, diese hochgelobte Fränkische Schweiz. Nur, wer sich ein bißchen Zeit nimmt und ein paar Schritte zu Fuß geht, wird das Typische dieses Landstriches ausmachen, die Magerwiesen mit ihrer Vielfalt an Orchideen und Kräutern, die Schafherden, Wacholderbäume, Forellenzuchten und die Vielzahl an Burgen und Ruinen. Von ursprünglich knapp 200 Burgen haben sich 150 erhalten, 35 davon sind bewohnt. Einer dieser Bewohner, Maximilian Freiherr von Aufseß formulierte das so: *„Eines der ältesten Überbleibsel sind die nach Kreuzzügen, unendlichen Fehden und zwei Weltkriegen noch wenigen Überlebenden des alten Ritterstandes, die auf ihren dunklen, um einige Schuhnummern zu groß gewordenen Burgen, von niemand mehr beneidet, wie Uhus weiterhausen, und die modrigen Kästen noch über den allgemeinen Weltuntergang erhalten zu können glauben."*

Buttenheim

Wir erreichen Buttenheim über die Autobahn (A 73) Bamberg – Nürnberg, Ausfahrt Buttenheim.

1017 wird der Ort erstmals als „Heim des Budo" erwähnt. Zwischen 793 und 810 erteilte Karl d. Gr. den Würzburger Bischöfen den Auftrag, vierzehn Missionskirchen für die Ostbevölkerung zu errichten. Hier sollten die erst kürzlich getauften und nur äußerlich für den christlichen Glauben gewonnenen Slawen seelsorgerisch betreut werden. Eine solche Slawenkirche ist auch für Buttenheim zu vermuten. Nach Niedergang dieser Urkirche kam es zu einer Neugründung der Würzburger Bischöfe, nun unter dem Patrozinium des hl. Kilian. Als Kilianskirche wird das Gotteshaus 1017 bei der Erstnennung des Ortes miterwähnt. 1438 kam die Kirche aus dem Würzburger Besitz in die Hand des Adelsgeschlechts derer von Stibar und wurde damit Eigenkirche und Grablege der Familie. Buttenheim wurde im Dreißigjährigen Krieg zerstört und danach völlig neu aufgebaut. Von der Kirche blieb nur der wehrhafte Turm, der in Teilen noch romanisch ist. Mit ihm blieb im Turmuntergeschoss die Grabkapelle der Stibar erhalten.

Fassade der Kirche in Buttenheim.

Das Langhaus der Kirche wurde 1754–1757 durch Johann Michael Küchel errichtet und zeigt an der Fassade die Bistumspatrone Heinrich und Kunigunde, sowie den Kirchenpatron Bartholomäus. Das Innere zeigt sich als weiter Saal mit vorzüglicher Rokokoausstattung. Hervorzuheben der Hochaltar, der 1758 von Georg Reuß gearbeitet wurde. Die Altarblätter stammen von Joseph Anton Wunder, einem Maler der berühmten Donauschule. Wechselweise ist entweder das Abendmahl oder der hl. Bartholomäus zu sehen. Die Bilder wurden 1770 gemalt. Darüber zeigt sich die Heilige Dreifaltigkeit. Die Flankenfiguren stellen noch einmal die Bistumsheiligen Heinrich und Kunigunde dar, außerdem den hl. Wendelin und den hl. Sebastian.

Der Besuch der Buttenheimer Pfarrkirche lohnt aber besonders wegen der Grabmahle der Familie Stibar in der Turmkapelle. Hervorzuheben ist das Grab der Elisabeth von Stibar, das sich beim Eintreten links befindet. Es stammt aus der Hand des berühmten Würzburger Künstlers Tilman Riemenschneider. Elisabeth von Stibar hatte durch ihr Elternhaus, die Familie von Grumbach engste Verbindung zu dem unterfränkischen Künstler. Das Schloss der Grumbach steht in Rimpar bei Würzburg und die Familie erteilte Riemenschneider mehrere Aufträge. Elisabeth nutzte die Verbindung des hochbegabten Künstlers mit ihrer Familie und gab in seiner Werkstatt beim Tod ihres Gatten 1507 dessen Grabmal und auch ihr eigenes in Auftrag. Das Epitaph für Heinrich von Stibar (drittes links) wurde, da Riemenschneider Ritterdarstellungen nicht sehr liebte – sie waren ihm zu wenig variabel – von einem guten Gesellen ausgeführt. Er arbeitete nach einer Stichvorlage des hl. Georg von Dürer. Das Epitaph für Elisabeth behielt sich Tilman selbst vor, zeigt die bereits über 40 Jahre alte Adelige in idealisierender Jugend und nähert sie damit der Darstellung ihrer Namenspatronin, der hl. Elisabeth von Thüringen, an.

TIPP

Besuchen Sie auch das Levi Strauss-Museum (siehe dazu Seite 135).

Forchheim

Von Buttenheim fahren wir zurück auf die Autobahn Richtung Nürnberg und erreichen in Kürze Forchheim. Wir benutzen die Ausfahrt Forchheim Nord.

Der Königshof Forchheim und die zugehörige Pfarrei sind vermutlich schon in der Merowingerzeit Mitte des 7. Jahrhunderts gegründet worden. 805 wird Forchheim in einem Kapitular Karls d. Gr. als Hauptetappenstation in den böhmischen Kriegen genannt. Seit diesem Zeitpunkt war der Ort Reisepfalz für die fränkischen Könige und bis Mitte des 12. Jahrhunderts Schauplatz von bedeutenden Reichsversammlungen. Kaiser Heinrich II. schenkt Forchheim 1007 an sein neu gegründetes Bistum Bamberg.

Im 13. Jahrhundert entsteht neben der Pfalz der Markt. Um 1300 wird dann diese älteste Siedlung durch eine Mauer geschützt, die heute zum Teil noch erhalten ist. Nach den Bauernaufständen wird Forchheim zur Bambergischen Grenzfeste ausgebaut und erhält nach dem Vorbild der Residenzstadt nun eine Reihe repräsentativer Barockbauten.

Sehenswert ist bis auf den heutigen Tag die Pfalz, die in ihrer jetzigen Form teils aus dem 14. Jahrhundert, teils aus dem 16. Jahrhundert stammt. Die Bauten des 14. Jahrhunderts wurden im Auftrag des Bamberger Fürstbischofs Lampert von Brunn errichtet, der hier 1399 auch sein Leben beendete.

Lampert von Brunn war eine schillernde Persönlichkeit. Er wurde im Kloster Gengenbach erzogen und wird 1350 dessen Abt. Er war damals erst ca. 25 Jahre alt, leitete aber das Kloster so hervorragend, dass Kaiser Karl IV. auf ihn aufmerksam wurde. 1363 wird er auf Vorschlag Karls gegen den Willen von Rudolph von Österreich Bischof von Brixen. Zwei Monate später beschließt Karl, Lampert von Brunn auf die Kathedra von Speyer zu setzen, damit die Querelen mit dem Österreicher ein Ende nähmen. Doch die Bürgerschaft und das Domkapitel von Speyer verwehrten ihm den Zutritt zur Stadt. Karl IV. musste heftig intervenieren. 1371, nach 7 Jahren Episkopat in Speyer, wird er auf die Kathedra von Straßburg versetzt. Auch hier konnte er keine großen Sympathien erwerben. Vor allem seine niedere Herkunft, er war nur *„eins einschiltigen ritters sun“*, und seine nepotische Stellung zu Papst und Kaiserhaus wurden ihm vorgeworfen. Lampert blieb nur drei Jahre in Straßburg und trat 1374 in

Der Marktplatz in Forchheim mit seinen schönen Fachwerkhäusern.

Bamberg sein letztes Episkopat an. Wie schon bei den anderen Stationen war auch hier Kaiser Karl IV. maßgeblich an der Versetzung beteiligt. Die Bamberger machten ihm keine Schwierigkeiten und die Verbindung zum Kaiserhaus brachte manche Vorteile. 1384 wird Lampert von Brunn sogar Reichskanzler. Als er seine Kräfte schwinden spürt, lässt er in Bamberg einen neuen Bischof wählen. Vom Papst erhält er jährlich 2000 Gulden Unterhalt und die Pfalz Forchheim, in der er 6 Monate nach seinem Abschied in Bamberg am 15. Juli 1399 verstarb.

Der engen Verbindung Lamperts zum böhmischen Kaiserhof in Prag verdanken wir eine bemerkenswerte Ausstattung seiner Pfalz in Forchheim. Die Säle wurden mit hervorragender Wandmalerei ausgestattet, von der man 1830 und 1906 Reste aufdeckte. Böhmische Hofkünstler aus parlerischem Umfeld wurden nach Forchheim bestellt. Sie schufen erstaunliche Fabelwesen und u.a. einen thronenden Richterkönig, der zwischen einem Löwen und einem Elefant sitzt. Löwen haben sich um den Thron Salomons versammelt, könnten also ein Symbol für die Gerechtigkeit sein. Der Elefant ist sicher ein Symbol für die Stärke. Der König selber wird als David gedeutet, trägt aber die Züge von König Wenzel, dem Sohn Kaiser Karls IV., der nach dem Tod des Vaters 1378 die Regierung übernimmt.

Sehenswert ist in Forchheim auch der Marktplatz, der von wunderschönen Fachwerkhäusern umgeben ist. Die Südseite wird fast vollständig vom Rathaus eingenommen, das um die Wende vom 15. zum 6. Jahrhundert gebaut wurde.

Hinter dem Rathaus steht die Pfarrkirche St. Martin, die als königliche Eigenkirche bereits 890 genannt wird. Auch ohne die frühe Erstnennung würde das Patrozimium des hl. Martin auf eine sehr alte Kirche schließen lassen. Der hl. Martin wurde Patron der Franken, nachdem der Merowingerkönig Chlodwig durch seinen Beistand die Stadt Tours erobern konnte. In Tours befand sich das Kloster, in dem der hl. Martin zu Lebzeiten gewirkt hatte. Dort wurde er auch beerdigt. Chlodwig ließ vor dem Angriff reiche Geschenke an das Kloster senden. Die Einnahme der Stadt erfolgte unblutig, was auf das Einwirken des Heiligen zurückgeführt wurde. Der daraufhin erfolgte Übertritt Chlodwigs zum katholischen Christentum war von weltgeschichtlicher Bedeutung. Alle merowingischen Neugründungen im Zuge der Ostexpansion wurden nun dem hl. Martin geweiht.

In ihrer heutigen Form stammt die Kirche aus verschiedensten Epochen vom 13. bis zum 15. Jahrhundert. Von der spätgotischen Ausstattung blieben acht hervorragende Tafeln des Bamberger Hofmalers Wolfgang Katzheimer, der hier 1480–1485 Szenen aus der Passion des Herrn und dem Leben des hl. Martin darstellte. Sie gehörten wohl zum ehemaligen Hochaltar und wurden jetzt an den Pfeilern angebracht. Bemerkenswert auch das mächtige Grab des Georg Groß-Pfersfelder, das 1584 durch den schon bekannten Hans Werner gearbeitet wurde.

Am Außenbau der Kirche findet sich eine bemerkenswerte Plastik „Christus als Schmerzensmann“, aufgrund seiner Größe von 2,5 Meter in Forchheim auch „Unseres Herrgotts Läng“ genannt. Es ist ein erschütterndes Zeugnis der Stimmung Mitte des 14. Jahrhunderts, als man unter Pestepidemien, Judenpogromen, Kriegen und Ketzern zu leiden hatte. Man glaubte sich dem Weltuntergang nahe und suchte Trost in möglichst grausamen Christusbildern, einfach aus dem Gedanken heraus: „Schau, wie gut geht's uns im Vergleich zum Herrn.“

Effeltrich

Von Forchheim fahren wir erneut auf die Autobahn Richtung Nürnberg, benutzen dann die Ausfahrt Baiersdorf Nord, fahren in den Ort Baiersdorf hinein und in der Ortsmitte links nach Effeltrich.

Das Dorf geht auf einen zur Pfalz Forchheim gehörigen königlichen Gutshof des 9. Jahrhunderts zurück und wird 1121 erstmals als „Affeltere“ erwähnt. „Affeltere“ kann man als „Ort der Äpfel“ übersetzen und ist ein früher Hinweis auf die so berühmte Effeltricher Obstbaumzucht. Mehrfach wurde das Dorf zerstört

Kirchenburg von Effeltrich.

und geplündert, so 1430 durch die Hussiten, 1450 im 1. Markgrafenkrieg, 1552 im 2. Markgrafenkrieg, dann im Dreißigjährigen Krieg und letztlich 1757 durch preußische Truppen. Kein Wunder, dass die Dorfgemeinde in ständiger Angst lebte und sich so gut als möglich zu schützen versuchte. So entstand eine der in Franken so häufig vorkommenden Kirchenburgen, die sich hier, im Gegensatz zu anderen Orten, hervorragend erhalten hat. Sie steht am Rand des Dorfes auf einer sanften Erhebung, umittelbar neben der weithin berühmten, mindestens 800 Jahre alten Dorflinde.

Ursache für den Plan, die alte Pfarrkirche durch eine Kirchenburg zu ersetzen, war die Ermordung von 14 Dorfbewohnern durch die Nürnberger im ersten Markgrafenkrieg 1449–1450 und der Raub des gesamten Viehs. Zwanzig Jahre sparte das Dorf, bis man etwa 1470 mit dem Bau beginnen konnte. Eine Geldspende des Bamberger Bischofs 1480 unterstützt die Arbeiten, so dass die Kirchenburg ca. 1490 fertiggestellt war. Man unterstellte sie dem Ritterpatron Georg, in der Hoffnung, der wehrhafte Heilige werde in Zukunft das Dorf beschützen.

Der ummauerte Gottesacker wurde durch mehrere Türme bewacht. Der Westturm wurde als Wärterstübchen ständig bewohnt. Das ebenfalls von Türmen flankierte Tor richtet sich zum Dorf, damit die Bewohner den kürzesten Fluchtweg haben. Über dem Tor wachen die Heiligen Laurentius, Georg und Sebastian, Figuren von ca. 1520, die erst 1760 hier ihre Aufstellung fanden. Dem hl. Georg huldigt man ein zweites Mal mit der Aufstellung einer weiteren Figur direkt neben dem Tor in einem betonten Erker. Die im 16. Jahrhundert gearbeitete Skulptur zeigt Georg als Reiter.

Doch trotz der starken Befestigung wurde die Kirchenburg eingenommen. Da nützte auch das Vorlagern eines Wehrgraben auf der Dorfseite nichts. Aus diesem Grunde wurde auch der Kirchturm in das Verteidigungskonzept mit einbezogen. Er diente als letzter Zufluchtsort und hatte keinen ebenerdigen Eingang. Im 1. Stock war er mittels eines 2,5 m langen Holzsteges mit dem Wehrgang verbunden und in gleicher Höhe gab es einen Hocheingang, der mittels einer Leiter erreichbar war. Aus dem Inneren der Kirche konnte man nicht in den schützenden Turm gelangen.

Das Äußere der Kirche zeigt sich noch weitgehend im Ursprungszustand, das Innere erhielt jedoch in der Barockzeit ein neues Gewand. 1720–1730 entstand der Hochaltar. Er zeigt im Altarbild den hl. Georg. Die Flankenfiguren stellen links die Heiligen Margarethe und Sebastian und rechts Barbara und Laurentius dar. Der Auszug zeigt eine Marienkrönung durch die Heilige Dreifaltigkeit.

Die Seitenaltäre sind neugotisch, der linke jedoch trägt schöne, mittelalterliche Figuren einer Maria mit Kind und der Heiligen Barbara und Katharina aus der Zeit um 1500.

In ihrer Gesamtanlage gehört die Kirchenburg von Effeltrich zu den beeindruckendsten Wehrarchitekturen dieser Art in Deutschland und wird von den Bewohnern liebevoll gepflegt. Traditionsbewusstsein wird im Dorf groß geschrieben, denn z. B. auch die historische Tracht des Ortes, die zu den schönsten in ganz Franken gehört, wird häufig getragen.

TIPP

Die Effeltricher Fronleichnamsprozession gehört zu den prächtigsten des Umlandes. Hier kann man die Hochzeitstracht mit den wunderbaren Brautkronen bewundern. Auch der Georgiritt am Ostermontag, der zu Ehren des Kirchenpatrons mit mehr als 200 Reitern stattfindet, ist ein buntes und malerisches Spektakel.

Pinzberg

Wir verlassen Effeltrich Richtung Kersbach nach Norden und gelangen schnell an eine Straßenteilung, wo wir der Beschilderung nach Pinzberg folgen.

Schon 1062 wird der malerisch auf einem Berg liegende Ort „Binezberg" erstmals urkundlich erwähnt. Die Pfarrkirche St. Nikolaus stammt aus dem Spätmittelalter und wurde – wie Effeltrich – in der zweiten Hälfte des 15. Jahrhundert befestigt. Der viergeschossige Kirchturm ist zugleich Torturm und bewacht den von einer bis

Kanzel von B. Kamm in der Kirche von Pinzberg.

zu 8 m hohen und 1,5 m Meter starken Mauer umgebenen Kirchhof.

1731 wird die Kirche unter Beratung von Balthasar Neumann umfassend neugestaltet. Die Bauaufsicht hat der Bamberger Stadtbaumeister Paulus Mayer. Offenbar hatten die Pinzberger ausreichende Finanzkraft, denn das Innere der Kirche wird vorzüglich und für die kleine Kirche fast zu mächtig ausgestattet. Für den hervorragenden Deckenstuck bestellt man 1738 den Bamberger Hofstuckateur Franz Jakob Vogel, die Deckenbilder schuf der Hofmaler Johann Jakob Gebhardt (im 19. Jahrhundert übermalt).

1780 wird der hochbegabte Künstler Johann Bernhard Kamm für die Altarausstattung und die Kanzel berufen. Durch ihn entstanden Kunstwerke, die den Rahmen der kleinen Dorfkirche fast zu sprengen drohen. Der köstliche Hochaltar zeigt die Heiligen Heinrich und Kunigunde, Nikolaus, Martin und Otto, am Tabernakel die Heiligen Urban, Stephan, Laurentius und einen unbekannten Bischof.

Die Seitenaltäre stehen übereck und sind ebenfalls großartige Meisterwerke. Der linke ist den Aposteln gewidmet, der rechte den vierzehn Nothelfern. Die Kanzel wird als die schönste des Künstlers Kamm angesehen. Sie zeigt die vier Kirchenlehrer Augustinus, Ambrosius, Gregor und Hieronymus.

Pretzfeld

Wir erreichen Pretzfeld von Pinzberg aus Richtung Norden über Gosberg – Kirchehrenbach. Dabei fahren wir am Tafelberg „Walberla“ vorbei, auf dem die Kapelle der hl. Walburga steht.

Walberla (eigentlich Ehrenbürg)

Die Ehrenbürg trägt ihren Spitznamen „Walberla“ von der Walburgiskapelle, die hier wohl schon im 13. Jahrhundert gebaut wurde. Der Berg gehörte damals zum Bistum Eichstätt, dessen Patronin die Heilige ist. Doch schon in der Bronzezeit um 1000 v. Chr. lockte das 514 m hohe Plateau die Menschen an. Um 500 v. Chr. haben die Kelten dann ein stark befestigtes Oppidum angelegt, das Mittelpunkt der Region war. Auch heute noch ist das „Walberla“ Mittelpunkt der Region, denn inzwischen ist es einerseits ein Wallfahrtsziel, mehr noch aber ein Ausflugsziel, das jährlich viele tausend Besucher anlockt, besonders zur Kirschblüte, wenn der ganze Berg wie in Watte gepackt erscheint.

Am Walburgistag wurde nachweislich seit 1360 anlässlich der Kirchweih auf dem Berg ein Jahrmarkt abgehalten und nachts, so wird gemunkelt, tanzen die Hexen auf dem Plateau. Dieser Jahrmarkt existiert bis auf den heutigen Tag, wurde allerdings auf das erste Maiwochenende verlegt. Obwohl der Berg 1987 zum Naturschutzgebiet erklärt wurde, rollt jährlich an diesem Tag eine Blechlawine an und die Menschen trampeln rücksichtslos die dünne Humusschicht und seltene Pflanzen nieder.

Pretzfeld ist gleichsam das Tor ins Trubachtal, das zu den landschaftlich reizvollsten Tälern der fränkischen Schweiz zählt. Die Kirche ist dem hl. Kilian geweiht und mit großer Wahrscheinlichkeit eine der vierzehn Slawenkirchen, die Karl d. Gr. durch die Würzburger Bischöfe hatte gründen lassen, um das heidnische Ostvolk zu missionieren. 1145 wird das Gotteshaus erstmals erwähnt, in der heutigen Form stammt es aus dem Barock und zählt mit zu den prächtigsten Landkirchen des Bamberger Umlandes.

1729 soll Balthasar Neumann auf einer Inspektionsreise nach Gößweinstein in Pretzfeld vorbeigekommen sein und Ratschläge zum Umbau der alten Kirche erteilt haben. Sein Schüler, der Bamberger Hofarchitekt Johann Michael Küchel erhält zehn Jahre später dann tatsächlich den Auftrag zum Umbau. Er erhöht zunächst den Turm um 7 Meter. Danach sollte das Langhaus verlängert werden. Doch am 22. September 1739 nachts um 11 Uhr stürzt der Turm ein und begrub die alte Kirche unter sich. Laut Gutachten von Balthasar Neumann sei die Kathastrophe auf einen Fehler Küchels zurück-

Blick über das Plateau des Walberla zur Walburgiskapelle.

zuführen, doch der behauptet seinerseits, dass ohne sein Wissen der Chorbogen erweitert worden sei, so dass die Statik nicht mehr stimmte. Das Verfahren kam vor das Reichskammergericht und wurde erst 1762 mit einem Vergleich beigelegt.

1742 beginnt man in Pretzfeld mit dem Wiederaufbau der Kirche. Johann Michael Küchel blieb leitender Architekt, hatte er doch den Dorfbewohnern einen neuen Hochaltar versprochen, den er noch im gleichen Jahr nach seinen Plänen ausführen ließ. Er wurde leider 1783 durch einen neuen Altar ersetzt. Die Kirche hat einen mächtigen Fassadenturm und zeigt die Figur des hl. Kilian. 1761 wurde sie geweiht und danach hervorragend ausgestattet. So stiftete der Pretzfelder Schlossherr, Graf von Seinsheim, zwei schöne Seitenaltäre, die der Ebermannstädter Bildhauer Friedrich Theiler nach Vorbild der Küchel'schen Seitenaltäre in Gößweinstein schuf. Der Hochaltar zeigt die Figuren des Kilian und seiner Gefährten Kolonat und Totnan, außerdem die Heiligen Heinrich und Kunigunde.

Kirche in Pretzfeld.

Gemeinsam mit der Kirche ist in Pretzfeld auch 1145 das Schloss erstmals erwähnt. Zunächst waren die Schlüsselberger, dann die Stibar aus Buttenheim Herren im Dorf. Im Bauernkrieg wurde die Anlage zerstört und wieder aufgebaut. Aus dieser Zeit stammt der zweiflügelige Wohnbau. Als 1762 die Grafen von Seinsheim den Besitz übernehmen, wird noch eine kleine Kapelle dazu gebaut und das Schloss prächtig ausgestattet. 1851 kaufte der Nürnberger Bankier Herz das Schloss. Die Familie war jüdischen Glaubens und das lieferte den Anlass, dass während der Reichskristallnacht das Schloss schrecklich zugerichtet wurde. 1943 ließ sich im Schloss der Physiker Walter Schottky, ein Pionier der Rundfunktechnik, nieder und zog die Forschungsgruppe der Siemens AG aus dem zerbombten Berlin hierher. Noch heute ist Siemens im Schloss untergebracht und stellt hier Großleistungsbauelemente wie Thyristoren und Dioden her.

Das Schloss wird außerdem als Kunstgalerie genutzt. 60 Bilder des Neoimpressionisten Curt Hermann, der bei den Nazis als „entartet“ galt, können besichtigt werden. Curt Hermann hatte die Besitzerin des Schlosses, Sophie Herz, geheiratet und war damit finanziell unabhängig geworden. Er war befreundet mit Lenbach und Liebermann, war kurze Zeit auch Präsident der Berliner „Freien Sezession“. Henry van de Velde entwarf für die Berliner Wohnung seines Freundes Hermann Möbel. Auch diese können im Schloss angesehen werden, allerdings nur gegen Voranmeldung (Tel. 0 91 94/7 25 80 36).

TIPP

Pretzfeld ist seit dem 17. Jahrhundert Zentrum des fränkischen Kirschenanbaus, das zu den größten Süßkirschenanbaugebieten Deutschlands zählt. Alljährlich begeht man das „Kirschenfest“ als Erntedank am Wochenende vor dem Annafest Anfang Juli. Fünf Tage wird gefeiert und Höhepunkt dieses schönsten Festes in der Fränkischen Schweiz ist der Trachtenumzug am Sonntagnachmittag.
Auskunft über Tourismuszentrale Fränkische Schweiz, Tel. 09191/86 10 54.

Blick über Gößweinstein. ➔

TIPP

Auf der Fahrt nach Gößweinstein fährt man auf der B 470 durch Streitberg. Dort wird der berühmte Streitberger Bitter aus den Kräutern der Fränkischen Schweiz destilliert. Außerdem gibt es hervorragende Obstbrände und Liköre. In der sogenannten „Pilgerstube“ kann alles verkostet werden.

TIPP

Zwischen Ebermannstadt und Behringersmühle verkehrt eine Museumsbahn. Sie wird betrieben vom Verein Dampfbahn Fränkische Schweiz. Nähere Auskunft erteilt der Verein unter der Tel.-Nr. 0 91 94/79 45 41 oder die Tourismuszentrale Ebermannstadt, Tel. 0 91 94/5 06-40. Die Fahrt ist besonders für Eisenbahnnostalgiker sehr empfehlenswert.

Gößweinstein

Wir gelangen von Pretzfeld auf die B 470 und fahren über Ebermannstadt – Streitberg Richtung Pottenstein. Die Wiesent begleitet unseren Weg und beeindruckende Burgruinen liegen auf den Felsspornen. Die Auffahrt nach Gößweinstein ist bestens beschildert. Im Ort angekommen, fahren Sie an der Wallfahrtsbasilika vorbei und finden ca. 150 m später auf der rechten Seite einen großen Parkplatz.

Der Ort Gößweinstein liegt mit Kirche und Burg malerisch auf einem Jurahöhenzug. Seine Entstehung verdankt er angeblich einem Grafen Goswin aus dem Haus Höchstadt-Stahleck. Die Kirche wird erstmals 1240 erwähnt und soll eine Stiftung Konrad I. von Schlüsselberg sein. Schon im 14. Jahrhundert ist die Wallfahrt zur Heiligsten Dreifaltigkeit bekannt. Warum sie entstanden ist, bleibt jedoch bis heute im Dunkel. Neuen Aufschwung nahm die während der Gegenreformation und nach den Türkenkriegen, als die Verehrung der Heiligen Dreifaltigkeit ihren Höhepunkt erreichte. Der Pilgerstrom hatte so zugenommen, dass ab 1715 der Neubau einer Kirche geplant wurde. Der Bamberger Fürstbischof Lothar Franz von Schönborn beauftragte seinen Hofarchitekt Johann Dientzenhofer mit Plänen, die aber wegen zu hoher Kosten abgelehnt wurden. Genauso erging es den revidierten Plänen von 1725. Nach dem Tod des Fürstbischofs 1729 übergab sein Nachfolger und Neffe Friedrich Karl von Schönborn den

Neubau an Balthasar Neumann. Schon ein Jahr später wurde der Grundstein gelegt, bereits 1734 war der Rohbau vollendet und 1739 wurde das Gotteshaus geweiht. Es ist der aufwendigste Kirchenbau der fränkischen Schweiz und neben dem Bamberger Dom und Vierzehnheiligen die dritte „Basilika" in der Erzdiözese Bamberg. „Basilica minor" ist ein Ehrentitel, der nur vom Papst verliehen werden kann. In Gößweinstein geschah das 1948 durch Papst Pius II. Das Wappen des jeweils regierenden Papstes befindet sich als äußeres Kennzeichen dieser Ehrenkirchen über dem Hauptportal.

Die Wallfahrtskirche zeigt eine mächtige Doppelturmfassade, die das Land weithin beherrscht. Heinrich II. und Kunigunde flankieren das Portal, welches das Wappen des Fürstbischofs Friedrich von Schönborn trägt. Darüber sieht man als Relief die Heilige Dreifaltigkeit. Das Innere der Kirche zeigt sich auf dem Grundriss eines lateinischen Kreuzes. Der Chorraum wirkt gemeinsam mit den kurzen Querarmen wie ein dreiblättriges Kleeblatt, ein Hinweis auf das Patrozinium. Aus diesem Grund sind Querarme und Chor auch dreiseitig geschlossen. Der Stuck stammt vom Bamberger Hofstuckateur Johann Jakob Vogel. Eine Ausmalung war vorgesehen, wurde aber durch den Fürstbischof untersagt. Erst im 20. Jahrhundert setzte man sich über den Willen des hohen Herrn hinweg und beauftragte den Maler Waldemar Kolmsberger, der die Bilder 1915–1927 nach dem erhaltenen, barocken Konzept schuf.

Besonders bemerkenswert ist der Hochaltar. Er geht auf einen Entwurf Johann Michael Küchels zurück und wurde erst nach der Weihe der Kirche aufgestellt. Er zeigt keinerlei tragendes Element wie Säulen und Pfeiler und Küchel dürfte Anregungen dafür auf einer Reise durch Bayern und Böhmen erhalten haben. Auch hier wird die Dreiecksform aufgegriffen, deren Zentrum das Gnadenbild ist. 25 Figuren beleben den Altar. Peter Benkert, der hervorragende Bamberger Hofbildhauer hat sie in Holz gearbeitet und sie wurden der Mode entsprechend weiß „à la porcellaine" gefasst. Links sehen wir Moses mit seinen Hörnern, die auf einen frühen Übersetzungsfehler zurückzuführen sind. Aus dem Urtext der Vulgata, wo das strahlende Antlitz des Moses bei dem Empfang der Gesetzestafeln beschrieben wird, wird aus „radices" (= Strahlen) folgende Beschreibung: „Videbant faciem Moysi esse cornutam" (Cornu = Horn). So trägt Moses seit dem 12. Jahrhundert manchmal Hörner statt Strahlen. Rechts daneben, etwas erhöht, steht der hl. Karl Borromäus. Er und der an gleicher Stelle gegenüberstehende hl. Friedrich von Utrecht sind die Namenspatrone von Friedrich Karl von Schönborn, wobei die Figur des Karl Borromäus tatsächlich die Gesichtszüge des Fürstbischofs tragen soll, während Friedrich von Utrecht das Porträt des Gößweinsteiner Pfarrers Dippold darstellt, der den Bau leitete. Neben Bischof Friedrich von Utrecht steht Aaron mit dem Rauchfass. Zwei Engel, Petrus und Paulus, bewachen den Tabernakel. Darüber sehen wir das

Innenraum der Basilika Gößweinstein.

Lamm auf dem Buch mit den sieben Siegeln. Es wird flankiert von dem Hohepriester Melchisedek und dem Stammvater Abraham. Über dem Lamm die goldene Weltkugel, auf der das Gnadenbild zu stehen kommt. Es zeigt eine Marienkrönung und dürfte eine Bamberger Arbeit des frühen 16. Jahrhunderts sein.

Die Seitenaltäre zeigen uns links eine Kreuzigung und rechts die apokalyptische Maria zwischen ihren Eltern Anna und Joachim. Die Kanzel ist ebenfalls ein Meisterwerk für sich. Sie entstand nach Entwurf Küchels durch den Hofstuckateur Johann Jakob Vogel und den Bildhauer Benkert. Sie zeigt am Kanzelkorb die vier Evangelisten und die Symbole der drei theologischen Tugenden Glaube (Gesetzestafeln), Liebe (Kelch) und Hoffnung (Kreuz). Auf dem Schalldeckel sitzen vier Engel mit den Symbolen für die vier Elemente: Ähre, Vogel, Blitz und Wasser. Auf einer mächtigen Weltkugel thront der Engel der Offenbarung.

Wenn man um die Kirche herumgeht, so findet man beim Chor der Kirche das 1723 gestiftete ehemalige Kapuzinerkloster, welches jetzt von Franziskaner bewohnt wird. Die Kirche des Klosters ist die ehemalige Friedhofskapelle, die 1630 durch Giovanni Bonalino gebaut wurde. Links daneben steht die offene Dreifaltigkeitskapelle mit dem schönen perspektivischen Gitter, das 1725 durch den Schlosser Dohny gearbeitet wurde. Sie steht an der Stelle einer alten Feldkapelle, die man zur Andacht im Freien nutzte, wenn die alte Kirche nicht alle Wallfahrer aufnehmen konnte. Einzige Erinnerung an die alte Wallfahrtskirche ist das Mengersdorf-Epitaph, das Fürstbischof Ernst von Mengersdorf durch den Künstler Hans Werner im Angedenken an seine Eltern 1588 arbeiten ließ. Beim Neubau der Basilika hat man es außen am Chor angebracht.

Rechts neben der Kirche finden wir das mächtige Pfarrhaus, das 1747 durch Johann Michael Küchel errichtet wurde. Links neben der Kirche liegt das Messnerhaus, das heute zum Teil als Votiv- und Wachskammer genutzt wird. Dort findet man erstaunliche Votive, die Ausdruck tiefster Gläubigkeit sind. Bei 20 000 Fuß- und rund 40 000 Buswallfahrern sowie etlichen tausend „Normaltouristen“ boomt der Souvenirhandel. Da gibt es neben geschmacklosen Dingen auch recht ansehnliches, wie z. B. Mineralien und Gesteine. Dabei sollte man allerdings vom Kauf von Tropfsteinen absehen, die leider auch angeboten werden. Sie wurden unrechtmäßig durch Höhlenvandalen entwendet und verlieren im Wohnzimmer den ihnen eigenen Glanz. Was Jahrtausende schufen, wird so zerstört.

Wer die Schönheit der Tropfsteine vor Ort bewundern will, kann eine der drei Schauhöhlen besuchen. Die bekannteste ist sicher die Teufelshöhle bei Pottenstein. Sommer wie Winter herrschen 9° C. Ein Besuch dauert 45 Minuten und ist sehr empfehlenswert. Der Zauber der unterirdischen Welt nimmt jeden gefangen. Die Luft ist so sauber, dass Lungenkranken darin Atemwegstherapien verordnet werden.

TIPP

Zwischen Behringersmühle und Pottenstein liegt Tüchersfeld in wildromantischer Lage. Zwei Burgen waren hier angelegt worden. Die eine wurde im Hussitenkrieg zerstört, die andere letztlich im Dreißigjährigen Krieg. In ihren Ruinen siedelten sich Anfang des 18. Jahrhunderts Juden an. Nach einem Feuer Mitte des 18. Jahrhunderts wurde der heutige malerische Judenhof angelegt. Bis 1870 war der Hof von Juden bewohnt, bis er wegen Überalterung und Wegzug der letzten Bewohner aufgegeben wurde. Jetzt ist er hervorragend renoviert und beherbergt das Fränkische Schweiz-Museum.

Aufseß

Von Behringersmühle gelangen wir durch das Wiesenttal über Doos – Voigendorf – Wüstenstein ins Aufseßtal.

Im Aufseßtal finden wir die Burgen Unter- und Oberaufseß, die ihre Enstehung einer kleinen Familienfehde verdanken. Die Familie war sich in der Glaubensrichtung nicht einig. Sehenswert ist die Burg Unteraufseß, die schon im 12. Jahrhundert erwähnt wird. Sie ist Stammsitz der Familie, wurde jedoch mehrfach zerstört. Aus der Gründungszeit hat sich das sog. Meingozhaus und der Rabenturm erhalten. Die Ausstattung des Meingozhauses geht auf Hans von Aufseß (1801–1872) zurück. Er war Gelehrter und passionierter Sammler und gründete das Germanische Nationalmuseum in Nürnberg. Er soll, so sagt man, in diesem Haus mit seinem Leibdiener gelebt haben, wenn er sich mit seiner Frau gestritten hat. Die Kapelle im Schlosshof ist Barock und hat einige bedeutende Kunstwerke. Die danebenliegende Totenkapelle diente bei Angriffen als Lebensmittelkammer und manchmal auch als Gefängnis.

Das Schloss selber stammt aus dem späten 17. Jahrhundert und wird noch heute von der Familie bewohnt. Auf Nachfrage kann es besichtigt werden. Information erhalten Sie unter Tel. 0 91 98/6 56.

Morgenländischer Bau in Sanspareil.

Greifenstein

Greifenstein erreichen wir von Aufseß aus Richtung Heiligenstadt nach Westen. Direkt neben der Burg ist ein kleines, bescheidenes Kaffee. Parken kann man gleich bei der Brücke, die zur Burg führt.

Die Burg Greifenstein liegt malerisch über dem Tal. Sie wird erstmals 1172, damals im Besitz der Schlüsselberger, erwähnt. Nach schweren Zerstörungen im Bauernkrieg, inzwischen war sie im Besitz der Streitberger, wurde sie nicht mehr aufgebaut und gelangte nach dem Aussterben des Geschlechts 1691 an den Bamberger Fürstbischof Marquard Sebastian Schenk von Stauffenberg, den Erbauer von Schloss Seehof. Er ließ die Ruine bis 1693 durch seinen Hofarchitekt Leonhard Dientzenhofer in die heutige Form bringen. Gleichzeitig wurde ein französischer Park mit einer schönen Alleezufahrt zum Schloss angelegt. Das Schloss ist zu besichtigen und zeigt neben den beeindruckenden Schauräumen eine Waffensammlung, deren Exponate bis in den Zweiten Weltkrieg reichen.

Burg Greifenstein.

Das Schloss ist heute noch mit dem Namen von Stauffenberg verbunden, ein Name, der durch die Nationalsozialisten traurige Berühmtheit erfuhr. Claus Schenk von Stauffenberg, der Hitlerattentäter, weilte oft auf Greifenstein. Es war die Burg seines Onkels. Als er am 21. Juli 1944 Deutschland von seinem Diktator befreien wollte und dieser Versuch fehlschlug, sollte Greifenstein geschleift werden. Das konnte im letzten Moment verhindert werden. Die Burg wurde enteignet, das Mobiliar verschleudert, alle Familienmitglieder wanderten ins Gefängnis oder ins Konzentrationslager. Kinder unter 15 Jahre wurden unter neuem Namen in Umerziehungsheimen untergebracht. Sonderfahrten mit dem Zug wurden von Nürnberg aus eingerichtet und den Schaulustigen die Burg als Moloch des Verrats vorgeführt.

Über Heiligenstadt – Burggrub – Geisfeld gelangen wir nach Bamberg zurück.

Sansspareil

Von Gößweinstein aus bietet sich außer der Fahrt über Aufseß und Greifenstein eine zweite Route durch die Fränkische Schweiz an. Sie ist landschaftlich sehr reizvoll und endet am Felsengarten von Sanspareil. Der Weg führt uns von Behringersmühle über Waischenfeld durchs Wiesenttal nach Hollfeld und von dort nach Wonsees – Sanspareil.

Die Felsenlandschaft zu Füßen der Burg Zwernitz wird schon im 15. Jahrhundert erstmals erwähnt und als besonders hervorgehoben. Die Markgräfin Wilhelmine von Bayreuth nutzt die Gegebenheiten und gestaltet einen Landschaftgarten mit ungeahnten Reizen. Wilhelmine war die Schwester von Friedrich d. Gr. und fühlte sich in der fränkischen Provinz nicht sonderlich wohl. So versuchte sie, etwas Glanz in ihr Leben und ihre Umgebung zu bringen, baute z. B. das markgräfliche Opernhaus in der Residenzstadt Bayreuth. So kam ihr der schöne Buchenwald mit seinen phantastischen Felsgebilden unterhalb der Burg Zwernitz gerade recht und sie ließ nach eigenen Ideen durch den Hofarchitekt von Bayreuth Saint Pierre 1745–1748 einen Naturpark anlegen. Angeblich soll bei der ersten Besichtigung eine Hofdame dem markgräflichen Ehepaar gesagt haben: *„Ma foi, c'est sans pareil"* (meiner Treu, das ist ohnegleichen!) und schon hatte der Ort seinen Namen. Und tatsächlich war etwas Unvergleichliches entstanden. Ein Naturpark, ausgestattet mit Skulpturen, Pavillons und Grotten. Als Grundlage wurde Fénélons Erziehungsroman „Les aventures de Télémaque" herangezogen, die Abenteuer des Odysseus und seines Sohnes Telemach. Unversehrt blieb nur das Ruinentheater erhalten und der Morgenländische Bau am Beginn des Parks. In vier Flügeln wurde der Bau um eine Buche herumgesetzt und besitzt lediglich einen großen Speisesaal mit anliegenden Gemächern zur Erholung für das Markgrafenpaar. Der Hofstaat hatte separate Gebäude, die z. T. abgebrochen wurden. Der Küchentrakt ist heute Kaffee. Der Park ist ein Naturereignis und sehenswert, allerdings sollte man bequemes Schuhwerk anziehen, denn er ist sehr weitläufig. Der Morgenländische Bau kann besichtigt werden.

Über dem Park thront die Burg Zwernitz, die schon im 12. Jahrhundert erwähnt ist. Der Bergfried ist noch aus dieser Zeit. Nach Zerstörungen im Bauernaufstand und im Dreißigjährigen Krieg wurde die Burg als Staffage für den Felsengarten im Barock wieder aufgebaut und beeindruckt heute besonders durch ihre Lage. Auch sie kann besichtigt werden.

Die Rückfahrt nach Bamberg erfolgt über Freienfels auf die B 22 nach Scheßlitz vorbei an der Quelle der Wiesent. Die Strecke ist landschaftlich wunderschön.

Burg Zwernitz.

Der Steigerwald und die Haßberge

Im Westen von Bamberg

Zehn der 17 bayerischen Naturparks liegen in Franken. Steigerwald und Haßberge sind zwei davon. Laut Bundesnaturschutzgesetz handelt es sich dabei um einheitlich zu pflegende und zu entwickelnde Gebiete, die überwiegend Landschaftsschutz- oder Naturschutzgebiete sind und die sich wegen ihrer landschaftlichen Voraussetzungen für die Erholung besonders eignen. Nach den Grundsätzen und Zielen der Raumordnung und Landesplanung sind sie für die Erholung und den Fremdenverkehr vorgesehen. Der Naturpark Haßberge umfasst eine Fläche von ca. 80 000 ha. Sie wird begrenzt vom Maintal im Süden, vom Grabfeld und Thüringen im Norden. Die Haßberge sind das Land der Burgen und Schlösser, von denen 41, wenn auch zum Teil nur als Ruinen, nachweisbar sind. Dazu kommen archäologische Funde von 20 vorgeschichtlichen Fliehburgen und Wehranlagen.
Das Maintal bildet die Brücke zum benachbarten Naturpark Steigerwald. Er wird im Süden durch das Aischtal begrenzt. Der Name Steigerwald deutet darauf hin, das das Gebiet früher feucht und sumpfig war und dass es deshalb für Reisende und Kaufleute besser war, die „Steigen", also die Höhenwege zu benutzen. Wir beginnen unseren Ausflug in das waldreiche Gebiet westlich von Bamberg mit dem Besuch von

Pommersfelden

Wir erreichen Pommersfelden über die B 22 Richtung Würzburg. Kurz nach dem steilen Debringer Berg zeigt uns der Wegweiser die Richtung nach links. Am Schloss in Pommersfelden, unserem Ziel, gibt es PKW-Parkplätze und Gastronomie.

Nach dem Ableben des letzten Truchsess von Pommersfelden im Jahr 1710 erbte Lothar Franz von Schönborn die Herrschaft und hatte zunächst die Absicht, das alte Wasserschloss in der Ortsmitte umzubauen. Doch bei einer Ortsbesichtigung wurde klar, dass man diese *„speluncam latronum"*, diese Räuberhöhle, wie aus des Fürstbischofs Mund verlautet, unmöglich seinen Ansprüchen anpassen könne. Alle Gebäude sind *„ganz vermorscht und verfaulet"* und rasch ist der Entschluss gefasst, das alte Schloss abzureißen und von Grund auf neu zu errichten. Gefördert wurde dieser Entschluss durch ein Geldgeschenk des Kaiserhauses in Wien, namentlich Kaiser Karls VI. Lothar Franz von Schönborn hatte bereits 1707 die protestantische Prinzessin Elisabeth-Christine von Braunschweig vom rechten Glauben überzeugt und ihre Konversion im Bamberger Dom vollzogen. Erst jetzt konnte Karl seine Elisabeth heiraten. Als Lothar Franz dann 1711 dem umstrittenen Habsburger bei seiner Wahl auf den Thron verhalf, dankte dieser ihm mit einer Dotation von 100 000 Gulden. Der höchstbesoldetste Beamte des Hofstaates hätte dafür 20 Jahre und 8 Monate arbeiten müssen.

„Über dem Pommersfeldischen riss bin ich mit meinem Bamberger baumeister begriffen und will erweisen, dass man auch hierzulanden etwas hübsch machen kann", so schreibt er seinem Neffen nach Wien. Der genannte Bamberger Baumeister ist Johann Dientzenhofer, den Lothar Franz sogar nach Wien schickt, damit er bei den dortigen Architekten ein bißchen über die Schulter schaue. Die *„herren virtuosi"*, so nannte Lothar Franz die Wiener Bauleute, mussten jedoch feststellen, das Johann Dientzenhofer *„schon alles weiß"*.

Im Oktober 1711 wird der Grundstein zum Neubau gelegt. Lange schon hatte man die Absicht verworfen, das Schloss im Ort an der Stelle der Truchsess'schen Wasserburg errichten zu lassen. Die Anlage hätte in den geplanten Dimensionen dort nie Platz gefunden. Bauplatz wird nun eine leichte Anhöhe südöstlich des Dorfes. Die Planung liegt von Anfang an in den Händen von Johann Dientzenhofer, doch wird Johann Lukas von Hildebrandt als Berater und Maximilian von Welsch als Erbauer des Marstalles hinzugezogen. Die ersten Entwürfe waren so gewaltig, dass sogar der vom „Bauwurm" besessene Lothar Franz bremst, denn *„nicht allzeit werden fürsten alldahr wohnen"*. Trotzdem ist er der Ansicht, dass durchaus etwas Besonderes entstehen solle *„zur freudt und gemächlichkeit des hausherren"*. Außerdem denkt er auch an *„zukünfftige weib und kinder"*, denen er ein *„recht schönes und gemachliches cavaliershaus"* hinterlassen will.

Das große Treppenhaus seines Schlosses entwirft der Fürstbischof selbst. Es stößt auf Kritik bei seinen Kavalieren, auch bei renommierten Architekten, doch er beharrt auf die Verwirklichung: *„Meine Stieg muß bleiben, als welche von meiner invention und mein meisterstuck ist."* Er erklärt sich jedoch bereit, den Rat des Wiener Architekten Hildebrandt anzuhören. Hildebrandt wird zu einer Inspektion der Festungsanlagen nach Mainz beordert und unternimmt auf dieser Reise einen Abstecher nach Pommersfelden. Die Kosten für diese *„bagatellreise"* trägt das Erzstift Mainz. Das Treppenhaus wurde die größte Attraktion des Schlosses, eines der bedeutendsten Treppenhäuser der Barockzeit überhaupt. 8000 Kubikmeter umbauter Raum, in dem der fürstliche Anspruch perfekt zum Ausdruck kommt. Das Treppenhaus dient der Hofzeremonie. Das Ansehen des Gastes wird deutlich, wie weit der Fürstbischof dem Ankommenden entgegengeht. Wenn der Neffe von Lothar Franz, der Kardinal-Fürstbischof von Speyer zu Besuch kam, mied er die Haupttreppe und benutzte eine Seitenstiege, einfach um dem Problem aus dem Weg zu gehen, ob er als Kardinal der katholischen Kirche oder sein Onkel als Reichserzkanzler rechts gehen dürfe. So vermied er das „Treppentheater" von Podest zu Podest.

Die Hofseite von Schloss Weißenstein.

Pommersfelden, Treppenhaus.

Lothar Franz eilt es mit seinem Schlossbau. Nach 6 Jahren ist der Rohbau fertig, ein weiteres Jahr brauchen die Innenausstatter. Als Künstler für den Weißen Saal verpflichtete er den kaiserlichen Hofmaler Rottmayr. Rottmayr war in Wien gerade geadelt worden, trug nun den Titel „von Rosenbrunn" und verblüffte bei seiner Ankunft in Franken durch sein Gefolge. Dergleichen war man bei Handwerkern und Künstlern nicht gewohnt und so wird spöttisch berichtet, dass *„der Rottmeyr von Rosenbrunn und malereiwurmbockshausen mit seinem weib, tochter und tochtermann, einem bedienten, einem hund und 24 kisten angelangt sey."* Peinlich war Lothar Franz darauf bedacht, von allem das Beste zu bekommen und im europäischen Baugeschehen eine Sonderstellung einzunehmen. So war er hochnervös, als der französische Architekturpapst Germain Boffrand in Pommersfelden einen Besuch macht. Sehr zur Freude des Fürstbischof bemerkt er, dass man in Frankreich nichts Vergleichbares findet. Dies ist für den Fürstbischof Anlass genug, das Schloss in einer Stichfolge zu veröffentlichen und an befreundete Fürsten und Sammler zu versenden.

Noch heute befindet sich Schloss Weißenstein in Pommersfelden in Schönbornbesitz und dient der Familie als Sommersitz. In einer großen Führung können die wichtigsten Räume besichtigt werden. Über das bedeutende Treppenhaus gelangt man in den Weißen Saal. Er liegt direkt über der Sala Terrena, dem Gartensaal, mit einem beeindruckenden freitragenden Gewölbe. Von besonderer Raffinesse ist das Spiegelkabinett, das der Hofschreiner Plitzner mit unvergleichlichen Intarsien verzierte und das mit bedeutenden Chinoiserien bestückt ist. In der fürstlichen Gemäldegalerie kann man die Sammelleidenschaft des Erbauers ahnen. Das Schlafzimmer des Fürstbischofs und eine gedeckte Tafel geben Einblicke in die Lebensgewohnheiten.

Der gegenüberliegende Marstall ist heute zum Hotel umgebaut. Durch seinen Rückschwung mildert er den starken Vorstoß des Treppenhausrisalits des Schlosses ab. Schloss Pommersfelden gehört zu den vornehmsten Schlossbauten des 18. Jahrhunderts und ein Besuch wird unvergesslich bleiben.

TIPP

Vier Wochen im Sommer (Mitte Juli bis Mitte August) wohnen junge Musiker aus aller Welt kostenlos im Schloss. Diese Zusammenkunft dient dem gegenseitigen Erfahrungsaustausch. Die angehenden Künstler geben im Weißen Saal des Schlosses öffentliche Konzerte und Kammermusikabende, die von hohem Niveau sind. Schirmherr des „Collegium Musicum Schloss Pommersfelden e.V." ist Carl Graf von Schönborn-Wiesentheid.

Auskunft und Kartenverkauf:
Schloss Weißenstein,
Tel. 0 95 48/9 81 80,
www.schoenborn.de
info@schloss-weissenstein.de

Burgwindheim

Von Pommersfelden fahren wir über Küstergereuth nach Norden auf die B 22 Richtung Würzburg und erreichen alsbald Burgwindheim.

Direkt an der Straße liegt das ehemalige Amtsschloss des Klosters Ebrach. 1720–1725 wurde das beeindruckende Gebäude errichtet. Die imposante Lage auf einer Terrasse über der oft Hochwasser führenden Rauhen Ebrach wird erst deutlich, wenn man vor dem Schloss links abbiegt und das Gebäude umfährt. Der Architekt ist unbekannt, sicher aber war es einer der Großen seiner Zeit. Der Mittelbau ist quadratisch und besteht aus einem einzigen Saal. Daraus entwickeln sich in dreifachem Vorsprung klug durchdachte Eckrisalite, die bemerkenswerte Dächer erfordern. Das Schloss dient heute als katholisches Pfarrhaus und Kindergarten.

Etwas vom Schloss entfernt, auch direkt an der Hauptstraße, steht die Jakobuskirche. Sie zeigt sich äußerlich sehr schlicht, das Innere ist dagegen in prachtvollstem Rokoko ausgestattet. Der Entwurf für diese Ausstattung dürfte von Balthasar Neumann stammen und bedeutende Künstler führten ab 1753 seine Vorschläge aus. So Wolfgang van der Auwera die Altäre und den Stuck und Peter Wagner das Figürliche. Besonders beeindruckend ist die mächtige Spiegeldecke mit Gemälden von Anton Clemens Lünenschloss, ein Künstler, der stark unter dem Einfluss von Tiepolo stand. Die Bilder zeigen Darstellungen der Wallfahrtslegende. 1465 hatte sich bei der Fronleichnamsprozession ohne menschliches Zutun und ohne erkennbare äußere Einflüsse die Monstranz geöffnet und die Hostie war zu Boden gefallen. Der Pfarrer war wie gelähmt und nicht in der Lage, das Allerheiligste vom Boden aufzuheben. Der eilends herbeigerufene Abt vom Kloster Ebrach barg die Hostie.

Dieses „Wunder“ führte zum Entstehen einer Wallfahrt und dem Bau einer Kapelle an genannter Stelle. Diese Kapelle sollte im Barock nach Plänen Leonhard Dientzenhofers erneuert werden. Doch dazu kam es nicht. Das alte Gotteshaus ist meist verschlossen und nicht sehenswert.

Schloss Burgwindheim.

Ebrach

Wenige Kilometer nach Burgwindheim erreichen wir über die B 22 das ehemalige Zisterzienserkloster Ebrach. Parkplätze sind direkt im Kloster vorhanden. Gute Gastronomie.

Das Kloster Ebrach ist die älteste rechtsrheinische Zisterziensergründung in Deutschland. 1127 wurde das Kloster von den Ministerialen Berno und Richwin von Ebrach an der Stelle ihres Stammsitzes gestiftet. Es erhielt seinen Namen nach dem Bachlauf, an dem es lag. Die Legende sagt, man habe es ursprünglich an einer anderen Stelle erbauen wollen, doch nachts haben zwei Kröten das tagsüber Errichtete wieder eingeworfen, so dass man nicht vorankam. An anderer Stelle habe zur gleichen Zeit ein Eber einen goldenen Abtsstab aus dem Boden gewühlt. Da erkannte man Gottes Fingerzeig und wechselte den Bauplatz. Der Hochaltar der neuen Kirche wurde an der Stelle errichtet, wo der Abtsstab lag. Den Eber nahm man ins Klosterwappen auf.

Der Stifter Berno trat selbst ins Kloster ein, die anderen Mönche und Abt Adam kamen aus Morimond. Besondere Förderung erfuhr das Kloster durch den Staufer Konrad III., der schon vor seiner Königswahl 1138 versuchte, Franken zu seinem Reichsland aufzubauen. Seine Frau Gertrud von Sulzbach und sein Sohn Herzog Friedrich zu Rothenburg fanden in der Klosterkirche ihre letzte Ruhestätte. Wegen dieser besonderen Förderung galt die Staufferfamilie als Mitstifter. Der erste Abt Adam war eine schillernde Persönlichkeit. Er war häufig im Dienst Konrad III. unterwegs, stand in enger Verbindung mit Hildegard von Bingen und war Vertrauensmann von Bernhard von Clairveaux. So kam Ebrach rasch zu Aufschwung und Ansehen. Schon während der Zeit des Abtes Adam (1127–1167) wurden von Ebrach aus sechs Tochterklöster gegründet. So wundert nicht, dass die erste Abteikirche, die man schon 1134 geweiht hatte, abgerissen wurde und man 1200 mit dem Neubau einer Grabkapelle und der bis heute stehenden Kirche begann. Die Kapelle hatte man als Grablege für den Klostergründer Berno an das Querhaus der Abteikirche gebaut und dem hl. Michael geweiht. Sie zeigt

Westansicht der Kosterkirche Ebrach mit schöner Fensterrose.

sich bis auf den heutigen Tag unverändert in ihren romanischen Formen. Nach ihrer Fertigstellung 1208 – inzwischen hatte man die alte Kirche abgerissen – begann man mit dem Bau der neuen Abteikirche, die 1285 geweiht wurde. Der Außenbau ist nüchtern und nach zisterziensischer Bauvorschrift ohne bedeutende Bauzier. Die einzigen Gliederungselemente sind die Strebepfeiler, die die kreuzförmige Basilika rhythmisieren. Schmuckfreudiger zeigt sich die Westfassade mit der mächtigen Fensterrose, eine Weiterbildung der Querhausrose von Notre Dame in Paris. Damit verstießen die Mönche bereits gegen ihre Gepflogenheit der Askese. Denn wie schreibt der Ordensgründer Bernhard von Clairveaux in einer Streitschrift gegen den Bauluxus 1123: *„Ich übergehe der Kirchen ungeheure Höhe, maßlose Länge, überflüssige Breite, verschwenderische Steinmetzarbeit und die Neugier reizenden Malereien, die den Blick der Betenden auf sich lenken und die Andacht verhindern und für mich gewissermaßen den alten Ritus der Juden repräsentieren. ... Außerdem ... was machen dort jene lächerlichen Monstrositäten, ... was sollen dort unreine Affen? Was wilde Löwen? Was monströse Zentauren? ... Mit einem Wort, so viel, so wunderbare Mannigfaltigkeit verschiedener Geschöpfe erscheint überall, dass man eher in den gemeißelten als in den geschriebenen Werken liest; sich lieber den ganzen Tag damit beschäftigt, derlei zu bestaunen, als das Gesetz Gottes zu bedenken. Wenn man sich der Albernheiten schon nicht schämt, warum gereuen dann nicht die Kosten?"* So wurden nicht nur Wandmalereien in den Kirchen untersagt, sondern auch Buntglasfenster oder Mosaikböden.

Gartenansicht des Klosters Ebrach.

1525 wurde das Kloster im Bauernaufstand verwüstet, doch tatkräftigen Äbten gelang ein rascher Wiederaufbau. Kurz vor dem Dreißigjährigen Krieg wurde die Kirche 1610–1614 vollständig mit Pflanzendekor ausgemalt, vergleichbar der noch existierenden Malerei in der Klosterkirche von St. Michael in Bamberg. Nur in der Katharinenkapelle im Chor hat sich diese Malerei erhalten. 1631 wird das Kloster durch die Schweden verwüstet, die obendrein den Klosterschatz rauben, der im Würzburger Klosterhof eingelagert war. Durch hohe Kontributionszahlungen dauerte das Abtragen der Schulden lange. Die wirtschaftliche Gesundung gelang in der Frühbarockzeit, besonders auch durch die Einführung der ertragreichen Silvanerrebe 1665. Der neue Wohlstand führte zum Entschluss, die Klostergebäude den barocken Repräsentationsansprüchen anzupassen und von Grund auf neu errichten zu lassen. Man berief den in Waldsassen schon bewährten Leonhard Dientzenhofer. Er plante eine überdimensionierte Anlage um mehrere Innenhöfe. Von diesem Projekt entstand zwischen 1688 bis 1702 ein Teil des Bibliotheks- und Kanzleitraktes, sowie anschließend an die Kirche der Nordflügel mit Abtskapelle und Erker. Es kommt

„Geistlicher" Erker an der Nordfassade.

Bemerkenswert sind die flankierenden Erker. Der linke „geistliche" Erker zeigt das Wappen des Klosters und seiner Tochterklöster. Der rechte „weltliche" Erker bezieht sich auf die Wohltäter des Klosters und zeigt den Reichsadler, den staufischen Löwen und die Sulzbacher Lilien für König Konrad III. und seine Familie. Darunter sieht man den fränkischen Rechen der Würzburger Bischöfe, flankiert von den Wappen der Grafen von Castell und Freiherren von Fuchs. Unten dann die Herren von Windsheim, der Familien Teufel aus Würzburg und Holzschuher aus Nürnberg. Betritt man die Klosteranlage durch das Hauptportal, so gelangt man in das bedeutende Treppenhaus und von dort in den Kaisersaal. Beides kann im Rahmen einer Führung besichtigt werden.

dann zu einer Stagnation der Bauarbeiten, in die der Tod des Architekten Leonhard Dientzenhofers 1707 hineinfällt. Erst mit der Neuwahl des Abtes Wilhelm Sölner 1714 wird nun mit Hochdruck, aber nicht mehr nach Dientzenhoferplänen weitergebaut. Dort, wo Dientzenhofer geschlossene Binnenhöfe vorgesehen hatte, öffnet sich jetzt ein weiter Ehrenhof. Auch andere Details wurden gravierend verändert. Wer der Architekt des neuen Konzepts ist, konnte bis heute nicht schlüssig geklärt werden. Als Bauleiter wird urkundlich Joseph Greising genannt, auch der Name Balthasar Neumanns taucht auf. Sein Anteil dürfte sich aber auf wassertechnische Fragen beschränkt haben.

Die Klosteranlage beeindruckt noch heute durch ihren geschlossenen Erhaltungszustand. Von Bamberg kommend durchfährt man das barocke Bamberger Tor und hat sofort die Kirche neben sich. Das Straßenniveau ist im Barock erhöht worden. Dann kommen die Konventsgebäude ins Blickfeld. Besonders schön ist die Schauseite zur Straße. Der durch Säulen mächtig betonte Mittelrisalit trägt die Inschrift „FUNDANT ET ORNANT" und bezieht sich auf die darüber stehenden Skulpturen. Auf dem Scheitel eine Personifikation der Ecclesia, auf den Giebelschrägen König Konrad III. und sein Sohn Herzog Friedrich, über den Ecken die Stifter Berno und Richwin.

Auf der anderen Straßenseite, gegenüber der Klosteranlage, liegt über großen Kelleranlagen ein Garten mit Orangerie. Geht man um den Nordflügel des Klosters herum, so steht man im beeindruckenden Ehrenhof, im Rücken den Abtsgarten mit dem Herkules-Antäusbrunnen von Jakob van der Auwera. Um 1740 war die Barockisierung des Klosters abgeschlossen. Doch noch einmal entschlossen sich die Mönche zu größeren Veränderungen. 1778–1791 wird die Abteikirche im klassizistischen Stil durch den Würzburger Künstler Materno Bossi ausgestattet. Die Gliederung des gotischen Baus blieb trotzdem bis in die Gewölberippen erkennbar. Im rechten, südlichen Querarm sieht man eine plastische Darstellung des Pfingstwunders, flankiert von Figuren des Stifters Berno und des ersten Abtes Adam. Direkt gegenüber im Nordquerarm findet sich der hochbedeutende Bernhardsaltar. Dieser Renaissancealtar ist das Hauptwerk des aus Nürnberg stammenden Künstler Veit Dümpel und entstand 1623–1626 aus Alabaster und Marmor. Er zeigt Geschehnisse aus dem Leben des heiligen Ordensgründers, unter anderem auch das sogenannte „Bernhardskreuz". In einer Vision glaubte Bernhard, der in Glaubenszweifel geraten war, Christus würde sich vom Kreuz lösen, um ihn in die Arme zu schließen. Diese Darstellung des sich vom Kreuz lösenden Herrn, der den Mönch Bernhard umarmt, ist ein sehr beliebtes, aber rein zisterziensisches Thema gewesen.

Hinter dem Hochaltar finden sich Grabmale Würzburger Bischöfe aus der Zeit um 1300. Es war Tradition, dass das Herz der Würzburger Bischöfe in Ebrach, die Eingeweide in der Marienkapelle auf der Burg und die Körper im Dom zu Würzburg beigesetzt wurden. In einer der Nischen auch das Grab der Stauferkönigin Gertrud und ihres Sohnes Friedrich. Ersteres von ca. 1520, die Grabplatte des Sohnes aus dem 17. Jahrhundert.

Großbirkach

Von Ebrach lohnt ein Abstecher nach Süden in den Ort Großbirkach. Wir zweigen nach dem Kloster links von der B 22 auf die Steigerwaldhöhenstraße Richtung Großgressingen ab und gelangen auf landschaftlich reizvollem Weg nach Großbirkach. Den Schlüssel für die Kirche erhält man bei der Pension im Ort.

Die Kirche liegt frei auf einer Anhöhe außerhalb des Ortes und ihre Geschichte reicht zurück bis in die Zeit Karls d. Gr. Auf seine Initiative hin kam es zu einer Welle bedeutender Klostergründungen. Zu ihnen gehörte Münsterschwarzach, das 816 etwa 18 km entfernt als Megingaudeshausen im Schwarzachtal gegründet wurde. Missionierend sollen die Benediktiner des Klosters hier in Großbirkach eine befestigte Taufkapelle errichtet haben, möglicherweise an der Stelle einer heidnischen Kultstätte. Dafür spricht auch das Patrozinum des hl. Johannes und vor allem der bedeutendste Schatz der Kirche, ein Relief, das zu den ältesten Kunstwerken in Franken zählt. Es entstand zwischen 1034–1046, als Wolfherus Abt in Münsterschwarzach war. Sein Name „Wolfherus Abbas" findet sich als Inschrift auf der Steinplatte. Unter der Inschrift sehen wir eine Darstellung des hl. Johannes, in der Hand eine Scheibe mit dem Lamm Gottes, flankiert von zwei fränkischen Adeligen, die dem Heidentum abschwören. Johannes steht auf einem geduckten Tierkopf, was uns andeutet, dass das Lamm, also das Christentum, über das Heidentum siegt. Das Relief ist 130 auf 70 Zentimeter und dürfte wohl ein Geschenk des Mutterklosters an die Taufkapelle gewesen sein.

Das Relief hängt im Turmuntergeschoss, das zugleich der Chorraum der Kirche ist. Dieser Bauteil stammt noch aus dem 12. Jahrhundert. Die übrige Kirche wurde als Ersatz für den Vorgängerbau im 13. Jahrhundert errichtet. Ein kleiner, aber durch seine Anlage als Zackenportal doch beeindruckender Eingang findet sich am Langhaus. In seiner Form ist er dem Adamsportal des Bamberger Domes verwandt und sicher auch von dort beeinflusst. Der Turm der Kirche zeigt auf seiten des Portals bis heute nicht gedeutete menschliche Darstellungen. Hoch oben neben den Schallöffnungen sehen wir einen sitzenden Mann, die Hände auf die Knie gestützt und als Pendant einen Stehenden mit gekreuzten Armen. Am Sattelstein der Schallarkade befindet sich noch ein primitiver Kopf. Die Darstellungen werden einerseits als Götterdreiheit gedeutet, die man in der Nähe der geweihten Glocken anbrachte, um das Böse abzuwehren. Andere sehen darin gefesselte Dämonen, die durch das Christentum besiegt seien.

Pfarrkirche von Großbirkach.

Ehemaliges Zisterzienserinnenkloster Mariaburghausen.

Mariaburghausen

Wir fahren auf der Steigerwaldhöhenstraße zurück nach Ebrach, durchqueren den Ort und setzen unsere Fahrt auf der Höhenstraße fort. Über Untersteinbach gelangen wir nach Fabrikschleichach, ein Ort, der seinen Namen von der 1747 durch Balthasar Neumann eingerichteten Glasfabrik hat. Es war mit der angeschlossenen Spiegelschleif- und Beleganstalt in Würzburg das größte Industrieunternehmen im damaligen Hochstift Würzburg. Es folgt Unterschleichach. Dort biegen wir links ab Richtung Haßfurt und kommen über Knetzgau nach Mariaburghausen.

In Mariaburghausen finden wir bedeutende Reste eines ehemaligen Zisterzienserinnenklosters. 1098 hatte der Wanderprediger Robert von Molesme in der französischen Champagne das Kloster „Cistercium" gegründet. Das Leben in diesem Kloster war geprägt von einer starken Marienverehrung. Missionarische Aufgaben setzte man sich nicht, durch die Kultivierung unwirtlicher Gegenden war der Orden eher wirtschaftlich-kolonisatorisch orientiert. 1112 trat Bernhard mit 30 von ihm geworbenen Männern in dieses Kloster ein und mit diesem neuen Potential an Mönchen konnten vier Tochterklöster gegründet werden, u.a. Clairveaux, dessen erster Abt Bernhard wird, der fortan Bernhard von Clairveaux genannt wird. Durch ihre strenge Organisation kamen die Klöster rasch zu Wohlstand und Ansehen und das zisterziensische Leben wurde zu einer Massenbewegung. Ganze Orden traten über, so dass das Generalkapitel 1228 ein Aufnahmeverbot erließ.

1055 entsteht das erste Frauenkloster. Ihre Zahl stieg im 12. Jahrhundert auf mehr als tausend. Da die Frauenklöster immer dem Abt eines Männerklosters unterstellt waren, kam es rasch zu Verwaltungsproblemen und auch hier zunächst zum Neugründungsverbot, das im 13. Jahrhundert aufgehoben wurde.

1237 gründete die Adelige Jutta von Heilgenthal mit Genehmigung des Bischofs Hermann von Lobdeburg zwischen Schweinfurt und Hofheim ein Kloster, das 1243 nach Marpurgehausen, also an die heutige Stelle verlegt wird. Das Kloster erwarb sich im 14. Jahrhundert einen bedeutenden Reliquienschatz und wurde so auch zum Wallfahrtsort. Im 15. Jahrhundert ließen Zucht und Ordnung jedoch so nach, dass Äbtissin Barbara von Lamprecht sogar strafversetzt wurde. Nachdem das Kloster den Bauernaufstand nur als Ruine überstand, lebte 1543 nur noch eine „Konventsperson" im Kloster. Dennoch konnte sich die Dame nicht zur Aufnahme bürgerlicher Frauen entschließen. Sie blieb eine Äbtissin ohne Konvent und so wurde das Kloster 1582 von Bischof Julius Echter von Mespelbrunn aufgelöst. Die ca. 300 ha Wiesen und Felder wurden der Würzburger Spitalstiftung einverleibt.

Geblieben sind vom Kloster die beeindruckende Kirche und der Westflügel der Konventsgebäude. Die Klosterkirche von Mariaburghausen ist ein typisches Bauwerk zisterziensischer Ordnung. Sie entstand nach einem Brand 1287 bis etwa 1350 und ist einschiffig, ohne Turm. Sie zeigt die klassische Zweiteilung in einen zweigeschossigen Westteil mit Nonnenempore und Gruft und den Chor. Nach Norden schlossen sich die Klostergebäude an.

Die Gottesdienste für die Nonnen wurden von einem externen Priester oder Mönch gehalten, der ins Kloster kam. Er zelebrierte im Chorraum unter Teilnahme von Laien, die in diesem Bereich Platz nahmen. Die Nonnen selbst durften weder ihren Klausurbereich verlassen, noch von Fremden gesehen werden. Sie nahmen am Gottesdienst auf der sogenannten Nonnenempore teil, die sich im Westteil der Kirche befand. Diese Empore war ein völlig isolierter Bauteil, der nur vom Dormitorium, d. h. aus dem Schlafsaal der Nonnen begehbar war. An der Nonnenempore war in der Regel ein Balkon zum Chor, der durch eine Tür von den Nonnen betreten und durch eine zweite wieder verlassen wurde. Hier erhielten sie vom Priester die Kommunion. Unter der Nonnenempore befand sich die Gruft der Nonnen. Einige schöne Grabsteine haben sich hier erhalten.

Im Chorbereich befindet sich ein bravouröser kleiner Seitenaltar. Er wurde um 1750 gearbeitet und umschließt eine ältere Madonna von ca. 1490. In diesem Bereich waren die Grablegen der umliegend wohnenden Adeligen. Unter ihnen ist das Epitaph des Heinrich von Seinsheim, eine würzburgische Arbeit von 1345, bemerkenswert. Von den Klostergebäuden im Norden sind zwei Flügel erhalten, die im 17. Jahrhundert umgebaut wurden. Im gesamten Komplex befindet sich jetzt das Universitätsforstamt Würzburg.

Haßfurt

Von Mariaburghausen über den Main hinweg sind es nur wenige Fahrminuten bis Haßfurt.

Haßfurt ist eine planmäßige Gründung des Würzburger Bischofs Hermann von Lobdeburg und entstand 1230 rechteckig auf rasterförmigen Grundriss. Der Ort erhielt sofort Stadtrecht und eine Ummauerung. Die Hauptstraße läuft von West nach Ost mainparallel. Die Tortürme aus dem 16. Jahrhundert sind bis heute erhalten. In der Mitte des Ortes liegt die Pfarrkirche, deren Grundstein 1390 durch den Würzburger Bischof Gerhard von Schwarzburg gelegt wurde. Sie zeigt sich als breitgelagerte Hallenkirche mit einem mächtigen Dach und zwei schweren Chortürmen. Der besondere Schatz dieser Kirche sind zwei Figuren, die aus Riemenschneiders Hand stammen und drei weitere, die dem Werkstattkreis zugeschrieben werden. Am Ostende des linken Seitenschiffs sehen wir an der Wand die 1,8 m große Maria mit Kind und gegenüber an der Westwand des rechten Seitenschiffs über dem Taufstein die ebenfalls

Stadtturm in Haßfurt.

1,8 m große Figur des hl. Johannes d. T. Beide Figuren gelten heute als eigenhändige Werke des großen Meisters Tilman Riemenschneider. Sie dürften vor 1490 entstanden sein, gehören demnach zu seinem Frühwerk und zeigen bereits die hochrangige Könnerschaft des Künstlers. Sie gehörten zu einem größeren Altarwerk, das die Stadt Haßfurt bestellt hatte, von dem berichtet wird, dass er fünf stehende Figuren besaß, ein Altarwerk, das leider 1697 abgebaut wurde. Aber die Vermutung liegt nahe, dass die drei Figuren der heiligen Kilian, Kolonat und Totnan, die im Hochaltar stehen, ebenfalls zu diesem Altar gehörten, zumal sie in der Größe entsprechen. Sie entstanden wohl durch die Hand des besten Gesellen der Riemenschneiderwerkstatt.

Außerhalb der ehemaligen Stadtbefestigung befindet sich die sogenannte Ritterkapelle. Hier stand bis 1390 die ursprüngliche Pfarrkirche von Haßfurt. Nach ihrer Verlegung in die Stadtmitte, verwendete man die alte Pfarre zunächst als Taufkapelle. 1402 gründete sich eine ritterliche Bruderschaft von Laien und Klerikern beiderlei Geschlechts. Gleichzeitig entsteht eine marianische Wallfahrt. Das führte zum Neubau der vorhandenen Kapelle, deren Grundstein 1431 gelegt wurde. Die Fertigstellung und Weihe erfolgte 1465. Das Äußere ist beeindruckend, wenn auch im 19. Jahrhundert klassizistisch und damit romantisierend überarbeitet. Über dem westlichen Hauptportal sehen wir das seltene Thema des Zuges der Heiligen Drei Könige, das nur fünfmal von deutschen Bauhütten gearbeitet wurde. Eine ebensogroße Seltenheit ist der Gedächtnisstein für Bischof Johann von Brunn, Papst Eugen IV., König Albrecht II. und den damaligen Pfarrer Dr. Johann Lochner, deren Wappen in Kreuzform angeordnet sind. Er findet sich an der Westkante der Südwand, direkt neben der Hasenpforte. Auch sie ist eine Besonderheit.

Der Chor prägt sich durch seine reiche Pfeilergliederung ein. 248 Wappen umziehen in dreifachem Fries den Chor. Vor allem aus dem 15. Jahrhundert liegen Berichte über die Nutzung der Kapelle vor. Bis zu 1000 Ritter zogen in prachtvollen Prozessionen von der Pfarrkirche zur Ritterkapelle und nahmen dort an Gottesdiensten teil. Auch Rittertage wurden in Haßfurt abgehalten.

Das Innere der Kapelle zeigt sich als weite Halle, war einerseits Grablege des Adels, andererseits Wallfahrtsziel von Marienverehrern. Das Gnadenbild, eine am rechten Chor-pfeiler aufgestellte schmerzhafte Muttergottes aus Stein aus der Zeit um 1400, hat sich bis heute erhalten. Um 1600 wurde dieses Gnadenbild durch ein neues verdrängt. Wiederum war es eine Pieta, diesmal jedoch aus Holz. Auch sie hat sich erhalten.

Eine einzigartige Besonderheit findet der Besucher im Portalgewölbe. Man macht einen Schritt ins Innere der Kirche und blickt nach oben. Auf die Rippen des schmalen Gewölbejoches ist ein fast nackter Mann gespannt. Es ist die ikonographisch hochbedeutende Darstellung des neuen Adam. Er hält in den Händen die Symbole der Mäßigung und der Gerechtigkeit, unter den Füßen sieht man die Symbole für Klugheit und Stärke. Das sind die sogenannten Kardinaltugenden, die man im Mittelalter mit dem Kosmos gleichsetzte. Der neue Adam, das ist Christus, symbolisiert das mystische Paradies der allumfassenden Kirche, ein Thema, das damals sicher nur den gelehrten Mitgliedern der adeligen Bruderschaft verständlich war.

Ritterkapelle in Haßfurt.

Der Marktplatz von Königsberg.

Königsberg

Wir erreichen Königsberg, wenn wir Haßfurt nach Norden Richtung Hofheim verlassen. In Oberhohenried biegen wir rechts ab und erreichen alsbald Königsberg.

Der Ort entstand aus einem Königshof, der im Zuge der fränkischen Landnahme des 6. Jahrhunderts erbaut worden war. Nach wechselnden Besitzverhältnissen fiel Königsberg mit sieben zugehörigen Dörfern an das Haus Wettin. Durch die häufige Erbteilung des Hauses gelangte der Ort zunächst an Sachsen-Dresden, dann an Sachsen-Gotha, dann an Sachsen-Römhild, Sachsen-Hildburghausen und 1826 schließlich an Sachsen-Coburg. Nach der Volksabstimmung von 1920 kam die Exklave Königsberg mit ihren sieben Dörfern gemeinsam mit Coburg zu Bayern.

Die Stadtbefestigung des 15. Jahrhunderts hat sich gut erhalten. Durch das Haßfurter Tor gelangt man in den Ort und ist sofort gefangen von den ansprechenden Fachwerkhäusern. Besonders hervorzuheben ist das Haus in der Marienstraße 36. Es entstand 1733 wohl durch den Zeiler Schnitzer Jörg Hoffmann und orientiert sich, wie das Zunfthaus der Brauer in Scheßlitz, am Steinbau.

Romantisch auch der Marktplatz mit Kirche und Rathaus. Auf plätscherndem Brunnen hat man dem großen Sohn der Stadt „Regiomontanus“ ein Denkmal gesetzt. Am Rathaus, das aus dem 15. Jahrhundert stammt, eine Rolandsfigur, die südlichste der eigentlich für den Norden Deutschlands prädestinierten Rolande, Sinnbilder des Marktrechts und der Gerichtsbarkeit.

Die Pfarrkirche überrascht durch ihre Monumentalität und gehört zu den ansehnlichsten Gotteshäusern Frankens. Sie entstand auf den mächtigen Fundamenten eines älteren Profanbaues in der Zeit, als man auch in Haßfurt eine neue Kirche baute. Vielleicht war auch hier Fürstbischof Gerhard von Schwarzburg der Initiator. Die Bauähnlichkeit zwischen beiden Kirchen deutet jedenfalls auf den gleichen Architekten. 1397 wurde der Grundstein gelegt, 1460 wurden die Gewölbe geschlossen. Kurz darauf erfolgte die Weihe. Das Äußere ist reich durch Strebepfeiler gegliedert, die mit Statuen verziert werden sollten. Die Konsolen sind mit frechen und witzigen Figuren verziert, in denen zum Teil Ratsherren und Bürger des Städtchen gesehen werden.

Von der Ausstattung ist ein Renaissancelesepult zu erwähnen, das 1697 durch niedrige Schranken mit der neu errichteten Kanzel verbunden wurde. Die Kanzel zeigt den in Franken besonders in der Renaissancezeit immer wieder zu findenden Moses als Kanzelfuß.

TIPP

Es lohnt ein Abstecher ins nahegelegene Junkersdorf. Es war eines der erwähnten sieben sächsischen und damit protestantischen Dörfern, die erst 1920 zu Bayern kamen. Wir finden hier in einer kleinen Wehrkirche sehenswerte, wenn auch verblasste Fresken aus dem 15. Jahrhundert. An der Ostwand des Chores sieht man das Jüngste Gericht mit dem thronenden Christus. Aus dessen Mund ragen Lilie und Schwert als Symbol für den scharfen, bzw. milden Richtspruch, der die Seeligen und die Verdammten einteilen wird. An der Nordseite besucht St. Leonhard einen Gefangenen, der in der Fußgeige gefesselt ist. Daneben wird St. Veit mit Pech übergossen. An der Südseite kämpft Georg mit dem Drachen und Katharina wird enthauptet. Im Langhaus finden wir die Heiligen Christopherus, Mauritius, Maria Ägyptica und Erasmus. Der heilige Bischof wurde in Spanien St. Elmo genannt. Man rief ihn als Schiffspatron an und erhoffte Bewahrung vor dem Elmsfeuer, eine Büschelentladung an Mastspitzen bei hohem luftelektrischen Potentialgefälle. Daher sieht man bei unserer Darstellung an den Fingerspitzen des Heiligen kleine Flämmchen.

Zeil am Main

Von Königsberg gelangen wir Richtung Südosten über Altershausen und Krumm nach Zeil.

Malerisch ist der Stadtplatz von Zeil, der am höchsten Punkt von einer beeindruckenden Kirche abgeschlossen wird. Selten ist die Westung, d. h. die Ausrichtung des Chores nach Westen. Erst beim Neubau von 1713 hatte man die Kirche liturgisch umgedreht. Der Vorgängerbau besaß einen Chorturm, der im Osten bis heute erhalten blieb und den typischen Fünfspitzenhelm zeigt. Die Ausstattung der Kirche stammt aus der Barockzeit und ist prächtig. An der Decke und den Fensterstürzen prachtvolle Rokokostuckaturen. Sie entstanden gleichzeitig mit den beeindruckenden Deckengemälden von Johann Peter Herrlein 1761. Man sieht das letzte Abendmahl, sowie die leidende, streitende und triumphierende Kirche in dekorativer Scheinarchitektur. Die prachtvolle, ungefasste Holzkanzel stammt aus der alten, leider abgerissenen Bamberger Martinskirche und wurde im 17. Jahrhundert gearbeitet.

Am benachbarten Rathaus aus dem 16. Jahrhundert findet sich noch der Pranger.

Überquert man den Marktplatz von der Kirche aus, so gelangt man in die Hauptstraße. Gleich rechts die Nr. 3 ist wieder ein reich geschnitztes Fachwerkhaus von Jörg Hoffmann. Er hat es 1689 aufgerichtet und verziert.

Der dunklen Geschichte Zeils als Ort der Hexenverbrennungen gedenkt man heute durch ein beeindruckendes Dokumentationszentrum in einem der Stadttürme.

TIPP

In Zeil feiert man jedes Jahr auf dem Marktplatz ein Weinfest. Die Besucher kommen von weither. Den Termin erfahren Sie bei der Gemeindeverwaltung.

Maria Limbach

Wir überqueren bei Zeil den Main und fahren Richtung Sand am Main. Von dort geht es weiter Richtung Eltmann. Alsbald sehen wir auf der rechten Straßenseite die Wallfahrtskirche Maria Limbach.

Schon im 15. Jahrhundert stand hier eine Wallfahrtskapelle, die der Heimsuchung Mariens geweiht war. Unweit davon existiert bis auf den heutigen Tag das Gnadenbrünnlein, durch dessen Wasser der Fürstbischof Friedrich Karl von

Der Markplatz von Zeil mit dem Rathaus (rechts).

Schönborn von einem Hüftleiden geheilt wurde. Er gelobte daraufhin den Neubau einer Kirche, die ab 1751 durch Balthasar Neumann ins Werk gesetzt wurde. Es ist der letzte Bau des großen Meisters und zeigt die betonte Kühle des Alterswerkes. In diesem Sinn sehen wir den Außenbau schlicht mit einer einfachen, aber wohl proportionierten Pilasterfassade. Der Turm steigt über dem Chor empor und zeigt eine feingliedrige Haube, die aus der Feder des erst 18-jährigen Sohnes Franz Ignaz Neumann stammt. Er hatte den Vater während des Baues unterstützt und führte diesen nach seinem Tod fort. Der Vater konnte noch den Vertrag mit dem Stuckateur Luntz in Bamberg schließen, bevor er verstarb. So entstand nach Neumanns eigenen Plänen ein sehr zurückhaltendes Stuckdekor. Die Innenausstattung ist großartig, sicher aber den Vorstellungen Neumanns zuwiderlaufend. Er hätte für seinen klug überlegten, ruhigen, zweischaligen Raum sicher auch eine zurückhaltende Ausstattung gewünscht. So wirkt die lebhafte Rokokodekoration fast störend. 1761 schuf Peter Wagner als ein Jugendwerk den Hochaltar. In zentralem Schrein sieht man das Gnadenbild, die Madonna von ca. 1500. Dieser Altar ist mit seinen marmorierten Holzsäulen eine Weiterführung des ehemaligen Würzburger Domaltares. Die Seitenaltäre sind schlichter, ohne Säulen, aber dennoch sehenswert. Am linken Seitenaltar sieht man den Apostel Thaddäus, den Eremit Antonius und Franz von Paula. Der rechte Seitenaltar nimmt Bezug auf den Stifter der Kirche, Friedrich Karl von Schönborn. Er zeigt den Namenspatron des Bischofs, Carl Borromäus, den hl. Nepomuk, dessen Heiligsprechung die Schönborns betrieben hatten, und Franz von Sales, den Mitbegründer des „Ordens von der Heimsuchung Mariä“. Fürstbischof Friedrich von Seinsheim stiftete 1760 die Seuffertorgel und die prachtvolle Kanzel. Sie ist überreich mit mariologischen Motiven geschmückt. Obenauf sitzt Maria Immaculata in Alabasterweiß mit dem Flammenherz.

Über Eltmann gelangen wir zurück nach Bamberg.

TIPP

Eltmann besitzt eine neoromanische Kirche von 1835–1837, die angeblich von Leo von Klenze entworfen ist. Erhalten blieb der Turm der Kirche, in dessen Untergeschoss man Wandmalereien freilegte. An einem Gewölbebogen sieht man die interessante Darstellung der Heiligen Dreifaltigkeit als ein Kopf mit drei Gesichtern. Dieser Darstellungstypus der „Einheit in der Dreiheit“, bzw. der „Dreiheit in der Einheit“ war früher beliebt, wurde aber wegen monströser Auswüchse später päpstlich verboten.

Untergang und Wiedergeburt

Seehof – ein Schloss und seine Geschichte

Nur wenige Kilometer nördlich von Bamberg liegt Schloss Seehof, das ehemalige Jagd- und Lustschloss der Bamberger Fürstbischöfe. Mit dem Namen des Schlosses ist eine traurige Schicksalgeschichte verbunden, die von strahlenden Glanzzeiten über dunkelsten Niedergang bis hin zu bedeutsamer Wiedergeburt führt.

Ursprüngliche Besitzer dieses wasserreichen Gebietes waren die Freiherren von Rotenhan zu Rentweinsdorf. Sie verkaufen 1489 ihr „Seehaus", eine Jagd- und Fischerhütte mit zugehörigen Weihern und Jagd an den Bamberger Fürstbischof Friedrich III. Groß von Trockau. Der kränkelnder Fürstbischof Johann Georg Zobel von Giebelstadt, der sich nicht gerne in der Stadt aufhielt, ließ um 1580 hier ein stattliches „Fürstenhaus" mit Garten und Wasserspielen anlegen. Es überstand den Dreißigjährigen Krieg nicht.

Die heutige Anlage wurde ab 1687 im Auftrag Fürstbischofs Marquard Sebastian Schenk von Stauffenberg errichtet. Nach ihm wurde das Schloss auch die „Marquardsburg" genannt. Die Bezeichnung „Burg" ist nicht ganz zu Unrecht gewählt. Als einer der ersten Großbauten in Franken nach dem Friedensschluss von 1648 ist die Anlage noch burgartig um einen Hof geschlossen und zeigt nichts von der Offenheit und Weitläufigkeit späterer barocker Dreiflügelanlagen. Eindeutig wurde der Architekt Antonio

Schloss Seehof, Kaskade.

Petrini vom Schloss in Aschaffenburg beeinflusst.

Beim Tod des Auftraggebers 1693 war das Schloss im Rohbau fertig und die Fortsetzung der Bau- und Ausstattungsarbeiten lagen nun in Händen des vom „Bauwurm“ besessenen Bischofs Lothar Franz von Schönborn, der von seinen Hofkavalieren gerne als „Erzbaumeister“ bezeichnet wurde. Er behält die projektierte Konzeption bei, widmet jedoch seine ganze Liebe der Gartenanlage. Sein Neffe und Amtsnachfolger Friedrich Karl von Schönborn, übrigens von der gleichen Familienkrankheit „Bauwurm“ befallen, lässt durch den großen Barockarchitekten Balthasar Neumann die Orangerien entwerfen, um darin „well'sche Fruchtbäume“ zu überwintern. Er ist es auch, der in den zwischen Schloss und Stadt liegenden Wald eine Sichtschneise zur Residenz schlagen lässt. Damit schuf er eine im Barock hochbeliebte optische Fernverbindung zwischen zwei Architekturen, einen „Point de vue“.

Innenhof von Schloss Seehof mit dem Uhrenturm.

Friedrich Karl nutzt die Sommerresidenz sehr viel, um der spanischen Hofetikette in der Stadtresidenz zu entfliehen. Der „hiesige Fürstenkäfig und die täglichen Ceremonialpossen“ seien seinem „genio ein schwerer casus“. Ähnliche Gründe dürften auch die nachfolgenden Fürstbischöfe bewogen haben, Schloss Seehof immer prunkvoller auszustatten. So wurde ab der Mitte des 18. Jahrhunderts der Park durch den Künstler Ferdinand Tietz mit mehreren hundert Sandsteinfiguren verschönert. Seiner Hand verdanken wir auch die einmalige große Kaskade. Der „Weiße Saal“ erhielt sein bis heute bestens erhaltenen Deckenfresko durch den Maler Giuseppe Appiani. Es zeigt *„den aufgang der sonn, die Auroram, Dianam, Pomonam, Cererem, Nilum, Neptunum, Junonem, alles auf jagdhaus, den garten, oeconomie, dann fischerei in Seehof“* ausgerichtet. So ist es im Hofbauamtsprotokoll nachzulesen.

Die Bamberger Fürstbischofe waren, abgesehen von Marquard Sebastian Schenk von Stauffenberg, Friedrich Karl von Schönborn und Adam Friedrich von Seinsheim keine passionierten Jäger. Diese drei frönten ihrem Hobby jedoch sehr intensiv. Die Schlossanlage von Seehof selbst eignete sich nicht zum Jagdschloss. Der Garten war von einer hohen Mauer umgeben und konnte wegen seines teuren und seltenen Pflanzenbestandes nicht als Tiergehege genutzt werden. So wurden, ausgehend von oben genannter Blickschneise nach Bamberg, weitere fünf Schneisen in den Wald geschlagen, die sternförmig in einem sogenannten Jagdtheater nahe des Schlosses zusammenliefen. Das Wild wurde durch die Schneisen in das umzäunte Jagdtheater getrieben und konnte von einem Pavillon aus unter den Augen der Jagdgesellschaft getötet werden. Bejagt wurde Hochwild, das seinen Namen nicht von der Größe der Tiere hat, sondern es handelt sich um Wild, das zu bejagen das Privileg der hohen Herren war. Für das niedere Volk gab es das Niederwild. Zum Hochwild zählt man u. a. Wildschweine, Rehe, Hirsche und Bären. Damit die Tiere nicht aus den Schneisen ausbrachen, wurden zwischen die Bäume Tücher gehängt. Trotzdem gelang es hin und wieder

Schloss Seehof, Weißer Saal nach der Renovierung.

einer gehetzten Kreatur „durch die Lappen" zu gehen.

Solche Schaujagden wurden im Rahmen großer Feste begangen, die gleichzeitig dem Empfang illustrer Gäste dienten, die nicht alle immer begeistert waren. Von der Markgräfin Wilhelmine von Bayreuth, Schwester Friedrichs des Großen, lesen wir kritische Tagebucheintragungen von einem Besuch bei Friedrich Karl von Schönborn in Seehof 1735. Sie mäkelt an der Architektur des Schlosses herum, besonders ungehalten zeigt sie sich jedoch über die Abendveranstaltung: *„Fünf oder sechs Katzen! und ebenso viele deutsche Schreihälse schunden uns vier Stunden lang die Ohren."* Andere Gäste äußerten sich nicht so abfällig, wurde doch alles zu ihrer Unterhaltung getan. So lesen wir von einem mehrtägigen Fest über Pfingsten 1775. Nur ein kleiner Eindruck: *„Nachdem nun zur Tafel geblasen ..., verfügten sich Höchste Herrschaften ... in den von einem Glashaus zierlich gefertigten großen Saal* (Orangerie), *daselbst das Soupé einzunehmen, wo indessen sich Pauken und Trompeten auf einer dazu errichteten Galerie hören ließen. Nach ... Endigung standen ... Gartenchaisen in Bereitschaft, Höchste und andere Herrschaften in das Schloss zurückzuführen. Das Schloss selbst war auf vier Seiten bis in die Höhe mit dem besten Effekt illuminiert, ... alle Hauptgänge des Gartens ... mit hierzu besonders gefertigten Laternen auf das angenehmste beleuchtet. ... Da nun zum vollkommendsten Vergnügen dieser Tag sich geendigt, so geschah die Anwünschung der angenehmsten Ruhe und wurde Feierabend um 2 Uhr.*

Es war der ganze Hof von höchsten Gästen an bis zur Dienerschaft entschlossen, Donnerstag in der Residenzstadt zu speisen, also wurde in dieser heutigen Nacht alles hierzu nötige Personal sowohl als das Silber, Conditorei pp. dahin überführt."

Die Feste sind verrauscht. Die Götterdämmerung setzt für das Prachtschloss unter dem aufgeklärten Philantropen Fürstbischof Franz Ludwig von Erthal ab 1779 ein. Er schaffte Theater, Oper, Jagdfeste und Empfänge ab und ließ einen großen Teil der steinernen Götterwelt des Parks abbauen und einlagern. Schon jetzt begannen die Gartenanlagen zu verwildern.

Mit der Säkularisation 1803 verlor das einstige Fürstbistum seine Souveränität und ging im neu geschaffenen Flächenstaat Bayern auf. Für Seehof bedeutete das zunächst die Plünderung des Inventars und 1840 letztlich den Verkauf.

Die wechselnden Besitzer waren jedoch dem notwendigen Aufwand für die Instandhaltung nicht gewachsen und es kam zum Exodus. Die Fasanerie wird auf Abbruch veräußert, die riesigen Weiher werden zugeschüttet und als Weide verpachtet, der Garten verkommt und wird zum Teil als Acker verwendet, verbliebenes Inventar und Parkfiguren tauchen im internationalen Kunsthandel auf. Selbst die Seidentapeten werden mit Messern aus den Rahmen geschnitten und zu Geld gemacht. Buchstäblich in letzter Minute konnte 1975 der Bayerische Staat verhindern, daß die gesamte Innenausstattung des Festsaales, d. h. Marmorfußboden, Wandbemalung und Deckenfresko, alles in transportable Teile zerlegt, nach USA ging. Schloss und Park wurden vom Freistaat erworben, man brachte hier die Außenstelle des Landesamtes für Denkmalpflege unter und seither wird an der Wiederherstellung gearbeitet. Die Fortschritte sind enorm. Wie Phönix aus der Asche wandelte sich ein Dornröschenschloss zum Traumschloss. Alle Dächer wurden erneuert, die Fassaden in den alten Fassungen gestrichen, viele Parkfiguren zurückgekauft, die Fasanerie nachgebaut und der Park teilweise neu angelegt. Auch die Innenräume wurden nach alten Vorbildern neu ausgestattet. Eigens zu diesem Zweck kamen chinesische Seidenmaler ins Schloss und schufen in monatelanger Arbeit handgemalte Tapeten, Meisterwerke, die nun das ehemalige Audienzzimmer zieren. Ein besonderes Ereignis war 1995 die Fertigstellung und Inbetriebnahme der großen Kaskade, deren Restaurierung und Rekonstruktion ein gutes Jahrzehnt in Anspruch nahm.

Ein Ende der Wiederherstellung von Schloss und Park ist noch lange nicht in Sicht, doch ein Gutteil des Weges ist gegangen. Seehof einst im Glanz des Barock, dann im Dunkel des Verfalls strahlt nun wieder in alter Schönheit.

„Dicht an dem Orte Memmelsdorf liegt das Fürstbischöfliche Lustschloss Marquardsburg oder Seehof. Ein Lusthaus, welches nach den Geständnissen aller dahier gewesenen Fremden ... wenige seines Gleichen hat.“

1799

Orangerie von Schloss Seehof.

Vom Bauwurm besessen

Die Grafen von Schönborn und ihr goldenes Zeitalter

„Schönbornzeiten", dieses Wort ist weder die Schöpfung neuzeitlicher Barockbegeisterung, noch eine Erfindung barocker Hofhistoriographen, sondern aus tieferer Wurzel gewachsen. Unter dem Schatten drohender Kriege um die Wende vom 18. zum 19. Jahrhundert bezeichnete man so die besseren Zeiten Frankens, gleichwohl als Synonym für die „guten alten Zeiten unter dem Krummstab". Damit hat sich der Name dieses Adelsgeschlechts so fest mit Franken verbunden, dass man annehmen könnte, die Schönborns wären seit jeher hier verwurzelt. Tatsächlich stammen sie jedoch aus dem mittleren Lahngebiet und waren „arme Westerwälder Edelleute". Seit dem 12. Jahrhundert nachweisbar, gelang es ihnen erst im 16. Jahrhundert sozial aufzusteigen. Allerdings war dieser Aufstieg so rasant, dass es der Familie in wenigen Jahrzehnten gelang, zu den vornehmsten, einflussreichsten und vermögendsten Geschlechtern des Reiches zu zählen.

Den Anfang der „Schönbornära" markiert das Jahr 1642, als Johann Philipp zum Fürstbischof von Würzburg gewählt wird, den Ausklang bildet der Tod des Trierer Erzbischofs und Wormser Fürstbischofs Franz Georg im Jahr 1756. In dieser Zeit, besonders direkt nach dem Dreißigjährigen Krieg, gelang es den regierenden Schönborn durch Straffung der Regierung und Abschaffung des „alten Kammerschländer" die Wirtschaft zu stabilisieren, die Finanzkraft und damit das Sozialwesen zu sichern, das kirchliche und das öffentliche Leben zu ordnen.

In diesem Familienimperium waren immer die Bischöfe die dominierenden Persönlichkeiten. Alle zeichneten sich durch politisches Geschick und Sensibilität für die Belange der Zeit aus. Alle waren starke Charaktere mit gutem Durchsetzungsvermögen und unerschütterlichem christlichen Glauben. Alle frönten dem teuren Hobby „Baufreudigkeit" und „Mäzena-

Wappen des Fürstbischofs Friedrich Karl von Schönborn.

tentum“, was dem ausgeprägten Familiensinn entgegenkam.

In drei Generationen gelang es den Schönborns zwei Erzbischöfe in Mainz zu stellen, die zugleich Kurfürsten waren. Ein Schönborn besetzte den Kurfürstenstuhl in Trier, zwei die Kathedra in Worms, einer in Konstanz. Das Fürstbistum Bamberg wurde zweimal, das Fürstbistum Würzburg dreimal von Mitgliedern der Familie regiert. Die Würzburger Fürstbischöfe führten zugleich den fränkischen Herzogstitel. Außerdem hatte man einen Kardinal in der Familie und war im Maltheser- und Deutschherrenorden vertreten. Das Reichserzkanzleramt hatten die beiden Mainzer Kurfürsten inne. Ein Schönborn trug das „Goldene Vlies“.

Fast die Hälfte des barocken „Germania sacra“ lag demnach in Händen einer Familie und die Fülle der Personalunionen und der kumulierten Pfründe ermöglichte die Abstimmung politischer und wirtschaftlicher Interessen. Gleichsam als Ausweis dieses phänomenalen Imperiums versammelt der Maler Franz Lippold 1742 die bedeutendsten Vertreter aus dem Hause Schönborn auf einem Altarbild für die Schlosskirche in Gaibach. Sie werden in Anbetung der hl. Dreifaltigkeit gezeigt. Dem Zeitgeist und Anspruch der Familie entsprechend sehen wir sie wenig demütig gegenüber den Gottheiten, ja diese an Körpergröße gar übertreffend. Es ist nicht mehr die Zeit für die bildliche Darstellung adeliger Stifterfamilien in bescheidener Form am Rande des himmlischen Geschehens.

> *„Wie könnten die Künstler, die Gott doch haben will auf dieser Welt, bestehen, wenn er nicht zugleich Narren werden ließe, die sie ernähren täten.“*
>
> Lothar Franz von Schönborn

Der glänzendste Repräsentant war Lothar Franz von Schönborn, seit 1693 Fürstbischof

Luftaufnahme von Schloss Weißenstein.

Schloss Werneck bei Schweinfurt.

von Bamberg und seit 1695 Erzbischof und Kurfürst von Mainz. Gemeinsam mit seinem Neffen Friedrich Karl, der seit 1729 in Personalunion die Fürstbistümer Bamberg und Würzburg regierte, gestaltete er das barocke Bamberg und die Umgebung, die zum Bistum gehörte.

Basilika Gößweinstein.

Ohne Umschweife gibt er zu, dass er, wie alle seine Verwandten vom „Bauwurm" zerfressen sei, dass ihm beim Anblick wohlgelungener Architekturen „das Wasser im Maule" zusammenlaufe und dass er bereit ist, dafür viel Geld auszugeben. Dieser Umstand veranlasst das Bamberger Domkapitel, Lothar Franz bei seiner Wahl zum Bischof eine sogenannte „Wahlkapitulation" zur Unterschrift vorzulegen, die dem Schönborn u. a. vorschreibt, „keine kostbarlichen Gebäude" zu errichten. Zähneknirschend unterschreibt der angehende Bischof, obwohl sein Neffe Damian Hugo Jahre später vor dem Konstanzer Domkapitel beteuert: *„Übrigens so ist unser bauwesen kein ohnordentlicher appetit, sondern gewissenhafte sorgsamme noth ...".* Lothar Franz von Schönborn gelang es zwei Jahre nach seiner Unterschrift, die Wahlkapitulation durch päpstliches Dekret aufheben zu lassen und er bewies in kürzester Zeit, dass Schönborn'sches Bauwesen mehr als nur „sorgsame Not" ist. Während seiner Amtszeit entsteht die Favorite in Mainz, Umbauten in Schloss Gaibach und Wiesentheid, die Bamberger Residenz – schlimmster Splitter im Auge des Bamberger Domkapitels, musste es doch einen Großteil der Kosten tragen – und nicht zuletzt das Schloss Weißenstein in Pommersfelden.

Der Hof des Lothar Franz war ein Treffpunkt der bildenden Künstler. Dichter, Philosophen, Gelehrte, die Welt des Geistes, die andere Fürstenhöfe belebten, fanden wenig fruchtbaren Boden. So wurde der Fürstbischof zum Mäzen und Auftraggeber großen Stils. Dabei begnügt er sich nicht mit den vorhandenen Fähigkeiten seiner Künstler, sondern schickt sie auf Studienreisen ins Ausland. Ihre Entwürfe werden nicht selten verworfen und durch eigene Gedanken ergänzt. Er sammelt Adelsgenossen um sich, die „Hofkavaliersarchitekten", die mit ihm gemeinsam Luftschlösser bauen und er entwickelt eine unersättliche Sammelleidenschaft. Bilder, Porzellane, Miniaturen, Möbel und Bücher werden in seinen Schlössern zusammengetragen und sind bis heute gültige Zeugen seiner fürstlichen „Gloire".

Friedrich Karl von Schönborn, Nachfolger auf der Bamberger Kathedra, zugleich Bischof von Würzburg, war der Lieblingsneffe von Lothar Franz. Er teilte dessen Begeisterung für Kunst und führte diese im Frankenland zu einem denkwürdigen Höhepunkt. Fast drei Jahrzehnte hatte er seit 1705 als Reichsvizekanzler in Wien gelebt, wo er seinen Amtssitz in der Hofburg hatte. Hier lernte er den Stararchitekten Johann Lukas von Hildebrandt kennen, den „herren virtuosus", der den „wiener gout" in die Schönborn'sche Baukunst brachte. Dieser „Wiener Gout" wird zum Reichsstil und demzufolge auch zum Leitbild für Franken, zumal Friedrich Karl seinen Hofarchitekt Balthasar Neumann zu Studien in die Kaiserstadt schickt.

Friedrich Karl hatte sich bei seinem Amtsantritt in Bamberg von vorneherein geweigert, eine Wahlkapitulation wie sein Onkel zu unterschreiben und noch einmal sollte ein Schönborn beweisen, dass der „Bauwurm" eine Familienkrankheit und dass nicht „sorgsame Not" Motiv des Bauens ist. Die Würzburger Residenz, das Schönborn'sche Familienunternehmen, erhält durch ihn neuen, ausschlaggebenden Antrieb, Bauten wie Schloss Werneck bei Schweinfurt, das Käppele in Würzburg, die Basiliken Gößweinstein und Vierzehnheiligen, das Bamberger Kapitelshaus und vieles mehr sind mit seinem Namen verbunden.

„*Das Geld ist nur, schene monumenten zu hinterlassen zu ebiger und unsterblicher gedechtnuß*", so formulierte es Fürst Karl Eusebius von Liechtenstein. Der Familie Schönborn ist das in vollendeter Form gelungen. Und so sind sie bis heute allgegenwärtig, denn allerorten prangt als Ausweis ihrer Bautätigkeit das Schönbornwappen, der auf drei Zacken schreitende Löwe, und begleitet den kunstsinnigen Besucher Frankens zum „ewigen und unsterblichen Gedächtnis".

Altarblatt der Schlosskirche in Gaibach.

Wohlauf die Luft geht frisch und rein …

Dichter und Denker im Land der Franken

Franken ist kein großes Land und dennoch hat es große Dichter und Denker aufzuweisen. Schon für das Mittelalter kann man weltbekannte Namen anführen, weshalb das Jahr 1994 in Franken zum „Minnesängerjahr" erkoren wurde. Das hat mehrere Gründe: Erstens wurde im Zweitausend-Seelen-Städtchen Wolframs-Eschenbach dem gleichnamigen Parzivaldichter ein eigenes Museum eröffnet. Zweitens wurde in Wernsdorf bei Bamberg in einem alten fürstbischöflichen Jagdschloss die „Akademie für Alte Musik, Kultur und Geistesgeschichte Europas" eröffnet. Sie steht unter der Leitung von Wolfgang Spindler, Professor für Musik und Sozialarbeit an der Universität Bamberg. Er ist auch der Gründer der „Capella Antiqua Bambergensis", wohl das einzige Ensemble mit eigener Werkstatt für historische Musikinstrumente. Das Aufgabenfeld der „Capella" als auch der Akademie liegt in der Wiederbelebung der Musik und Kultur des Mittelalters und der Renaissance. Diese hatte in Franken schon im 12. und 13. Jahrhundert einen hohen Stellenwert. Das zeigt auch das Leben des Otto von Bodenlauben. Der Geburtstag dieses Minnesänger-Musterexemplars jährte sich 1994 zum 750. Mal und war dritter Anlass zur Benennung des Minnesängerjahres. Otto von Bodenlauben stammte aus dem fränkischhochadeligen Geschlecht der Henneberger und zog als 22-jähriger mit Kaiser Heinrich VI. über Sizilien ins Heilige Land. Dort heiratete er die bildschöne Beatrix von Courtenay, Tochter des Seneschalls von Jerusalem, die er als sein „Kleinod aus dem Morgenland" oder sein „Gold aus Syrien" verehrt. Zwanzig Jahre später verkauft er seine rei-

Schloss in Wernsdorf (in der Bildmitte).

chen Besitzungen in Jerusalem an den Deutschen Orden und kehrt zurück nach Franken, wo er gemeinsam mit seiner Gattin auf allen weltlichen Besitz verzichtet und nahe seiner Burg in Frauenroth ein Kloster stiftet. Beide fanden in der Klosterkirche ihre letzte Ruhestätte. Ihr Grabplatte gehört zu den bedeutendsten Skulpturen des 13. Jahrhunderts in Franken.

Franken erlebte etwa bis zur Mitte des 13. Jahrhunderts eine Epoche prunkvoller Reichs- und Hoftage, Reichsversammlungen und der Hoffeste. Hier war der Minnesang eingebunden, der in Franken außer Otto von Bodenlauben mit Namen wie Walther von der Vogelweide, Tannhäuser oder Wolfram von Eschenbach verbunden ist, um nur die Bedeutendsten zu nennen.

Walter von der Vogelweide war politischer Dichter an den Höfen der Könige Philipp von Schwaben und Otto IV., schließlich ab 1214 im Gefolge von Friedrich II., von dem er 1220 ein langersehntes Lehen in Würzburg erhält. Dort verstirbt er um 1230. Sein Grab findet sich im sogenannten „Lusamgärtchen" hinter der Neumünsterkirche.

Der Tannhäuser wurde südlich von Nürnberg geboren und lebte etwa von 1205–1270. Er war ein unsteter Geist, begleitete Friedrich II. auf seinen Kreuzzug und reiste durch Bayern, Sachsen, Brandenburg, Dänemark. Wenn ihm das Leben zuwider war, dachte er gern und oft an Nürnberg: „Wie wohl mir da wäre." Das Leben und Werk des Minnesängers wurde von neuzeitlichen Dichtern immer wieder aufgegriffen, so durch Heinrich Heines Neufassung eines Liedes aus „Des Knaben Wunderhorn" oder durh E.T.A. Hoffmann in den Erzählungen der „Serapionsbrüder", besonders aber durch Richard Wagners Oper.

Wolfram von Eschenbach verleiht seit 1917 seinem Geburtsort seinen Namen. In Wolframs-Eschenbach südöstlich von Ansbach erblickte er um 1170 das Licht der Welt, hier wurde er etwa 50 Jahre später auch begraben. Seine Roman „Parzival" brachte ihm Weltruhm ein und übertraf mit 25000 Versen alles bisher Dagewesene.

Doch auch Bamberg selbst kann einen großen Dichter aufweisen. Es ist Hugo von Trimberg, der mit seinem sogenannten „Renner" den Höhepunkt und Abschluss der Lehrdichtung des 13. Jahrhunderts schuf. Hugo von Trimberg war Schulrektor am Stift St. Gangolf in Bamberg und schrieb sein Werk als alter, kranker Mann. Sein Thema sind die sieben Hauptsünden, wobei er antike Autoren ebenso verarbeitet wie kirchliche Schriften, Ritteromane und aktuelle, politische Geschehnisse, wie z. B. den Prozess gegen die Templer 1307 und die Auflösung des Ordens durch Papst Clemens V. 1312. In diesem Jahr 1312 dürfte der „Renner" abgeschlossen gewesen sein. Er gehörte neben dem „Parzival" zu den beliebtesten Schriften des Mittelalters.

Im unterfränkischen Königsberg wurde 1436 Johannes Müller geboren. Er war Schüler des berühmten Georg von Peuerbach, Bibliothekar des Ungarnkönigs Matthias Corvinus, in Wien. Johannes Müller nannte sich, da sein Geburtsname nicht besonders exklusiv war, nach seinem Geburtsort „Regiomontanus". Er errich-

Hugo von Trimberg mit seinem „Renner".

Der Staffelberg mit der Adelgundiskapelle.

tete 1471 in Nürnberg die erste Sternwarte und veröffentlichte in einer eigenen Druckerei sein „Directionum Tabulae". Auf arabische Quellen gestützt fasste er hier die ebene und sphärische Trigonometrie zusammen und fügte erstmals eine Tangenstafel bei. 1475 wird er von Papst Sixtus IV. nach Rom berufen, um den Kalender zu reformieren. Hier gab er auch Ephemeridentafeln heraus, mit denen man die Stellung von Himmelskörpern berechnen konnte. Ohne diese Neuerungen hätten Kolumbus, Vasco da Gama und Amerigo Vespucci ihre weiten Reisen nicht ausführen können. Gemeinsam mit Kardinal Bessarion wollte Regiomontanus die Klassiker der antiken Astronomie und Mathematik als Neuauflage veröffentlichen. Doch dieses Vorhaben scheiterte, weil der Franke 1476 in Rom ermordet wurde. Kalendern galt in Franken offenbar das besondere Interesse, schuf doch der Abt vom Kloster St. Michael in Bamberg, Roman Knauer, im 17. Jahrhundert den sogenannten „Hundertjährigen Kalender".

Adam Riese.

Roman Knauer als auch Regiomontanus waren gute Rechner. Geradezu begnadet in dieser Kunst war Adam Riese. Das fränkische Rechengenie wurde 1492 in Staffelstein geboren. 1509 schon verlässt er seinen Geburtsort und begleitet seinen Bruder an die Lateinschule nach Zwickau. Von dort gehts nach Erfurt und ab 1523 nimmt er endgültigen Wohnsitz im thüringischen Annaberg, wo er als „wohlbestallter Churfürstlich Sächsischer Hofarithmetikus" 1559 stirbt. Seinen größten Erfolg erlebte Riese mit seinem zweiten Rechenbuch, das in insgesamt 108 Auflagen erschien. Er bahnte dem

Rechnen mit arithmetischen Zahlen den Weg, im Zeitalter des aufkommenden Merkantilismus und der Geldwirtschaft von enormer Wichtigkeit. So bezeichnet sich Bad Staffelstein heute nach seinem großen Sohn als „Riesestadt“. Doch auch ohne den Rechenkünstler wäre Bad Staffelstein und das umliegende Maintal zu Ruhm und Bekanntheit gekommen, hatte doch Viktor von Scheffel eine Reise ins Land der Franken unternommen und dabei ein Lied gedichtet, das alsbald zum „Frankenlied“ avancierte. Allerdings ist dem gebürtigen Karlsruher Gerichtsbeamten in Unkenntnis der Sachlage ein Fehler unterlaufen, den ihm jedoch alle Franken großzügig nachsehen. Viktor von Scheffel war auf den Staffelberg bei Staffelstein gestiegen und glaubte dort die Kapelle des hl. Veit vorzufinden, die aber auf dem Nachbarberg steht. Die hl. Adelgundis, der die Kapelle auf dem Staffelberg geweiht ist, hätte sich auch weniger zur Dichtung geeignet.

Viktor von Scheffel ist nicht der einzige Romantiker, der im 19. Jahrhundert Liebeslieder auf Franken singt. Ludwig Richter, Ernst Moritz Arndt, ja selbst der große Goethe haben

„Wohlauf, die Luft geht frisch und rein, wer lange sitzt, muß rosten,
den allerschönsten Sonnenschein
läßt uns der Himmel kosten,
jetzt reicht mir Stab und Ordenskleid
der fahrenden Scholaren,
ich will zu guter Sommerszeit
ins Land der Franken fahren.
Zum heil'gen Veit von Staffelstein
bin ich emporgestiegen,
und seh' die Lande um den Main
zu meinen Füßen liegen.
Von Bamberg bis zum Grabfeldgau
umrahmen Berg und Hügel
die weite, stromdurchglänzte Au.
Ich wollt', mir wüchsen Flügel!“

Viktor von Scheffel

Der Dichter Jean Paul, Ölporträt um 1820.

ihr Herz besonders an die fränkische Schweiz verloren. Hervorzuheben sind die Beschreibungen der Studenten Ludwig Tieck und Wilhelm Heinrich Wackenroder, die auf dem Rücken zweier behäbiger Pferde 1793 eine „Pfingstreise“ quer durch die fränkische Schweiz unternahmen. Beladen mit romantischen Schauern und gefühlsseligen Träumen überschütteten sie Ruinen, Felslandschaften und Flusstäler mit ihren Herzergießungen. Karl Immermann schreibt 1837: *„Franken ist wie ein Zauberschrank, immer neue Schubfächer tun sich auf und zeigen bunte, glänzende Kleinodien und das hat kein Ende. Wer Deutschlands geheimste jungfräulichen Reize genießen will, muss nach Franken reisen.“* Einer der ganz großen Deutschen, Richard Wagner, hat die Fränkische Schweiz 1879 gemeinsam mit seiner Frau Cosima bereist. Zwei Felsen wurden nach ihm benannt und angeblich habe ihn die Burg von Gößweinstein zur seiner Gralsburg im Parsival angeregt (nach einem Albtraum unter schweren fränkischen Federbetten). Die Liste der Dichter und Denker in Franken ließe sich fortsetzen: Behaim mit seinem Globus, Henlein und seine Taschenuhr, die Dichter Jean Paul und Friedrich Rückert und und ...

Weltgeschichte haben nur wenige geschrieben, aber das Frankenland bereichert haben sie alle!

„Geh' mer wallfohr'n"

Zum Wallfahrtswesen in Franken

Vor etwa hundert Jahren wurde von Pfarrer Ägidius Müller in seinem Werk „Deutschlands Gnadenorte" die Wallfahrt wie folgt definiert: *„Wallfahrten heißt, einen bestimmten Ort, an welchem Gott oder die Heiligen in besonderer Weise verehrt werden, zu dem Zwecke zu besuchen, um seiner Andacht daselbst obzuliegen, bestehe diese nun in Buße für begangene Sünden, im Erflehen bestimmter Gnaden oder in Danksagung für erhaltene Wohltaten."*

Wallfahrten heute muss man sicher etwas kritischer betrachten. In einer Studie des Tübinger Universitätsinstituts für Empirische Kulturwissenschaften wird der Ausnahmecharakter der Wallfahrt als „periodisches Aussteigen aus dem Alltag" betont. Der Einsatz zeitgemäßer Verkehrsmittel, wie Auto, Bus oder Bahn habe in unserer Zeit zu einem wahren „Wallfahrtsboom" geführt, obwohl sich „der Eindruck des Unzeitgemäßen, Anachronistischen" aufdränge.

Das Phänomen der Massenbewegung hatte das Pilgerwesen jedoch schon ein erstes Mal im 13. Jahrhundert erreicht. Hauptpilgerstätten waren im Mittelalter Jerusalem, Rom und Santiago de Compostella, wobei die Wallfahrt zum Grab des Apostels Jakobus in Nordspanien an erster Stelle stand.

Etwa ab dem 14. Jahrhundert wurde die Pilgerfahrt zu einem Bestandteil von Strafauflagen, was im weltlichen Recht zu einer massenhaften Verhängung von Sühnewallfahrten als Buße für begangene Verbrechen führte. Damit war neben der frommen Handlung an sich auch der Gedanke verbunden, den Delinquenten dem Einflussbereich der Geschädigten und somit den primitiven Rechtsgebräuchen der Blutrache

> *„Wo ein schöner Fleck ist, da schmeißt der Teufel ein Kloster hin oder einen Edelmann!“*
>
> Grimm'sches Wörterbuch

zu entziehen. Auch hier war die Wallfahrt nach Santiago de Compostela am beliebtesten und so wundert nicht, dass allein in Franken mehr als 80 Jakobskirchen zu finden sind, die die hohe Verehrung des Apostels ausdrücken. Nicht selten liegen diese Kirchen an den alten Wallfahrtswegen nach Spanien, von denen unzählige das Land durchzogen.

Die Fernwallfahrten waren immer mit großen Risiken verbunden. Die Pilgerstraßen wurden das Ziel von Strauchdieben, die plündernd, nicht selten mordend, den Wallfahrern das Leben schwer machten. So suchte man sich häufig näher liegende Ziele, die die Risiken minimierten. Da für den mittelalterlichen Mensch in einer Reliquie der Heilige selbst präsent war, genügte zum Beispiel ein Partikel vom Grab Christi aus Jerusalem um die Verehrung des Heiligen Grabes in der eigenen Heimat zu ermöglichen. Und was vorher eine aufwendige, gefahrvolle und beschwerliche Reise nach Palästina erfordert hätte, war nun im heimischen Bereich im Zeitraum eines oder mehrerer Tage möglich, so zum Beispiel auf dem Gügel bei Bamberg. So erklären sich auch die Wallfahrten zu anderen bedeutenden Reliquien.

Gegen Ende des Mittelalters kristallisiert sich die Gnadenbildwallfahrt heraus. Mit Gnadenbildern verband man Wundertätigkeit. Gnadenbilder hatten Vermittlerfunktion zwischen dem Menschen und Gott. Mit diesem Bildkult ist vor allem die Marienverehrung eng verbunden, die besonders zunahm, wenn ein Marienbild blutige Tränen weinte, wie 1727 die Muttergottes von Glosberg bei Kronach.

Letztlich spielt auch der Wunderkult eine entscheidende Rolle im Wallfahrtswesen. Ein Wunder hatte sich ereignet, meist war es eine Erscheinung, manchmal eine Hostienauffindung, eine Gebetserhörung oder eine Wunderheilung. Das staunende Volk lief zusammen und so entwickelte sich eine Wallfahrt, die oftmals zunächst von der Kirche nicht einmal akzeptiert, geschweige denn offiziell anerkannt wurde.

Den Charakter einer Wallfahrtsstätte erlangt ein Gnadenort erst, wenn er von Gläubigen in periodischer Regelmäßigkeit aufgesucht wird, meistens einmal im Jahr zu einem bestimmten Termin. Die Wallfahrt ist ein Gemeinschaftsunternehmen, häufig verlobt sich ein ganzes Dorf. Diese Bitt-, bzw. Bußgänge wurden und werden bis heute in Form von Prozessionen durchgeführt. Dadurch unterscheidet sich die Wallfahrt von der Pilgerfahrt, die nur einmal aus konkretem Anlass, entweder mit

Das Gnadenbild der Wallfahrtskirche Gößweinstein.

Wallfahrer umrunden den Gnadenaltar von Vierzehnheiligen.

einem bestimmten Anliegen oder bereits in Erfüllung eines Gelübdes stattfindet.

Neben vielen kleinen, unbedeutenden Wallfahrtsstätten gibt es im Bamberger Umland einige Gnadenorte von überregionaler Bedeutung. Zu nennen wäre hier die Wallfahrt zum hl. Blut nach Burgwindheim, die sich aus einem Hostienwunder entwickelt hat. Bei der Fronleichnamsprozession im Jahr 1468 fiel ohne menschliches Zutun und ohne erkennbare natürliche Ursache die Hostie aus der Monstranz zu Boden und dem Pfarrer war es unmöglich, sie aufzuheben. Dies vermochte erst der Abt des nahen Klosters Ebrach, woraufhin man an der Stelle eine Kapelle baute.

Die bedeutendste Wallfahrt in Franken führt zu den Vierzehn Nothelfern nahe Lichtenfels. Nach einer Erscheinung der Vierzehn Heiligen 1446 entstand rasch die erste Kapelle, die im Barock durch die weithin berühmte Neumannkirche ersetzt wurde. Mit der Verehrung von insgesamt vierzehn Heiligen wurde man allen Ständen des Mittelalters gerecht, jeder fand hier seinen „eigenen“ Heiligen. Frühe Quellen belegen, dass der Nothelferkult in Regensburg entstanden ist, als man aufgrund von Hungersnöten und Pest nach „Helfern in aller Not“ suchte. Dass überwiegend Heilige aus dem Griechisch-Byzantinischen Bereich gewählt wurden, liegt an den engen Handelsbeziehungen von Regensburg zu diesem Gebiet. Durch die Erscheinung im Maintal erhält der Kult nun einen zentralen „heiligen Ort'.

Hochbedeutend auch die Wallfahrt zur „Allerheiligsten Dreifaltigkeit“ nach Gößweinstein, deren Entstehung bis heute nicht genau geklärt ist. Gerne wird erzählt, dass der Burgherr der Neideck, klein von Wuchs, von dem fürchterlichen Graf Goswin zum Duell gefordert worden sei. Der Neidecker vertraute auf Gottes Hilfe und konnte den heidnischen Riesen schlagen, der daraufhin zum Christentum übertrat und die erste Kapelle unterhalb seiner Burg „Goswinstein“ baute. Doch auch schon früher schien diese Geschichte nicht ganz zu überzeugen und so liest man 1777: *„Gleichwie Gott in seiner unendlichen Weesenheit keinen Anfang hat, also will er etwann auch dahier den Anfang und Ursprung dieser Wallfahrt uns nach seinem unerschöpflichen Wohlgefallen verborgen haben.*

Und müssen wir uns begnügen mit deme, daß wir von vieler Erfahrnuss wissen, daß der Drey-Einige Gott, der ... die hohe Berg zu großen Geheimnussen sich öfters hat auserwählt, auch auf diesen Feyberg Gößweinstein besonders will verehret und angebetet seyn ..."

Und so bleibt in Gößweinstein, wie bei jeder Wallfahrtsstätte, ein Geheimnis bewahrt. Kein Mensch kann diese Geheimnisse, die „Gott in seiner unendlichen Wesenheit" geschaffen hat, letztendlich klären. Das macht den Sinn der Wallfahrt aus und deshalb hört man in Franken bis heute noch oft die Worte: *„mir geh'n wallfohr'n"*.

Die Wallfahrt ist Ausdruck tiefster Religiosität und hat bis heute nichts an Bedeutung verloren. Durch alle Jahrhunderte hat uns dieses Massenphänomen wunderbare Zeugnisse volkskundlicher Kunst hinterlassen, die bis heute beredte Zeugen dieser Religiosität sind. Besonders beeindruckend sind dabei die Wachs- und Votivkammern, deren schönstes Beispiel wir in Gößweinstein finden. Dort sieht man Körpergliedmaßen aus Silber oder aus Wachs geformt zum Dank für eine wundersame Heilung. Besonders reiche Gläubige stifteten lebensgroße Wachsfiguren in heimatlichen Trachten oder sogenannte „Fatschenkinder".

In der Wachskammer von Vierzehnheiligen wird die Volksfrömmigkeit und der Glaube an die Wunderkraft der Nothelfer durch die Stiftung wunderschöner, oftmals übermannshoher Kerzen demonstriert. Wir betrachten heutzutage solche Ansammlung von Glaubenszeugnissen oftmals mit Erstaunen, doch gerade in Franken hat die Tradition der Wallfahrt und der Votivgaben tiefe Wurzeln. Das erklärt auch die Vielzahl der Devotionalienläden entlang der Basilika Vierzehnheiligen, die gar nicht wegzudenken sind.

Was nicht alles noch verdanken wir dem treuen Glauben des Volkes in seine Heiligen? Da wären zu nennen die Prozessionsstangen und -fahnen, die die Wallfahrer begleiten und die immer wahre Kunstwerke sind. Immerhin ist damit ja auch ein gewisses Prestige verbunden. Zu nennen sind Stiftungen in Form von Schmuck oder wertvoller Bekleidung für die Heiligenfiguren. Zu nennen sind auch Feldmarken, die von Wallfahrern gelobt wurden, so z. B. die sogenannte Weiße Marter bei Köttweinsdorf in der Nähe von Gößweinstein. Sie liegt am alten Wallfahrerweg und wurde angeblich von einem Bäcker aus Iphofen beim ersten Anblick der Basilika Gößweinstein an dieser Stelle 1767 gestiftet. Er hat sich nicht lumpen lassen, hat er doch immerhin einen guten Künstler aus Bamberg beauftragt, vielleicht Martin Mutschele. Über einem reichen Rokokounterbau zeigt die gut 2,5 m hohe Marter die Krönung Mariens nach dem Gößweinsteiner Gnadenbild.

So wurde und wird das Leben frommer Bürger in Franken nach wie vor vom Glauben zu ihren Heiligen beeinflusst. Die Wallfahrt ist dabei ein fester Bestandteil.

Die Weiße Marter bei Köttweinsdorf.

Blue Jeans und Wiener Würstchen

Sensationelle fränkische Erfindungen

Keine fränkische Erfindung ist – wie allgemein bekannt – die Buchdruckerei, die wir Gutenberg verdanken. Die wenigsten wissen jedoch, dass Bamberg frühes Zentrum der schwarzen Kunst war und international den dritten Rang nach Mainz und Straßburg einnimmt. 1460–1461 entstand in der Werkstatt des Albrecht Pfister die sogenannte Pfister- oder Bamberger Bibel. Er verwendete farbige Holzschnitte, um seine Werke zu schmücken, so auch diese Bibel, die das erste illustriert gedruckte Buch der Welt ist. Man kann Albrecht Pfister damit sozusagen als Urheber unserer heutigen illustrierten Zeitschriften bezeichnen.

Eine besondere Bamberger Spezialität ist das Rauchbier, dessen „Erfindung" – so wird erzählt – eigentlich auf ein Missgeschick zurückzuführen ist. Bei der Herstellung des Bieres wird Gerste zum Keimen gebracht und dieser Keimvorgang zu einem bestimmten Zeitpunkt durch das Darren, d. h. Hitzezufuhr, unterbrochen. Angeblich sei bei diesem Vorgang in der Brauerei des Benediktinerklosters St. Michael ein Feuer ausgebrochen und durch die starke Rauchentwicklung wurde die Gerste stark in Mitleidenschaft gezogen. Die sparsamen Mönche haben sich jedoch entschlossen, die teure Gerste trotzdem zu verwenden und so entstand das Rauchbier, für das bis heute ein geräuchertes Malz verwendet wird. Der Zeitpunkt dieser „Erfindung" ist nicht genau festzulegen. Sicher ist nur, dass die Brauerei der Benediktiner auf dem Michelsberg die älteste in Bamberg ist. Sie wird bereits 1122 erwähnt, wobei die Existenz von Bier in Bamberg schon für das Jahr 1039 zu belegen ist. Der Domkapitular Odalricus hinterließ in diesem Jahr eine Verfügung, wonach alljährlich an seinem Todestag an die Armen der Stadt ein Schwein, Weizenbrot und drei Eimer Bier (= knapp 270 Liter) verteilt werden sollten.

1489 wird vom Bamberger Fürstbischof Heinrich III. Groß von Trockau im Hinblick auf das Bamberger Bier bestimmt, dass *„beim Einsieden nichts mere denn Hopfen, Malz und Wasser zu nehmen"* sei. So hatten denn die Bamberger schon 27 Jahre vor dem Erlass des berühmten Herzoglich-bayerischen ihr eigenes Reinheitsgebot.

Wiener Würstchen.

Ein ureigene fränkische Erfindung sind auch die Wiener Würstchen. Die arme Bauersfamilie Lahner in Gasseldorf in der fränkischen Schweiz in der Nähe von Ebermannstadt hatte zwei Söhne. Den Hof konnte nur einer erben und so schickten sie den Zweitgeborenen nach Frankfurt in die Metzgerlehre. Nach abgeschlossener Lehre führte ihn seine Ge-

Bamberger Rauchbier.

sellenwanderung nach Wien, wo er mit dem Geld einer ihm wohlgesonnenen Dame eine Selcherei eröffnete. Dort kreierte er ein Würstchen, dem er zur Erinnerung an seine unbeschwerte Lehrzeit den Namen „Frankfurter" gab. Es besteht fast nur aus Schweinefleisch, wird über Buchenholz heißgeräuchert und danach gekocht. Der durchschlagene Erfolg dieser Wurst ist hauptsächlich dem hauchdünnen Schafsdarm zu verdanken, denn vorher kannte man für Würste nur den Schweine- oder Rinderdarm. Selbst der Kaiser und die Wiener Hofgesellschaft fanden Gefallen an dieser Wurst, die daraufhin einen Siegeszug um die ganze Welt antrat. Bis auf den heutigen Tag heißen die Würste in Wien „Frankfurter", überall sonst auf der Welt jedoch „Wiener". Bis 1967 war die Wiener Wurstfabrik (Lahner) in Familienbesitz und hätte der junge Geselle Lahner seine Wurst nicht „Frankfurter", sondern „Gasseldorfer" genannt, wäre die fränkische Schweiz noch berühmter.

Weitgehend unbekannt ist auch, dass die Blue Jeans eigentlich auch eine fränkische Erfindung ist, denn am 26. Februar 1829 wurde in Buttenheim bei Bamberg Löb (Levi) Strauß geboren. Sein Vater Hirsch Strauß betrieb nach Aufzeichnungen im Gewerberegister der königlichen Regierung von Oberfranken den „Hausiererhandel mit Schnittwaren". Er starb 1847 und wurde auf dem Judenfriedhof in Buttenheim beigesetzt. Die Witwe beantragte daraufhin beim Landgericht Bamberg die Erlaubnis zur Auswanderung nach Amerika. 1847 erreicht sie mit ihren Kindern die Staaten und der 18-jährige Levi schlägt sich als Kleider- und Kurzwarenhändler durch. 1853 wird der junge Franke vom Goldrauschfieber gepackt und er zieht nach Kalifornien, im Gepäck Zeltplanen, Wagendecken und einige Nähnadeln. Für einen befreundeten Digger ließ er aus einer Zeltplane eine Arbeitshose nähen und dieser Goldgräber war so begeistert, dass er durch die ganze Stadt zog, um von dieser „Wunderarbeitshose" des Levi zu berichten. Das war die Geburtsstunde der Jeans, die damals allerdings noch nicht blau, sondern braun war. 1870 kam der jüdische Schneider Jakob Davis auf die Idee, die Ecken der Taschen mit Nieten von Pferdegeschirr gegen das Einreißen zu schützen. Er bot Levi diese Innovation an, der sie 1873 patentieren ließ. Nun stieg er auch auf den blauen „Denim" um. Den Siegeszug der blauen Hosen hätte sich Levi Strauss sicher nicht träumen lassen, als er seine robuste und unverwüstliche Arbeitshose entwarf. Heute ist die Blue Jeans das meist getragene Kleidungsstück der Welt.

Levi Strauss starb am 26. September 1902 ohne Erben in San Franzisko und hinterließ ein millionenschweres Textilunternehmen. Kurz vor seinem Tod ließ er noch den Judenfriedhof in Buttenheim renovieren. Das Unternehmen Levi Strauss beschäftigt heute mehr als 40 000 Angestellte in aller Welt. Im Geburtshaus des Gründers in Buttenheim wurde ein Levi-Strauss-Museum eingerichtet.

Das Levi Strauss-Museum in Buttenheim.

Von Querkelen und anderen Sagen

Aus dem Reich fränkischer Sagen und Legenden

Sagen und Legenden sind seit Jahrhunderten ein fester Bestandteil des täglichen Lebens. In ihnen spiegelt sich die Angst vor dem Unbegreiflichen, sie sind Erklärungsversuche für scheinbar Unerklärliches. Ihre Entstehung hat oft historischen Hintergrund, so dass sich Wahrheit und Legende in vielen Fällen überlagern. Allemal vermögen Sagen das Bild eines Landstriches oder Volkes in unterhaltsamer Weise zu bereichern, denn von der Katze „Murrmaunk", die im Dreißigjährigen Krieg ein ganzes Dorf vor den Schweden rettete oder von den „Querkelen" berichtet kein Geschichtsbuch. Die „Querkelen" sind kleine, liebenswerte Erdwesen, die in Löchern und Felsnischen des Staffelbergs bei Lichtenfels lebten. Immer waren sie für einen Unfug gut und keinem Menschen taten sie etwas zuleide. Ihre größte Leidenschaft war, den Bäuerinnen unbemerkt Klöße aus dem Kochtopf zu stehlen. So haben die geplagten Bauersfrauen ihre Klöße immer gezählt, woraufhin die „Querkelen" die Gegend verließen, denn wo die Klöße im Topf gezählt werden, ist nicht gut leben.

Ins Reich der Kobolde gehört auch der „Mainpöppel". Er trieb sein Unwesen am Main und spielte in ähnlich harmloser Form wie die „Querkelen" eine besondere Rolle für Hallstadt.

Geschichte und Legende überlagern sich in der Sage der Seherin Sibylla Weiß. Romantisierende Geschichtenerzähler berichten, sie sei im 12. Jahrhundert im Rausch gezeugt, unehelich geboren, ungetauft geblieben und hatte prophetische Fähigkeiten. Sie sah den Brand von 1185 voraus, der den Heinrichsdom in Bamberg in Asche legte. Ebenso weissagte sie, dass beim Neubau der Kathedrale 1227 die Baustelle brennen würde. Ihre Prophezeiungen brachten ihr Ansehen, Ruhm und Reichtum, so dass sie sich in der Nähe von Herzogenaurach ein Schloss baute, wo sie auch Ritter und Adelige besuchten, um sich weissagen zu lassen.

Blick vom Staffelberg ins Maintal.

Oft wanderte Sibylla, so wird weiter berichtet, auf den benachbarten Lauberberg, als sie eines Tages dort vom Teufel versucht wurde. Sie richtete ein Stoßgebet zum hl. Antonius von Padua und augenblicklich wurde der Satan vom Boden verschlungen. Zur Erinnerung ließ Sibylla an dieser Stelle eine Kapelle errichten. Hier nun wird das Leben der Seherin auf einmal in spätere Jahrhunderte verlegt und verschlungen mit dem Leben einer real existierenden, sehr frommen Adeligen, die wohl tatsächlich die heute noch stehende

Seherin (Sibylla?), Figur im Bamberger Dom.

Kapelle gestiftet hat. Dann kehrt die Legende wieder ins Mittelalter zurück:

Als sie nun eines Tages Kaiser Friedrich II. eine schlechte Prophezeiung zu übermitteln hatte, wurde sie im Bamberger Dom ermordet. Da sie ungetauft war, band man ihren Leichnam auf ein Maultier, um ihn dort zu bestatten, wo er herabfiel. Das Tier trug die tote Frau zum Lauberberg und sie wurde neben ihrer Antoniuskapelle beigesetzt. Alsbald kamen die Leute von nah und fern zu ihrem Grab und der Kapelle. An schönen Sommertagen kann man im Morgengrauen die Fußspuren der Sibylla bis heute im Tau erkennen. Von ihrem Grabhügel rollt immerwährend Sand herab und doch merkt man nicht, dass der Hügel kleiner wird. Sibylla weissagte einst, wenn der Hügel so weit von der Kapelle entfernt sei, dass ein Reiter um ihn herumreiten könne, dann sei das Ende der Welt erreicht.

Im Dom im Bamberg steht an den Ostchorschranken die Steinfigur einer alten Seherin, die in den Geschichtsbüchern als Elisabeth, die Mutter Johannes des Täufers, bezeichnet wird. In Wahrheit ist es Sibylla Weiß, die Prophetin vom Lauberberg.

Mindestens ebenso kurios ist die Geschichte von Pontius Pilatus, denn der Legende nach ist der Richter über unseren Herrn in Hausen bei Forchheim geboren. Als Junge schon habe er beste Fähigkeiten gezeigt, so dass man ihn nach Nürnberg in die Lehre schickte. So kam er als nürnbergischer Gesandter nach Jerusalem und erwarb sich dort solche Reichtümer, dass er bei Hausen eine große Stadt bauen ließ, der er den Namen Pilatus (Pilotes) gab. Als er jedoch Christus' Kreuzestod entschied, wurde seine Stadt vom Erdboden verschluckt. Noch heute heißt die Feldflur Pilotes und mitten hindurch führt der Pilatusweg. Bereits mittelalterliche Reisende, unter ihnen Papst Pius II. (1405 1464) wunderten sich über diese Geschichte. Die Legende berichtet weiter, dass sich die Stadt wieder erhebe, wenn Hausen so groß geworden sei, dass ein Hahn aus dem Dorf auf die Feldflur käme und den Turm der Kirche ausscharre.

Auch Hexen und Geister treiben ihr Unwesen in Franken. So hört man von einem Geisterzug von fast 300 Rittern, der in der Nacht vor dem Georgitag gegen Mitternacht aus der Ritterkapelle in Haßfurt ausreitet. Sie ziehen in den Steigerwald, halten dort nach mittelalterlicher Manier ein Turnier ab und kehren erst kurz vor dem ersten Hahnenschrei in die Kapelle zurück. In ihrer Mitte tragen sie die verwaiste Krone des Heiligen Römischen Reiches.

Hexen sind verbürgt für das „Walberla", einem Tafelberg nahe Forchheim. Der Berg, der früher zum Bistum Eichstätt gehörte, trägt eine Kapelle der Eichstätter Stadtheiligen Walpurga, von der er seinen Namen hat. Alljährlich versammeln sich dort in der Walpurgisnacht Hexen und Trudner.

„Forchemii natus Pontius
ille Pilatus,
Teutonicae gentis Crucifixor
omnipotentis"

Alte Volksweise

(Zu Forchheim ist geboren jener Pontius Pilatus aus deutschem Geschlecht, der Kreuziger des Allmächtigen)

Das bekannte Quackenschloss bei Muggendorf in der Fränkischen Schweiz.

Solche Tafel- oder Zeugenberge sind immer Anlass zur Legendenbildung. Das gilt auch für den Staffelberg im Oberen Maintal. Er war die Heimat der schon erwähnten „Querkelen", außerdem verbirgt er in seinem Inneren ein großes Meer. Darin lebt ein Riesenfisch, der seinen Schwanz im Maul hält. Wenn er ihn loslässt, so will es die Legende, dann zerspringt der Berg und das ganze Maintal wird überflutet. Wenn man das Ohr auf den Boden legt, kann man das Meer rauschen hören. Man muss nur fest daran glauben. Die Geschichte erinnert an schlimme Hochwasser in Vorzeiten, die immer eine Katastrophe für Mensch und Natur bedeuteten.

Ruine Rotenhan in der Nähe von Ebern.

Nicht nur die sonderbar geformten Berge, sondern auch die zahllosen Burgen und Ruinen zogen Sagenbildungen nach sich. Oft wird von versteckten, unermeßlichen Schätzen berichtet. Auch eine weiße Frau hat Franken aufzuweisen. Besonders amüsant liest sich die Geschichte der Burgruine Rotenhan bei Ebern in den Haßbergen. Die Burg wurde angegriffen und zerstört, das Burgfräulein im Kerker gefangengesetzt. Sie besaß nur eine Henne, die täglich ein Ei legte. Dadurch konnte das Mädchen überleben und als es freikam, ließ es die Henne laufen und an der Stelle, wo sie das erste Ei legte, entstand das neue Schloss der Familie von Rotenhan. Es trägt den Namen „Eyrichshof". Die alte Burgruine existiert noch und wird heute, wie übrigens viele ungesicherte Ruinen, vielfach missbraucht, u. a. von Satanssekten und Voodookulten. 1993 hat man in der Burgruine Rotenhan zwei Schrumpfköpfe gefunden, die diese Missbräuche belegen.

Doch das sind Auswüchse einer kranken Minderheit unserer Gesellschaft und haben nichts mit althergebrachten Sagen oder Bräuchen zu tun. Denn auf solche Auswüchse kann man gut verzichten, nicht aber auf unser Sagengut, das wichtiger und amüsanter Bestandteil der Geschichte des fränkischen Volkes ist.

Öffnungszeiten

BAMBERG STADT

Tourismus & Kongress Service
Geyerswörthstr. 5, Tel. 09 51/29 76-2 00
Mo. – Fr.: 9.30 – 18.00 Uhr, Sa.: 9.30 – 16.00 Uhr, So. u. Feiertage: 9.30 – 14.30 Uhr
Faschingsdienstag sowie Heiligabend und Silvester: 9.30 – 12.30 Uhr;
geschlossen: Karfreitag, Allerheiligen, 1. und 2. Weihnachtsfeiertag und Neujahr
Mail: info@bamberg.info
Internet: www.bamberg.info

Katakombenbegehung (Unterirdische Stollen)
Tel. Vereinbarung beim Tourismus & Kongress Service (siehe oben)

Kirchen

Bitte beachten Sie: Besichtigungen der Kirchen sind nur außerhalb der Gottesdienste möglich

Dom
geöffnet April – Okt.: 9.30 – 18.00 Uhr, Nov. – März: 9.30 – 17.00 Uhr

St. Gangolf
geöffnet täglich von: 9.00 – 17.00 Uhr

St. Jakob
geöffnet täglich von: 9.00 – 17.00 Uhr

St. Martin
geöffnet täglich von: 7.30 – 18.00 Uhr
Donnerstag ab 13.00 Uhr

St. Michael
geöffnet täglich von: 9.00 – 18.00 Uhr

St. Stephan
geöffnet täglich von: 9.00 – 17.00 Uhr

Obere Pfarre
Mo. – Fr. von 8.00 – 17.00 Uhr, Sa. und So. von 9.00 – 18.00 Uhr

Kreuzgänge

Dominikanerkreuzgang
für die Öffentlichkeit nicht zugänglich

Karmelitenkreuzgang
geöffnet täglich von: 8.00 – 11.30 Uhr und von 14.30 – 17.30 Uhr

Krippenausstellungen

Krippenmuseum in der alten Bonbonkocherei, Obere Sandstr. 23, Tel. 01 74/9 88 33 06
1. Dezember bis 6. Januar 10.00 – 12.30 Uhr und 14.00 – 17.30 Uhr; 24. Dezember 10.00 – 12.30 Uhr
Eintritt: 6 €, Partnerkarte (2 Personen) 10 €, 6 – 12 Jahre 3 €, Kinder bis 6 Jahre frei

Maternkapelle (Maternstraße)
ab dem 1. Advent bis zum Sonntag nach den Hl. Drei Könige, Mo. – Fr. 13 – 17 Uhr
Sa., So. und Feiertage 11 – 17 Uhr
Heiligabend und Silvester: 13 – 17 Uhr

Passionskrippen werden in beiden Museen während der Osterzeit gezeigt.

Museen

Brauereimuseum
Michelsberg 10f, Tel. 09 51/5 30 16
April – Oktober: Mi. – Fr. 13.00 – 17.00 Uhr, Sa., So. und Feiertags von 11.00 – 17.00 Uhr
Eintritt: 3,– € / ermäßigt 2,50 € / Familienkarte 6,50 €

Diözesanmuseum
Domplatz 5, Tel. 09 51/50 2-25 12
Täglich außer montags von 10.00 – 17.00 Uhr geöffnet; Karfreitag, 24., 25., und 31. Dezember geschlossen. Winterpause ab Dreikönig bis Mitte Februar.
Eintritt: 4,– € / ermäßigt 3,– €, Kinder bis 15 Jahre frei
Krippenausstellung während der Advents- und Weihnachtszeit

E.T.A. Hoffmann-Haus
Schillerplatz 26, Tel. 09 51/29 76-2 00
Mai – Oktober: Di. – Fr. 15 – 17 Uhr, Sa., So. und Feiertage: 10 – 12 Uhr
Eintritt: 2,– € / ermäßigt 1,– €

Gärtner- und Häckermuseum
Mittelstr. 34, Tel. 09 51/51 93 85 06

Öffnungszeiten

Mai – Okt.: Mi. bis So. 11.00 – 17.00 Uhr
Eintritt: Erwachsene 3 € / ermäßigt 2,50 €

Historisches Museum
Domplatz 7, Tel. 09 51/5 19 07 46
Di. – So. 9 – 17 Uhr, von November bis April nur während Sonderausstellungen geöffnet.
Eintritt: 5,– € / ermäßigt 4,50 € / Schüler im Klassenverbund 1,– €, Familienkarte 12,– €

Museum für Frühislamische Kunst
Austr. 29, Tel. 09 51/2 59 54
Mai – Okt. Sa. 14 – 17 Uhr, So. 15 – 17 Uhr

Naturkundemuseum
Fleischstr. 2, Tel. 09 51/8 63 12 49
Täglich außer montags: April bis September: 9 – 17 Uhr. Oktober bis März: 10 – 16 Uhr.
Geschlossen: 1. Januar, Faschingsdienstag, 1. November, 24., 25., und 31. Dezember
Eintritt: 3,50 € / ermäßigt 2,– € / bis 18 Jahre 1,50 € / unter 6 Jahre freier Eintritt

Neue Residenz
Domplatz 8, Tel. 09 51/5 19 39-0
April – September: 9 – 18 Uhr, Oktober – März: 10 – 16 Uhr, täglich geöffnet. Geschlossen: Geschlossen am: 1.1., Faschingsdienstag, 24.12., 25.12. und 31.12.
Eintritt: 4,50 € / ermäßigt 3,50 €

Dr. Remeis Sternwarte
Sternwartstr. 7, Tel. 09 51/9 52 22-0
Führungen nur nach tel. Vereinbarung

Rosengarten in der Neuen Residenz
Domplatz 8, Tel. 09 51/5 19 39-0
April – September 9 – 18 Uhr; Oktober – März 10 – 16 Uhr, geschlossen: Neujahr, Faschingsdienstag, Allerheiligen, Heiligabend, 1. Weihnachtsfeiertag und Silvester
Eintritt frei, Café im Rosengarten

Sammlung Ludwig
Obere Brücke 1, Tel. 09 51/87 18 71
Di. – So. 9.30 – 16.30 Uhr
Eintritt: 4,50 € / ermäßigt 4,– €

Staatsbibliothek
Domplatz 8, Tel. 09 51/95 50 30
Mo. – Fr. 9 – 17 Uhr, Sa. 9 – 12 Uhr
im August Sa. geschlossen, Eintritt frei

Staatsgalerie in der Residenz
siehe: Neue Residenz

Villa Dessauer (Stadtgalerie)
Hainstr. 4a, Tel. 09 51/87 18 61
Di. – So. 10 – 16 Uhr, Fr. – So. 12 – 18 Uhr
Eintritt: 3,50 € / erm. 2,50 € / Schüler 1,– €

BAMBERGER UMLAND

Schloss Unteraufseß
Am Weiher 79, 91347 Aufseß,
Tel. 0 91 98/6 56, geöffnet vom 1. 4. – 31. 10. von 11.00 – 14.00 Uhr
Eintritt: bis 7 Pers. pauschal 30,– €,
ab 8 Pers. 4,– €, Kinder bis 12 Jahre 2,50 €

Banz
Kirche: Täglich 9 – 12 Uhr und 14 – 17 Uhr, nachmittags ist das Gitter geschlossen, (Führungen nach Vereinbarung), Tel. 0 95 73/73 11
Petrefaktensammlung: März – Oktober Dienstag – Sonntag 10 – 16 Uhr
Kloster: (Hanns-Seidel-Stiftung)
Führungen nur nach telefonischer Anmeldung bei mindestens 10 Personen.
Tel. 0 95 73/33 70

Burgwindheim
Schloss: Besichtigung nur in Ausnahmefällen nach telefonischer Anmeldung
Kirche: Kath. Pfarramt, Hauptstraße 17, 96154 Burgwindheim, Tel. 0 95 51/2 89

Buttenheim
Kirche: Täglich geöffnet von 9 – 18 Uhr
Kath. Pfarramt, Jurastraße 21,
96155 Buttenheim, Tel. 0 95 45/14 72

Ebrach
Klosterkirche: 15. April – 31. Oktober von 10 – 12 Uhr und von 14 – 18 Uhr; von Nov. – März keine Besichtigungen möglich. Führungen nach Vereinbarungen mit dem Kath. Pfarramt, Tel. 0 95 53/2 66, Eintritt: 2,50 €
Kloster: (Kaisersaal, Treppenhaus)
April – Okt. tägl. 10.30 Uhr und 14.30 Uhr. Hierfür ist eine Meldung an der Pforte der jetzigen JVA nötig. Tel. 0 95 53/1 71 50

Effeltrich
Kirche: Tagsüber geöffnet
Kath. Pfarramt, Zur Kirchenburg 3,
91090 Effeltrich, Tel. 0 91 33/8 24

Forchheim
Tourist-Information: Rathaus am Marktplatz, 91301 Forchheim, Tel. 0 91 91/7 14-3 37/-3 38
April – Oktober: Mo. – Fr. 9 – 17.30 Uhr, Sa. 10 – 13 Uhr; November – März: Mo. – Mi., Fr. 9 – 17 Uhr, Do. 9 – 17.30 Uhr, Sa. geschlossen
Kaiserpfalz: April – Oktober Di. – So. 10 – 17 Uhr und nach Vereinbarung; Nov. – März: Mi., Do. 13 – 16 Uhr, So. 13 – 17 Uhr und nach Vereinbarung, Tel. 0 91 91/71 43 27
Eintritt 5,– € / ermäßigt 3,50 € / Kinder unter 6 Jahren frei / Familienkarte 9,– €
Kirche St. Martin: Kath. Pfarramt, Hauptstr. 22, Tel. 0 91 91/22 34

Giechburg
Ganzjährig geöffnet. Im Bergfried finden regelmäßig Kunstausstellungen statt.
Näheres: Burggaststätte Giechburg, Giechburg 1, 96110 Scheßlitz, Tel. 0 95 42/4 24

Gößweinstein
Touristinformation: Burgstr. 6, 91327 Gößweinstein, Tel. 0 92 42/4 56
Wallfahrsbasilika: Geöffnet von 8 – 18 Uhr
Anmeldung zur Kirchenführung und sonstige Information: Kath. Pfarramt, Balthasar-Neumann-Str. 2, 91327 Gößweinstein, Tel. 0 92 42/2 64
Wallfahrtsmuseum Gößweinstein (WMG)
Tel.: 0 92 42/74 04 25 oder 74 17 66
Öffnungszeiten: Hauptsaison Di. – So. 10 – 17 Uhr; 2. Nov. – So. vor Ostern Sa. und So. 10 – 17 Uhr, außer 1. Adventsonntag – So. nach Dreikönig Di. – So. 10 – 17 Uhr; Führungen auf Anfrage
Burg Gößweinstein: Geöffnet Ostern – Okt. tägl. von 10 – 18 Uhr, Tel. 0 92 42/71 99

Burg Greifenstein
Geöffnet: 1. Mai – 31. Okt. von 9.00 – 11.15 Uhr und 13.30 – 16.45 Uhr mit Führungen; im Winter geänderte Öffnungszeiten!
Eintritt: 4,50 € / von 5 – 14 Jahre 2,40 €
Gruppen ab 20 Personen 4,– €.
Anmeldung für Führungen: Tel. 0 91 98/4 23

Großbirkach
im Sommer geöffnet von 9.30 – 18.00 Uhr, ansonsten erhält man den Schlüssel bei Familie Fleischmann im Haus gegenüber

Haßfurt
Touristinformation: Rathaus, Hauptstr. 5, 97437 Haßfurt, Tel. 0 95 21/68 82 27, geöffnet Nov. – April: Mo. – Fr. 8 – 12 Uhr, Mo. – Mi. 14 – 16 Uhr, Do. 14 – 17 Uhr; Mai – Okt. Mo. – Fr. 8 – 17 Uhr, Sa. 9 – 13 Uhr
St. Kilian: täglich geöffnet von 9 – 18 Uhr, Kath. Pfarramt, Pfarrgasse 8, 97437 Haßfurt, Tel. 0 95 21/14 84,
Heilig-Geist-Kirche: nur im Rahmen von Stadtführungen zu besichtigen, zu buchen über die Touristinformation, Haßfurt
Ritterkapelle: Führungen können gebucht werden über das Pfarramt: Tel. 0 95 21/14 84.

Königsberg i. Bayern
Touristinformation: Marktplatz 7, 97486 Königsberg, Tel. 0 95 25/92 22-0
Kirche: tagsüber geöffnet, Evang. Pfarramt, Steinweg 6, 97486 Königsberg i. Bay. Tel. 0 95 25/98 10 40

Maria Burghausen
Kirche geschlossen. Schlüssel erhältlich im Pfarramt Haßfurt, Pfarrgasse 8, Tel. 0 95 21/14 84

Maria Limbach
Geöffnet: 9 – 18 Uhr, im Winter von 9 – 16 Uhr, Führungen auf Anfrage bei Frau Bühl, Tel. 0 95 22/82 70

Memmelsdorf
Kirche: geöffnet von 8 – 17 Uhr, Führungen auf Wunsch, Kath. Pfarramt, Poststr. 10, 96117 Memmelsdorf, Tel. 09 51/4 41 26

Pinzberg
Kirche: täglich geöffnet von 8 – 19 Uhr, Kath. Pfarramt, Hauptstraße 4, 91361 Pinzberg, Tel. 0 91 91/1 37 10

Pommersfelden
Gem. Stiftung Schloss Weißenstein, 96178 Pommersfelden, Tel.: 0 95 48/98 18-0,

Öffnungszeiten

Schloss Weißenstein: geöffnet auch Montags: 1. April – 31. Okt. von 9.30 – 17 Uhr, Besichtigungen sind nur mit Führung möglich. Führungen jeweils zur vollen Stunde, letzte Führung 16 Uhr.
Eintritt: 6,50 € / ermäßigt 6,– € / Familienkarte 18,– €/ Kinder unter 6 Jahre frei.
Park: das ganze Jahr geöffnet, Eintritt: 1,– € / ermäßigt 0,50 €

Pretzfeld
Kirche: täglich geöffnet von 8 – 17 Uhr, Di. nachmittag geschlossen, Kath. Pfarramt, Hauptstraße 21, 91362 Pretzfeld, Tel. 0 91 94/95 21 oder 95 54

Sanspareil
Sanspareil 34, 96197 Wonsees, Tel. 0 92 74/80 89 09-11
Park: ganzjährig zugängig, Eintritt frei
Morgenländischer Bau und Burg Zwernitz: April – Sept. 9 – 18 Uhr, 1. – 15.Okt. 10 – 16 Uhr, Montags und vom 16. Okt. – März geschlossen, Führungen auf Anfrage
Eintritt: Gesamtkarte (einschl. Burg Zwernitz): 3,50 € / ermäßigt 3,– €

Das Memmelsdorfer Tor, Schloss Seehof.

Scheßlitz
Kirche: täglich geöffnet von 8 – 17 Uhr, Kath. Pfarramt, Wilhelm-Spengler-Straße 3, 96110 Scheßlitz, Tel. 0 95 42/92 10 88

Schloss Seehof
96117 Memmelsdorf, Tel.: 09 51/40 95 71
Schloss: geöffnet April – Okt. von 9 – 18 Uhr, Montags und Nov. – März geschlossen
Eintritt: 4,– € / ermäßigt 3,– €
Park: geöffnet Mai – Oktober: täglich von 7 – 19 Uhr, Nov. – April: tägl. von 8 – 17 Uhr
Kaskade: Wasserspiele von Mai – 7. Okt. tägl. von 10 – 17 Uhr zu jeder vollen Stunde

Unterleiterbach
Kapelle nur an Sonn- und Feiertagen geöffnet. Katholisches Pfarramt, Herrngasse 2, 96199 Zapfendorf, Tel. 0 95 47/2 47

Vierzehnheiligen
Franziskanerkloster: Vierzehnheiligen 2, 96231 Bad Staffelstein, Tel.: 0 95 71/95 08-0
Basilika: geöffnet in den Sommermonaten von 6.30 – 20.00 Uhr und in den Wintermonaten von 7.30 – 17.00 Uhr. Führungen durch die Basilika nur auf Anfrage

Zeil
Touristinformation, Marktplatz 5, 97475 Zeil
Tel. 0 95 24/9 49-0

Allgemeine Informationen

Touristinformation Haßberge
Marktplatzt 1, 97461 Hofheim i. Ufr., Tel. 0 95 23/5 03 37-10

Touristinformation Steigerwald
Hauptstraße 1, 91443 Scheinfeld, Tel. 0 91 62/1 24 24

Tourismuszentrale Fränkische Schweiz
Oberes Tor 1, 91320 Ebermannstadt, Tel. 0 91 91/86 10 54

Tourismusverband Franken e.V.
Wilhelminenstr. 6, 90461 Nürnberg
Tel. 09 11/9 41 51-0

Register